中国省域森林资源碳汇贡献及其补偿问题研究

朱永杰　著

中国林業出版社

图书在版编目(CIP)数据

中国省域森林资源碳汇贡献及其补偿问题研究 / 朱永杰著. —北京：中国林业出版社，2012.12

ISBN 978-7-5038-6896-2

Ⅰ.①中… Ⅱ.①朱… Ⅲ.①森林资源－二氧化碳－资源利用－研究－中国②森林保护－补偿性财政政策－研究－中国 Ⅳ.①S718.5②S76

中国版本图书馆 CIP 数据核字(2012)第 302898 号

责任编辑：李　伟
封面设计：赵　芳
版式设计：骐　骥

出版 中国林业出版社(100009　北京西城区刘海胡同 7 号)
E-mail　forestbook@163.com　电话　010－83222880
网址 lycb.forestry.gov.cn
发行 中国林业出版社
印刷 北京北林印刷厂
版次 2012 年 12 月第 1 版
印次 2012 年 12 月第 1 次
开本 787mm×960mm　1/16
印张 14
字数 254 千字
印数 1～1000 册
定价 42.00 元

林业公益性行业科研专项

《中国森林对气候变化的响应与林业适应对策研究》

第六专题第二子专题研究成果

前　　言

近年来，温室效应导致全球变暖被世界公认是21世纪人类社会生存和发展面临的最大威胁。研究表明，社会经济发展大量开采和消耗以煤、石油、天然气为主体的化石能源，向大气中排放以CO_2为主的温室气体被认为是导致气候变暖的主要人为因素。尽管专家学者认识温室效应与化石能源消耗所产生的CO_2排放之间的关系还存在很多不同观点的争论，大量消耗化石能源对于社会经济可持续发展的负面影响是不容置疑的。应对气候变暖是一个涉及范围广泛，并十分复杂的问题。除了实行节能减排，降低碳排放等积极措施以外，有效增加森林资源，发挥森林具有的碳汇效益，在缓解以消耗化石能源为主要人为因素的气候变暖过程中具有十分重要的作用。

森林的碳汇效益是森林诸多生态效益之一，自然科学和社会科学领域的专家学者进行了多方面的研究。尽管在学术研究领域还有很多问题处于探讨之中，但国际社会已经通过建立碳市场，将森林纳入清洁发展机制，为增加和保护森林资源提供技术和资金支持。国际社会的努力、碳排放市场的运行以及清洁发展机制的理论和实践已经为通过发挥市场机制的积极作用，促进森林资源的增加和林业的发展提供了重要的参考和经验。

从目前国内在该领域的发展状况来看，主要是集中在如何利用国际碳市场机制的积极作用促进国内林业发展，在制定政策和管理方面还主要以利用国际碳市场的清洁发展机制为主，实施清洁发展机制的范围和规模还比较有限。当前，发挥森林生态效益还必须通过政府的公共投入进行补偿。如何利用市场机制，在国内建立包括碳汇市场、碳汇基金、森林碳补偿等各种机制，增加“人为汇”，使森林资源所具有的森林碳汇价值得到体现，产生激励林业生产活动、增加森林资源的积极作用，一直是学术界和社会十分关注，而尚未解决的重要问题。

在建立碳市场和将森林碳汇效益纳入市场机制范畴的努力和实践中，充分认识和了解碳市场中林碳资源汇效益的供给与需求状况，以及区域和产业间碳排放状况和森林碳汇效益的贡献差异性是建立碳市场，形成碳交易的前提。也是对于国内森林碳汇效益的补偿进行管理的重要依据。

在这个项目立项和开展研究的过程中，研究者充分认识到这个问题研究的重要性和复杂性，需要研究和解决的问题很多。中国不仅要参与国际碳交易市场的运行，同时也应积极努力探讨建立国内碳交易市场理论和实践。国内碳交易市场涉及节能减排的宏观管理和很多技术支持体系。在这个市场体系中，森林碳汇效益占有非常重要的地位。建立国内森林碳汇效益补偿市场，并与国际市场接轨需要对于化石能源消耗及碳排放(购买者)和森林资源及其碳库(供给者)的相互关系进行定性和定量研究，以便揭示森林碳补偿市场供给、需求的总量和变动关系，为进一步研究补偿方式提供理论依据。由于本研究涉及碳排放状况、社会经济发展和森林资源变动3个领域，属于跨领域研究，具有探索性和实证研究的性质，无论在研究理论、方法、手段各方面都存在很多不确定性。与本书相关的碳市场、森林碳汇管理与政策、履约等相关研究大多处于引进、消化和学习研究阶段，大量文献均与国外的相关研究有关，能够借鉴的文献和内容不多。

根据国家林业行业公益项目《中国森林对气候变化的响应与林业适应对策研究》的安排和第六专题第二子专题课题组提交的课题建议书与任务书的规定和要求，子专题课题组经过3年的时间完成了相应的课题研究工作。

作为中国森林对气候变化的响应与林业适应对策研究内容之一，研究的目的是在国内省域间建立基于生态足迹的能源消耗和森林碳汇价值的联系，为建立能源高消耗地区与森林资源丰富地区在合作共享基础上的林业协作，有利于促进林业再生产，增加森林资源供给，实现经济发达地区与森林资源丰富地区森林资源增长和社会经济发展双赢的补偿机制提供新理论依据。为通过建立森林碳市场实现补偿机制提供理论研究基础和政策依据。

碳市场建设的重要依据是碳排放和森林“人为汇”贡献的时空差异性，课题研究的主要内容包括：碳排放、林业生产、社会经济发展之间的关系，造成上述时空差异的内在关系及其原因；碳市场主体及其行为：资源生产、碳排放激励机理；森林碳汇效益补偿机制的合理性：相应的环境、条件、政策及其管理问题。

研究的主要方法是根据森林资源清查和相关统计资料、社会经济统计资料，及其实地调查数据，对于化石能源消耗和森林资源时空分布方面做统计分析工作，对于社会经济发展和化石能源及其碳排放、森林资源变化之间的关系和进行实证研究，运用生态足迹定量方法探讨森林资源、林业生产(包括森林保护和人工林培育与经营)与化石能源消耗之间的关系和差异性；运用森林碳计量方法对于生态足迹方法存在的计量数据与方法比较粗糙的问题进行必要的修正；探讨建立森林碳汇效益补偿机制的原理和途径。

在研究过程中，研究者首先对于所研究领域涉及的相关问题收集了约

10000多篇论文、报告、书籍等文献资料，进行了比较全面、系统、深入的文献研究工作，通过研究工作对于所研究的问题进行进一步细化。通过文献研究充分了解了本研究所涉及问题的研究现状，深入了解了和认识了本研究的难点、可能的创新点和研究的切入点。在此基础上，根据课题研究规定的目标要求和研究内容详细设计了研究方案。

研究工作根据森林资源清查数据的时间跨度(1973～2008年)，收集了七次森林资源清查数据和相应年度的社会经济统计数据，以及化石能源消耗和碳排放数据。对国内35年间的森林资源、GDP、人均GDP、化石能源消耗和碳排放全国和各省基础上的数据进行和整理和初步计算，做了初步的统计描述研究工作，得到了大量结构性和框架性的信息。

但同时由于数据缺乏延续性，特别是森林资源清查数据缺失太多，许多精确的碳库计量方法难以应用于实际计算。因此，本研究采用了生态足迹方法计算的结果作为分析化石能源消耗及其碳排放与森林资源碳汇贡献差异性比较研究作的主要依据。

通过对于化石能源消耗和碳排放数据的收集、整理和分析，我国各省域能源碳排放分布是不平衡的，社会经济发展水平较高和能源生产总量较高的省份处于排名的前列，主要包括了山西、辽宁、河北、山东等省。而社会经济发展水平比较低的省份，如宁夏、青海、海南则处于较低水平，但在这些地区随着其经济总量的扩张，能源消耗和碳排放量也呈现加速上涨的趋势。因此，社会经济发展水平与化石能源消耗具有很强的相关性。在社会经济发展到一定水平以后，相应区域的化石能源消耗和碳排放的人均和万元GDP消耗水平逐渐下降，这样的状况也验证了库茨涅茨曲线的有效性。七次森林资源清查结果显示，我国森林面积、森林蓄积、活立木蓄积、森林覆盖率呈现出持续上升趋势，而每公顷的森林蓄积波动较大。

关于森林碳库与CO_2排放之间的关系问题，森林资源和碳库的变化与CO_2排放的时间序列和空间分布方面都与社会经济发展的GDP和人均GDP之间有一定的关系。但这样的关系比较复杂，建立森林资源和碳库的变化与CO_2排放的时间序列和空间分布关系的模型和数量关系还比较困难。

碳课题通过大量的数据收集、整理和分析得出以下结论：

第一，中国的森林资源保护与林业发展取得了很大的成绩，但森林资源的质量还不高，在发挥森林资源的碳汇效益方面还有很大的潜力，需要在森林经营和管理方面继续做大量工作；在中国的森林碳库中，天然林占63%，人工林占37%。天然林面积蓄积的时间序列变化基本呈现线性上升趋势，呈现微弱的倒U形曲线，与库茨涅茨曲线吻合。人工林面积和蓄积时间序列变化呈现线性上升趋势，这与中国多年始终如一地重视森林资源培育有密切关系。

第二，基于生态足迹理论和方法的基本原理，在对近年来方精云等人对于不同地域森林碳库和其他类型碳库研究的基础上对于中国不同省域的森林碳库和化石能源消耗进行了差异性研究。研究表明：按照森林光合作用吸收的 CO_2 计算的结果，中国天然林丰富的黑龙江、云南、吉林等地由于森林资源的大量存在，出现了生态盈余，四川省出现了基本生态占用和供给的平衡。南方集体林丰富的福建、浙江等地尽管还存在一定的生态赤字，但生态赤字并不大。按照森林固碳作用，用 NPP 计算，森林吸收 CO_2 的作用很小，几乎可以忽略不计。

第三，从全国各地自然地理、气候、降水量和社会经济发展状况来看，东部地区依然是林业发展的重点地区，中国林业实现绿色增长，兑现中国政府在哥本哈根会议上有关节能减排和增加森林资源的承诺，林业发展的潜力在中国的东部地区，南方集体林区和北方国有林区肩负重要的使命。

第四，大量社会经济比较发达的区域，例如，山东、江苏、广东、辽宁等省和上海、天津、北京等直辖市消耗了大量化石能源，并产生了大量的碳排放，石化、建材、冶炼、重工业行业等成为主要的碳排放源，这些是碳市场的主要碳排放权的购买者；而很多森林资源大省提供了一定的森林碳汇效益服务，在碳循环中的作用依旧很大，将成为主要的碳市场运行受益者。中国省域间碳排放和森林资源分布存在明显的差异性，中国的国内碳交易市场有大量的供需差异，碳排放权和森林资源碳汇效益供给之间有大量可交易商品，国内碳交易市场的建立有坚实的基础。

基于上述研究结论，研究提出以下建议：

首先，在国内碳市场建设过程中，应在省域层面建立和完善区域与产业间应对气候变暖、节能减排合作机制，通过这种合作机制促成碳交易市场在碳排放和森林资源之间建立有机联系。

其次，结合国内森林碳补偿市场市场的需要，重视理论和实际工作的相关研究，加快森林碳补偿市场的建设，并在实践中不断完善运行机制、政策和管理措施等各方面的工作。

第三，从中国森林资源的总体状况来看，面积和蓄积都在持续增长，但单位面积蓄积和森林碳密度存在波动，特别是平均单位面积蓄积与世界平均水平存在 10% 左右的差距。森林碳库的增长需要大量长期生长的森林资源。林业政策，特别是林业管理政策缺乏森林抚育管理的激励，在林业总体发展中还应重视森林培育、林业产业和森林管理关系之间的协调发展和相互促进。

因此，本书的主要内容必须建立新的研究思路和寻找新的研究方法。由于探究条件的限制，当前的研究工作还比较基础，处于搭建框架和形成基本概念阶段。今后的研究还需要在运用空间结构、均衡理论、系统动力学等理论和方法进一步研究，并需要收集各种进一步的资料对于研究过程中提出的一些具有框架性和概念性的观点进行进一步的验证，得到实证研究结论，形成新的更有实践应用价值和可操作性意义的研究成果。尽管现在的研究还是比较初步的，但毕竟是该领域研究必须做的基础性工作，也为未来的相关研究打下了基础。十分感谢国家林业局和中国林业科学院的领导和专家学者为本子专题的研究提供机会和资金，使研究工作能够开展和顺利完成。在研究过程中，沈国舫、李文华等院士在研讨会中提出了很多具有建设性的意见，对于研究的推进和按照任务书的目标完成研究任务提供了帮助。

在本书的研究过程中，刘萍、李小勇、肖慧娟、岳瑞峰几位青年教师在研究中作了一些努力，分别在森林资源清查数据分析和森林碳储量和碳密度的计算方面做了一定的工作；陆屹、朱润芝、王帅三位研究生在化石能源森林资源清查数据的收集、加工和整理方面做了大量工作，并在运用统计学方法进行统计分析中做进行了计算和分析工作。

著者

2010 年 7 月 10 日

目 录

1 引 言

1.1 研究的背景

温室效应导致全球变暖已经成为21世纪人类社会面临的最大的威胁，全球气候变暖是现代生态与环境科学关注的重大科学问题。从国际应对全球气候变暖的研究来看，导致全球气候变暖有很多方面的原因，其中人类社会经济发展大量开采和消耗以煤、石油、天然气为主体的化石能源，向大气中排放以CO_2为主的温室气体已经公认为导致气候变暖的主要人为因素。

从中国的现实情况来看，开始社会经济的发展对于化石能源的依赖程度还很高，国家和社会已经开始认识到节能减排在提高社会经济发展效率和质量，实现社会经济可持续发展中的重要意义。并努力通过制定一系列的行政、经济、技术政策，从宏观和中观层面调整和优化产业结构；鼓励改善管理、实行技术创新，从微观层面节约化石能源，减少化石能源消耗，提高微观组织的运行效率。

森林在地球碳循环中扮演了十分重要的角色，具有碳汇效益，在缓解以消耗化石能源为主要人为因素的气候变暖过程中具有十分重要的作用。提高森林植被及其生物量用以吸收CO_2，将其固定下来转变成为有用的物质资料，是降低大气中的温室气体浓度，缓解气候变暖的途径之一。胡锦涛主席在联合国气候变化峰会的讲话中指出："中国将进一步把应对气候变化纳入经济社会发展规划，并继续采取强有力的措施，大力增加森林碳汇。"

中国作为最大的发展中国家和最大造林国家。林业发展一直面临长生长周期所带来的融资风险在森林培育过程中难以回收资金，影响林业和林区发展的问题。多年来，国家利用公共投入保护天然林资源、恢复植被、发展人工林做了很多努力；但通过政府的公共投入仅仅是增加一个途径。利用市场机制（建立包括碳汇市场、碳汇基金等森林碳补偿机制）使森林资源所具有的森林碳汇价值得到体现，是激励林业生产活动、增加森林资源的另一个途径，也一直是学术界和社会十分关注，目前尚未解决的重要问题。

1.2 研究目的和意义

1.2.1 研究目的

本书以节能减排、缓解温室气体排放和保护森林资源、恢复和增加森林植被、发挥森林资源的碳汇效益为基本目标，通过探讨以行政区划为基本对象的中国社会经济发展及其能源消耗与碳排放和森林资源的时空动态变化规律性。试图揭示两者之间的差异性和可能存在的相互关系，为建立国内森林碳补偿市场，形成有利于调整产业结构、转换生产方式，保护森林资源和增加森林植被的机制、完善相关管理政策和措施提供理论依据。

1.2.2 研究意义

从世界范围来看，对于社会经济的管理以国家作为基本单位；在一个国家内部，由于社会经济管理体制的不同，社会经济的管理的责任主体并不相同。在中国，省(自治区、直辖市)域行政区管理机构是实现区域社会经济可持续发展的基本管理责任主体。在这样的责任主体管辖下，各种社会再生产组织(包括企业组织)的生产运作形成社会再生产系统。

从理论上看，本书的研究立足于以省级区域为研究对象，探讨在区域内和区域间建立有利于资源供给和实行清洁发展机制的技术、经济、社会合作、政策、管理等途径，及其可持续上产方式，通过转换生产方式和提高可持续发展能力，减少社会再生产系统对自然生态系统的依赖，因此，具有重大的理论意义。

从现实意义上来看，在国内区域和企业间建立基于生态足迹的能源消耗和森林碳汇价值的联系，为建立能源高消耗地区与森林资源丰富地区在合作共享基础上的林业协作市场机制，有利于促进林业再生产，增加森林资源供给，为实现经济发达地区与森林资源丰富地区森林资源增长和社会经济发展双赢的补偿机制提供新理论依据。本书的研究在实现 CO_2 减排和实行清洁发展机制(CDM)方面具有积极意义。

1.3 国内外研究背景、现状及其述评

全球变暖问题日益严重，引起了全世界的关注(Caise P，Trans P P，

Trolier，1995）。自然科学（地球科学、生态学、林学）和社会科学（经济学、管理学、林业经济学等）领域对于这个问题的关注点是不同的。自然科学试图通过精确的科学研究探讨全球碳循环过程中碳运动过程的规律性，找到度量碳运动的模型和方法，为社会的环境管理和政策提供理论依据。而社会科学则试图利用影响社会再生产系统运行的各种因素，研究缓解 CO_2 排放节能减排和增加碳汇（包括增加森林资源）的社会和组织机制、政策和管理措施。但气候变暖的相关问题十分复杂，定量化研究过程是十分漫长的，还有很多理论和计算方法问题没有得到很好解决，同时在社会科学层面，由于缺乏必要的计量工具和手段，很多定性研究难以清晰和准确地解释碳循环过程中所涉及的各种因素之间的相互关系，难以满足社会发展的需要。

1.3.1 生态学对于森林碳汇的基础研究

1.3.1.1 地球碳循环与“未知汇”

地球化学循环是指化学元素、核素和化合物穿越由生物圈、大气圈、海洋、沉积物、地壳、地幔和地核等构成地球的巨大化学库（reservoir）的循环运动，研究碳循环就是研究碳元素在这些化学库中的质量、物质交换及影响因素（李任伟，1996）。全球碳循环是碳在大气、海洋及包括植物和土壤的陆地生态系统 3 个主要贮存库之间的流动。最大的碳库是海洋，碳存量最小的是大气，但大气作为 CO_2 交换的管道，对库与库之间的碳循环起着重要作用（Post W M，Peng T，Emanuel W R，1990）。CO_2 的重要交换形式是大气与海洋间的气体转移，及生物群与其他库之间的光合作用和呼吸作用（Schimel D S. ，1995）。

碳循环模型的概念和陆地碳循环模型是指用数学方法定量描述陆地碳循环过程及其与全球变化之间的相互关系，可以利用计算机模拟碳循环的动态，估计土壤和植被的碳存贮现状以及预测未来的碳存贮潜力（汪业勖，1998）。陆地碳循环模型也包括可用于碳循环模拟和碳平衡估算的植被—气候模型或生产力模型。碳循环模型是深入研究陆地生态系统碳循环和全球气候变化相互作用的重要手段和工具，模型研究分析表明：全球变化在未来温室气体释放和陆地表层生物圈影响上对碳的存储有明显的反馈作用（Field C B，1998）。

自然界中的碳在地壳岩石中约有 6.55×10^{11} GtC。其中，73% 是以碳酸盐岩（海相碳酸盐岩、沉积碎屑岩中碳酸盐胶结物以及泥质岩中碳酸盐矿物）和幔源碳的形式存在。其余部分以石油、天然气、煤等各种有机碳形式存在。尽管地质碳库是最大的碳库，但除了人类大规模的矿产和燃料开采释放岩石圈储存的碳，其中绝大多数不参与全球的碳循环。

《联合国气候变化框架公约》（UNFCCC）将温室气体“源”定义为向大气中

释放温室气体的过程或活动，温室气体等“汇”为从大气中清除温室气体、气溶胶等的过程、活动或机制(郭李萍等，1999)。全球碳循环的源与汇是以大气圈为参照系，以从大气中输出或向大气中输入碳为标准来确定。全球“碳源”与“碳汇”分布极为普遍，由陆地到海洋、从耕地到森林、由自然界到人类社会等都存在碳“源”与“汇”。碳“源”与“汇”的分布受纬度、立地条件、地表覆盖以及时间等因素的影响，普遍存在碳“源”与“汇”的转化现象(IPCC，2001)。

在碳的循环过程中，排放(碳源)与吸收(碳汇)之间本应划“等号”。在自然界中，理论上应该收支平衡的碳总有一部分不知去向，也就是碳源总是大于碳汇。科学界推测，自然界中存在着多个“未知汇”。对于“未知汇”的研究，不同领域的学者有不同的认识和计算方法。大多数研究者希望从森林、土壤储存的有机碳中寻找答案，草原学者认为草原也是重要的碳汇，地质学家试图从岩石的风化(即岩溶作用)轨迹追踪碳的去向，认为岩石风化、全球水循环和水生植物光合作用是重要的碳汇。

20世纪60年代中后期，国际科联(ICSU)执行的国际生物学计划(IBP)发起了全球性陆地森林生态系统碳蓄积的研究。1972年联合国教科文组织开展的人与生物圈计划(MAB)则是IBP计划的发展和延续。之后欧洲各国以及加拿大、美国、巴西等国都分别进行了区域森林生态系统的碳平衡及其与全球碳循环之间关系的研究。

70年代以后，很多学者估计“未知汇”存在于陆地生态系统。有人认为温带森林的再生、CO_2施肥效应、氮沉降的施肥影响和气候变化(如温度升高、降水增加等)等其他地球过程平衡了碳循环(Micheal Bender，1996；Harrison K，Broacher W，1993)。有地球化学家假设，为了平衡全球碳循环，陆地生态系统随着CO_2浓度的逐渐增加，像温室里的植物一样，光合作用率增强(Prentice K C，Fung I Y，1990)。

第33届国际地质大会于2008年8月14日在挪威首都奥斯陆闭幕。期间，8月8日会议主题“气候变化”给地学界、甚至是整个科学界都带来了极大的震动。来自英国雷丁大学环境系、中国科学院地质与地球物理研究所、丹麦气候能源部等4个不同国家的5位科学工作者就如何迅速减少大气中CO_2排放物及方法的可靠性？人类对气候的影响是什么？如何根据发展中国家的不同需求达成共识？三个主要的气候问题做了相关报告和进行了全体讨论。国际能源局(IEA)能源预测，今后几十年间，CO_2的捕获和地球贮存(CCS)将在气候变化和最终使用效率及其他方面中起到重要的作用。大会认为：人类在所谓的征服和改造自然的过程中，已经对全球气候系统及大气中气体的成分和含量造成了无法挽回的改变。温室气体过度排放、全球气候变暖、极地冰盖融化、海平面上升、地质气候变更……众多问题闯入我们的视野。来自挪威的 Olav Karstad 教授在大会的报告“关注气候：碳的捕获和存储”中提出，需要采用必要的措施，转变能源系统以减轻 CO_2的排放。虽然在中短期内，从化石能源大范围的转变到其他能源看上去是不可能的，但我们也看到了通过转变技术工艺来调整能源结构和需求的必要。与会的科学家通过对气候模型的分析和对未来气候的预测，指出人类的活动已经严重影响到气候变化的趋势，所以我们必须减少温室气体的排放量，以阻止全球变暖。减少温室气体最重要的两方面的问题是：第一，减少 CO_2的排放量；第二保持森林的覆盖率。减少 CO_2的排放量，就要从调整能源结构开始，从化石燃料向可再生新型生物燃料或清洁燃料转变。(何庆成，2009)。

尽管对于森林的碳汇效益还存在一些争论，但作为陆地生态系统中最重要的组成部分，森林资源在维持地球生态环境和在碳循环的平衡中具有的重要作用得到专家学者比较一致的认识。人类活动在增加大气 CO_2的同时，完全可以通过积极的行动增加对大气 CO_2的吸收；从而形成“人为汇”。《京都议定书》中对“人为汇”也作了一些探讨，但各国对人为汇的定义意见不一，有的认为其仅特指与森林管理有关的所有活动，如造林、再造林、毁林等；另外，一些国家则认为其仅指一些直接的活动，如植树造林、林地施肥、放牧等。但不论这些争议如何，森林的生长过程是重要的碳汇，森林资源具有吸收 CO_2的碳汇价值(何英，2005)已经形成共识。

1.3.1.2 森林碳汇计量研究

从相关研究涉及的内容来看，主要可以归纳为生态学对于生态系统碳循环、碳贮量和碳密度的估算方法研究。科学的森林碳计量方法是研究森林碳源和碳汇的关键。人们通过对全球碳通量的估算发现“未知碳汇”很可能存在于北半球中高纬度的森林中(Detwiler R P，1988；耿元波，2000；Schimel D S，2001；方精云，2000，2001)。研究森林生态系统，尤其是中高纬度森林的确切碳储量和固碳能力是生态学及相关学科研究的热点。

目前，在中国实测各种森林类型的生物量和生产力的研究有很多，但有许多是对人工林的(杉木林、马尾松林等)研究，而对天然林蓄积量和生物量的收集测量有一定的局限性，不能精确估算较大尺度森林碳储量动态及其气候变化的响应。多年来，专家学者们试图探讨一个能够满足对于森林碳汇研究需要的科学计量方法。从国家和区域层面来看，尽管一些学者也在探讨运用卫星和航测方法得到的数据研究森林碳汇的计量方法。但迄今为止，由于森林清查资料的详细性和权威性，在计算国家或地区尺度碳平衡时，根据森林资源清查数据和实测数据计算森林碳储量和碳密度是普遍接受的计算方法。进入 21 世纪以后，国内大量有关全国和区域层面的森林碳库研究大多基于上述方法和数据来源的应用性研究。

1.3.2　运用生态足迹方法对于资源占用的研究

1997年由加拿大生态经济学家William Rees和Wackenagel提出的生态足迹(ecological footprint，EF,)方法，作为一种衡量人类对自然资源利用程度的方法(徐中民等，2000，2006；张志强，2000，2001；张丽君，2004)引起了全世界生态学界的注目(Manfred Lenzen，Shauna A，Murray，2001)。

在生态足迹理论中，衡量能源消费生态足迹是用能源消费后吸收其排放CO_2所需要的森林均衡土地面积。与目前研究利用森林清查资料计算森林生物量，用生物量折算森林的碳总量和密度的生态学方法在基本思路上有很大差异。

生态足迹的研究和其他学者运用生态足迹方法的研究表明：能源消耗是最主要的生态足迹。在包括上述文献和陈敏等人对于省域生态足迹的研究表明(2002)，除西藏(没有能源消耗数据)以外，全国各省份的化石燃料(地)足迹均为负数。如果仅仅考察社会经济发展过程中对于能源消耗的程度，这样的研究是非常有价值的。

在上述研究文献中，用生态足迹方法评价社会经济发展对于以土地资源作为基本制度的自然资源估算过程中，均将森林提供化石能源用地作为0处理。没有将森林能够提供的碳汇价值作为化石能源用地的供给，忽略了通过林业生产活动对保护生态环境所做出的努力，存在明显的缺陷。

尽管如此，William Rees和Wackenagel提出的生态足迹(ecological footprint，EF)方法，将土地作为评价的基础尺度，用均衡因子将社会经济发展能源消耗产生的CO_2，转换为吸收这些CO_2所需要的森林土地面积的思路为森林与社会经济发展能源消耗产生的CO_2排放之间建立了联系，能够在一定程度上揭示不同区域之间资源占用和森林碳汇贡献的差异性。对于社会科学、政策研究具有重要理论和实际应用价值。

1.3.3　有关森林碳补偿市场的研究

面对全球气候变暖的问题，国际社会在联合国通过了《联合国气候变化框架公约》及其《京都议定书》，确定了减排、清洁发展机制(CDM)等机制。目前国内为积极应对公约谈判出现的新变化，在《联合国气候变化框架公约》和《京都议定书》的内容、履约、减排、清洁发展机制(CDM)的介绍、普及、推广等方面进行了深入的研究(胡会峰，刘国华，2006；林德容等，2005；孙丽英等，

2005)，王灿、李怒云等对于中国履约的责任义务研究(2005，2007)等方面做了大量工作；对于实施国际CDM机制下的造林再造林项目，张小全等人做了很多工作(2005)。

从近年来有关林业碳汇的相关研究文献来看，对于将森林碳汇服务纳入市场，使其成为一种商品，并且通过价格机制较为真实地反映它的供求状况表现出很大的期待。学者普遍认为森林碳汇服务的市场化会促进碳汇产权化，使林权彻底在经济上得到实现，实现碳汇服务的有形化、有偿化。甚至认为，森林碳汇服务市场的建立健全将标志着无限制碳排放时代的结束和合理有序利用大气资源时代的到来(邱威，2008)。

林德荣等人对建立森林碳汇市场的经济学基础进行了阐述，分析了国内森林碳汇市场建立的可行性，并对国际森林碳汇市场的产生和发展进行了总结。认为国际排污权交易(ET)、联合履约(JI)、清洁发展机制(CDM)都是以项目为基础的碳汇交易，只是松散的以项目投资为基础，并获取由此产生的碳汇服务交易的集合(2005)。陈根长论述了森林生态效益补偿市场化道路的必然性，并提出了建立碳交换机制的几项必要的准备工作(2005)。

一些学者认为，中国是温室气体减排潜力较大的发展中国家之一，加之具有良好的投资环境，开展CDM合作的市场前景广阔，为主要的发达国家所看好。如果CDM能够得到很好的利用，有利于保护自然和森林植被，以实现我国环境、经济和社会效益的可持续发展(戴伟娣，2006)。也有的学者认为，碳汇项目的固碳作用只是临时的：在林木成长过程中由树干、树叶和土壤吸收的CO_2，最终会由于采伐林木而重新释放回大气中。因此，造林碳汇项目只能延缓温室气体的积累，只能作为一种过渡性的政策选择。相反，通过开发能源项目而减少的温室气体排放则是永久性的。也有的学者认为，林木、尤其是制作成木制品后的碳贮存时间相当长，即使造林碳汇项目只是临时性的碳吸收，它也能产生以下积极效果。可以延缓气候变化本身能产生一定效益，临时的碳吸收可以“买来时间”，以便开发出低成本的能源技术，一定比例的临时吸收可以被证明是永久的(Cacho O，Hean R and Wise R.，2002)。

从国际碳市场建设和发展的实践来看，森林与碳市场的关系还有很多问题需要研究，并不是直接将国际碳市场建设的经验搬到国内就可以解决问题，碳交易市场建立的基本条件之一是碳排放以及森林碳吸收之间的差异性，这样的差异性构成了碳市场交易的供方和需方。而碳市场交易的供求状况及其相互关系还不是分清楚，这是建立和发展森林碳补偿市场首先需要解决的核心问题。

1.3.4 对于相关研究的评述

从自然生态系统来看，森林吸收碳的作用与社会经济发展的碳排放过程分别属于自然生态系统和社会再生产是两个不同的系统。自然科学在进行碳循环研究的过程中，更多地考虑了碳循环的自然属性，试图用科学的观测和实验方法精确的计算碳循环的规律性和计量模型。

从50多年对于森林碳库研究的方法和争论来看，由于学者们研究所选择的研究对象，如森林类型、地域、自然条件、样本等的差异性，计算结果和结论有很大的差异性。特别是在不同自然条件、树种和森林类型的森林生物量不仅表现为树干部分的蓄积，还有森林土壤、枝、叶、树根都具有重要的碳吸收和储存作用。通过实地测量、观测和实验等手段尽管可以准确地得到实验地的林木生物量数据，这样的研究对于探讨对于研究微观森林林分的碳库和确定精确的森林生物量计量方法具有十分重要的意义。但用少量样本得到的数据简单推算大区域森林的生物量数据显然是不可靠的，同时用大量实测研究结果来推算大区域森林的生物量数据由于需要很长的时间和精确的实验数据与计算，从目前的技术和经济投入来看在短期内也是难以实现的。因此，方精云等人根据森林资源清查数据，在优势树种蓄积的基础上推算森林生物量，并用折算系数(0.45)折算含碳量生物量的方法依然是目前适用于大尺度森林碳库计算的主要估算方法。

就目前的相关研究来看，虽然在理论和实践中，对于节能减排和森林碳汇以及森林碳补偿市场和清洁发展发展机制等多个方面都有相关的研究。但这些研究还缺乏将社会在生产系统中以CO_2为主的温室气体排放、节能减排措施和清洁发展发展机制与森林碳汇效益联系在一起的深入研究。

从以往的文献研究和对于数据的初步分析来看，社会再生产系统的社会经济统计、能源消耗与CO_2排放贡献与建立在自然生态基础上的森林资源碳库是两个不同的领域。对于节能减排有关问题的研究主要是针对社会再生产系统，基本属于社会科学领域的研究范畴；而对森林碳库计量研究属于生态学研究的范畴；对于两者之间的关系研究还比较少。

当前的社会经济还是一种对于不可再生自然资源依赖性很强的发展方式，化石能源是最重要的不可再生资源之一。世界各国的经济发展均对由煤炭、石油和天然气为主要组成部分的化石能源具有很大的依赖性。化石能源是地球演化的长期历史过程中，由CO_2不断的积累形成的自然资源，人类社会利用这些化石能源建立了现代工业社会的基本结构。在亿万年演化过程中积累的化石能源，在近代100多年的进行开发利用，并创造巨大的财富是工业革命产生环境和资源问题的根源。

减少、发现和利用非碳化石能源的经济发展方式称为“低碳经济”①发展方式。可以说，从依赖化石能源的传统经济到“低碳经济”发展方式人们开始接触到可持续发展的核心问题。如何从开发和利用不可再生资源到减少不可再生资源的消耗和利用可再生自然资源是可持续发展的精髓。

传统的经济发展方式是建立在改造自然，从自然获得资源为人类的生存和发展服务基础之上的，在这种人与自然的基本关系中，社会经济发展和自然资源与环境保护始终是一对矛盾。而社会经济的可持续发展要求转变社会经济发展与自然生态系统的基本关系，通过转变社会经济发展的方式限制“人为碳源”，同时将投资自然，生产“人为汇”也作为社会经济活动的重要组成部分。

生态经济学研究认为，实行节能减排和通过投资自然，生产“人为汇”是缓解由于人类大量开发利用自然，向大气中释放 CO_2 等温室气体，导致气候变暖的两个重要途径。实现从单纯开发利用自然生态系统为人类的生存和发展服务的传统生产方式向可持续发展的社会再生产方式的转变，包括国家、各级政府，以及由其管辖的各种社会组织都负有不可推卸的责任。

在碳循环过程中，不论理论上对于森林的碳汇效益如何认识，毕竟森林系统作为陆地生态系统中最重要的碳库，森林具有碳汇效益已经为科学界和社会普遍认同。那么运用现代科技创造的手段来评价不同区域、产业、企业在能源使用，以 CO_2 为主的温室气体排放和在森林经营过程中创造的碳汇效益贡献就是十分重要的。尽管森林生态对于碳计量的研究在不断推进，并不断产生日益精确的计算方法和手段，但用来研究森林生态系统和社会在生产系统的关系还需要做更多的研究工作，而生态足迹方法在评价自然生态系统，或者简单地认为是森林生态系统与社会在生产系统关系的过程中提供了一个直观和简便的方法。

1.4 研究内容以及拟解决的关键科学问题

1.4.1 研究内容

研究的基本内容是对以省域行政区作为基本空间单位的化石能源消耗及其 CO_2 排放贡献与森林资源吸收 CO_2 排放之间的相互关系进行统计数据的实证研

① “低碳经济”最早见诸政府文件是在2003年的英国能源白皮书《我们能源的未来：创建低碳经济》。

究。实证研究的基础数据是对于统计资料加工整理产生的由化石能源消耗产生的 CO_2 排放和森林资源数据产生的碳库时空分布数据。

1.4.1.1 对于中国化石能源消耗和森林资源变化的实际空间统计描述

由于各种计量方法均对数据的完整性和系统性有很高的要求，从目前收集到的统计资料和森林资源清查资料来看，还很难直接用于作为碳排放和森林碳计量的基础数据，因此，还需要运用有效的数据加工、整理手段。对于数据进行分析整理，对于部分数据进行科学的推算和对推算的结果进行验证。研究首先需收集社会经济发展、化石能源消耗和森林资源动态变化的基础数据，并对于各种基础数据进行统计描述，为进一步的分析研究打下基础。

1.4.1.2 中国林业发展潜力研究

林业发展的重要成果是森林资源面积、蓄积和单位面积蓄积量(或生物量)的增加。林业投入的关键要素是土地资源。尽管在中国的西部有大量的荒山荒地，林业的发展不仅要表现为森林面积的增长，还表现为总蓄积、总生物量和单位面积的蓄积量(生物量)的增长，特别是单位面积蓄积量(生物量)的增长要有林业发展的基础和社会经济发展的基础作为保障，这里面包含了多树种和林种的结合，近自然林业和森林多目标利用，以及森林培育和林业产业发展的有机结合等多种技术、经济、政策、管理的改进，还有社会总体科学管理水平的提高。实现这样的发展需要从多方面和多因素来考虑和分析问题。面对这样一个多因素和多变量的问题要用科学方法，并用比较详尽的数据作为支撑。

1.4.1.3 中国省级区域化石能源消耗与碳排放空间分布和产业分布特征研究

在目前技术水平条件下，社会经济的发展还需要以化石能源为主的能源资源。在实现可持续发展和低碳经济的环境条件下，过度消耗化石能源获得 GDP 的增长已经为公认为是落后的经济增长方式。在世界碳交易市场中，大量消耗化石能源的国家和产业是森林碳汇效益的主要购买者。建立和完善国内碳交易市场，林业将成为主要的受益者。为了使林业进入碳交易市场，并从中获得应有的利益(这样的利益一直被忽视)，必须对于国内各个省域和不同产业的化石能源消耗和碳排放状况的空间和时间序列进行分析。

1.4.1.4 中国 CO_2 排放贡献的和森林资源碳库的空间分布实证研究

从目前的研究文献来看，已经有对于碳排放时空分布和中国森林资源碳库的空间分布数据之间存在以生态足迹方法为基础的均衡土地面积基本尺度初步研究。天然资源在社会经济发展不同阶段的库兹涅茨曲线、人工林资源增长与社会经济统计数据之间的相关关系，以及天然林资源在天然林资源保护工程影响下的变化等。但就目前的情况来看，上述关系还没有得到完整数据的验证，而且结合不同区域社会经济发展状况的 CO_2 排放贡献与资源增长关系还是非常初步的。

本部分在充分收集文献和先进理论与方法的基础上通过文献研究，借助相关研究理论和方法，运用中国能源消耗与 CO_2 排放贡献的时空分布和中国森林资源碳库的空间分布数据库和对于数据进行分析，探讨两者之间的内在关系。

1.4.1.5 中国省域化石能源用地占用和供给定量研究

生态足迹理论与方法为在森林与化石能源消耗之间建立联系提供了理论与方法。本部分研究结合以往生态学研究的成果，在不同省份人均化石能源足迹和森林提供化石能源用地两个变量之间进行对比，用定量方法说明不同省域化石能源占用和供给之间的数量上的差异性。

1.4.2 拟解决的关键科学问题

试图建立一个以化石能源消耗及其 CO_2 排放贡献和森林碳汇中的碳计量方法作为基本尺度，能够用于评价和度量社会在生产系统与自然生态系统相互关系评价方法和指标体系是本书要解决的关键科学问题。其中，对于化石能源消耗问题的研究是主要问题。当前的很多研究均使用化石能源总量消耗作为基本数据资料，而这样的数据资料存在很多重复计算和不精确的问题，中国是一个以煤炭为主要能源的国家，煤炭不仅作为燃料在各产业的运行和发展中发挥重要的作用，而且还是重要的原材料和二次能源的主要资源。精确计算化石能源的消耗是碳排放计量的重要问题。

1.5 研究方案

1.5.1 研究方法

1.5.1.1 统计数据来源和统计指标

主要的统计数据来源：20 年的国内社会经济统计资料、国际国内 15 年的能源统计数据以及中国 7 次森林资源统计数据和联合国粮农组织（FAO）提供的世界森林资源统计数据和相关报告。

研究的基本对象：以中国省域行政区划为基本行政区划单位。对于 28 个省份的碳排放和森林资源碳库数据进行分类，为进行深入的研究选择样本。

研究的基础数据指标：社会经济发展指标(GDP、人均 GDP)；能源总量消耗和终端消耗；全国和各个省(直辖市、自治区)森林资源蓄积和面积。

1.5.1.2　具体研究计算方法和过程

本书的研究以生态足迹作为基本计算方法。为了满足研究的需要，用统计描述方法对于化石能源和森林资源分布状况进行统计分析，首先描述两个基本数据的统计学特征。为运用生态足迹方法进行计算进预先的准备。

在分析化石能源消耗状况的时候必须要面对不同区域和产业的化石能源消耗问题。研究将区域的空间分布和时间序列分别进行分析，化石能源的区域空间分布分析用于化石能源生态足迹的计算。而产业的化石能源分账户研究分析主要用于直接经济补偿问题的分析和讨论。两者的分析和讨论分别运用化石能源消耗总量和终端消耗数据进行研究分析，试图从中找到两者之间的差异性。

在进一步进行的文献研究和统计数据分析基础上，运用生态足迹方法进行比较，找到化石能源和森林资源空间分布的差异性，为建立国内碳交易补偿市场提供供——需分析的依据。

在分析过程中，分别用因子分析方法对于森林资源发展的潜力、格兰杰检验和统计分析进行统计分析，验证提出的观点和假设。在分析过程中将天然林和人工林的各种指标分开，以便进一步反映森林资源保护和森林资源育两个不同生产过程的特殊性，为用公共投资进行天然林保护和更多借助市场机制的积极作用进行分析做准备；研究运用聚类分析方法对于碳排放、社会经济发展状况和森林资源分布状况进行分析，试图对区域进行分类研究，找到其中化石能源消耗、CO_2排放、能减排与森林资源“人为汇”之间关系的规律性。

1.5.2　研究技术路线

本书的研究涉及很多计量分析和统计分析方法，在各种方法之间存在密切的联系，研究的技术路线如图 1-1。

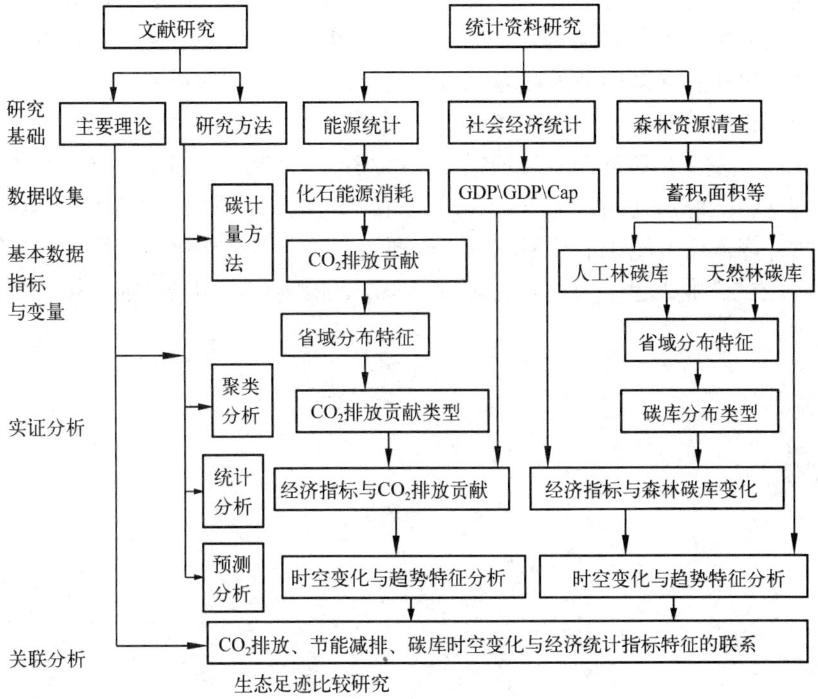

图 1-1 研究技术路线图

1.6 研究的主要特点与创新之处

1.6.1 主要特点

将社会经济与生态学研究的理论与方法应用到一个 CO_2 排放、节能减排和生产森林资源“人为汇”相互关系的具体问题研究过程中，将两个不同系统的复杂问题用生态足迹方法进行系统梳理，以自然科学计量方法和技术方法为手段，以社会科学理论和研究方法为基本框架设计研究方案。

1.6.2 创新之处

本研究的创新之处表现在：

第一，以统计数据和森林资源清查数据为基本数据资料，以自然科学对于森林碳循环、生态足迹和统计分析方法为基本手段，对于生态足迹方法进行了改进。这样的改进主要表现在：首先，讨论了用终端消耗替代总量消耗，计算生态足迹；其次，结合生态学有关森林仅仅吸收 30% CO_2 排放的研究成果。并用相应的方法计算了 2008 年中国各省化石能源消耗的人均生态土地占用和森林资源提供化石能源用地承载力，结果显示，两者的结果相差 50% 左右，差异是十分明显的。

第二，基于化石能源总量消耗和终端消耗两个基本数量的不同，对于 2010 年中国化石能源消耗的状况进行了较全面的研究。基于研究的结果，提出：节能减排，降低化石能源消耗不应从工业部门入手，而应从化石能源的主要需求者——第三产业入手，通过降低化石能源消耗的需求，实现节能减排的目标。

2 研究的理论基础

2.1 森林生态系统与社会经济发展的关系

从20世纪中期开始，尤其是进入80年代以来，由于资源、环境问题日益严重，环境保护运动得到发展，可持续发展理念兴起，到20世纪90年代，资源耗竭、人口增长过快、环境污染、生态破坏等问题使得世界各国开始寻找一种不损害生态和谐和社会公平的经济可持续发展之路。

传统的社会经济发展建立在开发和利用自然资源基础之上，因此，如何度量社会经济发展对于自然资源的占用和消耗成为关注的热点问题。自然资源核算开始引起世界各国自然科学家、经济学家、社会学家、政府部门以及众多国际组织的重视。

2.1.1 可持续发展与化石能源——当前相关研究的进展

2.1.1.1 社会再生产系统与自然生态系统

从人类文明出现以来，人类社会一直以来从自然界获得资源维持和保障其自身的存在和发展。几乎人类所创造的经济价值全部都与自然资源的重要作用紧密联系在一起。

在传统的经济学理论中(图2-1)，自然生态系统是社会再生产系统的供给子系统(或者原料仓库)。衡量社会再生产系统发展水平的重要标准是按照人类的需要，开发、利用和改造自然系统的能力的大小。

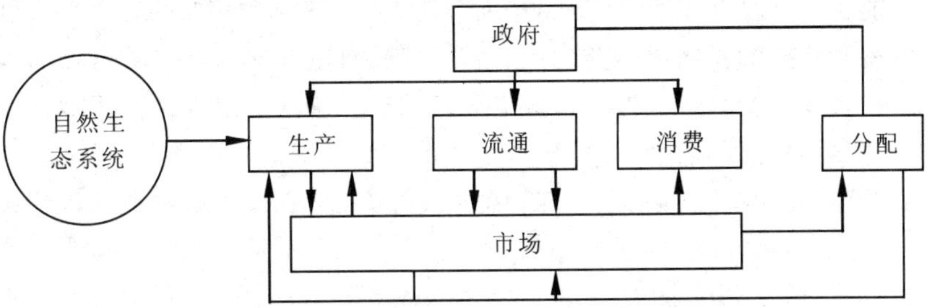

图2-1 自然生态系统与社会再生产系统的关系环示意图

人对自然生态系统、社会再生产系统及其相互关系的看法和认识水平一直深刻影响着人对自然世界的态度和生产生活方式。在自然状态下，两者之间存在着平衡状态，只要环境破坏的程度还没有达到不可恢复的程度，自然生命系统总是趋向于修复和维持这种平衡，这就是强大的自然生产力。自然生态系统创造了包括人类在内的众多生物体，其中的许多成为人类的生产和生活资料，构成了人类经济生活的重要经济资源。人类的社会生产过程利用了部分自然生命系统和生态环境系统的物质和生产生活环境条件。

利用自然生命系统和生态环境系统的物质和生产生活环境条件的种类、数量和强度取决于社会再生产系统的基本需要、生产生活方式、科学技术发展和管理方式。科学技术发展的水平决定了人类利用自然资源的深度和广度及其方式。

管理方式决定了社会再生产投入——产出系统的工作和运行效率。社会再生产系统的开发、利用和改造自然系统的能力比较小的情况下，自然生态系统自身的恢复能力能够提供社会在生产系统运行的各种供给，而在社会再生产系统的开发、利用和改造自然系统的能力不断增强，超过了自然生态系统自身的恢复能力的情况下，资源的破坏和环境的恶化将影响自然生态系统的供给能力，进一步影响社会再生产系统的正常运行。

自然资源及其环境养育了人类，使人类社会得以繁衍、生长、强大。当人类强大到可以影响自然、对自然和生态环境可以施加足够大的影响的时候，持续地和无节制地开发和利用自然资源才破坏了自然生命系统趋向于修复和维持的平衡能力，使人类面临资源和生态环境危机，人类的经济活动开始对自然和自己的生存环境构成威胁。社会经济发展过程中普遍存在的资源环境与传统经济发展模式的矛盾，推动了世界范围内30年来的环境与发展运动。

在形成、认识可持续发展的理念和思考所采取的相应政策和管理措施时，人们面临着保护、开发、利用等多种选择。在人类社会发展的早期，自然生态系统是人类社会再生产系统的重要组成部分，人们从自然生态系统中获得各种原料、能源、产品和服务。降低对“库存”的消耗就成为首要的和合乎情理的选择，发展和保护的矛盾也日益尖锐。除了采取有效的措施降低对资源的开发和使用量，转变生产和生活方式，减少对自然资源的依赖以外，可持续发展的根本途径还是增加“库存”量。

在20世纪90年代中后期，西方发达国家先后进行了投资自然、构建生态产业的研究(Rocchi，1997；Sedjo，1997)。一些学者甚至认为新的产业革命是以绿色产业(或生态产业)为基础(McDonough，1998)。Sedjo认为林业在物质生产和环境改善方面为人类的社会文明和进步发挥着关键的作用(Sedjo，1997)。

Paul Hawken 等人所著的《自然资本论①(Nature Capitalism)》指出:“实际上,一种经济需要4种类型的资本来适当地运转:以劳动力和智力,文化和组织形式出现的人力资本;由现金、投资和货币手段构成的金融资本;包括基础设施、机器工具和工厂在内的加工资本;由自然资源、生命系统和生态系统构成的自然资本。传统工业系统采用前3种资本将自然资本转化为人们日常生活的要素:汽车、公路、城市、桥梁、住房、食物、药品、医院和学校。”②这本书介绍了4中基本战略:第一是有效地利用资源;第二是建立资源的回收和再利用生产系统改造现实的传统工业生产模式;第三是建立一种经济服务和流通基础上的经济,转变以占有资源或商品的数量来代表富裕程度的观念;第四是向自然资本投资,通过不断扩大自然资本的存量,生产出更丰富的自然资源。③

实际上国际上早已经在关注“恢复自然资源和环境系统的生产能力和再生能力”的问题。1991年国际生态学联合会(INTECOL)和国际生物科学联合会(IUBS)联合举行关于可持续发展问题的专题研讨会上,将可持续发展定义为能“保护和加强环境系统的生产和更新能力”的发展。

社会再生产系统是一个投入—产出系统,这个系统通过投入多种生产要素,经营特定的生产过程,实现预期的产出,获取必要的产品或服务,满足人类社会的需求。

投入的要素随经营对象和生产过程变化的需要而变化,当我们把自然环境作为经营对象,把可再生资源作为产出的时候,社会再生产过程向自然生态环境领域大大深入了一步。

因此,我们能否利用部分资源的可再生性,充分利用太阳能这个在目前的科学技术条件下“取之不尽,用之不竭”的能源来解决人类面临的资源短缺问题,与此同时将资源与环境系统作为一种商业运作的产出,并使其具有与开发和利用自然资源同样的激励作用,而且能够获得社会平均利润就成为需要解决的关键问题。经营可再生资源的重要前提是在保护自然生态系统的物种和现有的自然生产能力的前提下,利用现代科技手段,提高资源的利用效率。

欧美经济发达国家在经济增长的过程中非常重视自然资源和环境保护问题,在处理国际和国内的诸多问题是采取了许多有效的政策和管理措施,与此同时,对于经济不发达地区的自然资源掠夺和将高污染、高能耗工业生产技术、设施设备以国际经济技术合作的方式转向经济落后地区的就活动也没有停

---

① 在此姑且认为将 Nature Capitalism 译为自然资本论是正确的。

② Paul Hawken, Amory Lovins, L. Hunter Lovins. 著. 王乃粒,诸大建,龚义台译. 自然资本论(Natural Capitalism). 上海科学普及出版社,2000年7月,P178. P4。

③ 同上,P12。

止过。经济的发展具有刚性的特点，在经济发展到一定的阶段，人们的生活水平提高到一定的程度，在原有经济发展的基础(如自然资源和生态环境)还有一定的存量，在部分地区，自然资源的利用还能够维持较高的经济增长和生活水平的时候，由于外界的需要而降低资源丰厚区域的经济增长和生活水平的努力就是非常困难的事情。

在一定的条件下自然生态系统和社会在生产系统是两个相对独立，有相互依赖，相互作用的系统。社会在生产系统的运行离不开自然生态系统，自然生态系统为社会再生产系统的运行提供了不可或缺的物质和生态服务供给。社会再生产系统一方面消耗自然资源和破坏生态环境，同时社会再生产系统的生产和经营活动也能够维护和恢复自然生态系统的平衡，并通过有效的管理、组织和运行保护和节约使用不可再生自然资源，维护生态环境，利用部分自然资源(如土地、动植物基因等)的可再生性，通过科技手段转变社会再生产系统的生产方式，将经济增长有资源消耗型转向发展资源生产型与资源循环型产业，发展非资源消耗型产业，将资源的增长和环境的改善成为经济增长的一个部分，在经济的增长中实现可持续发展的目标。

2.1.2 度量和评价的基本尺度研究

2.1.2.1 度量和评价社会再生产系统与自然生态系统的关系四种基本尺度

《辞海》对自然资源的定义为：指天然存在的自然物(不包括人类加工制造的原材料)如土地资源、矿产资源、水利资源、生物资源、气候资源等。联合国环境规划署的定义为：在一定的时间和技术条件下，能够产生经济价值。提高人类当前和未来福利的自然环境因素的总称。自然资源具有可用性、整体性、变化性、空间分布不均匀性和区域性等特点。

传统的经济发展方式之所以是不可持续的，主要原因是由于社会经济的发展是建立无节制的大量开发和利用各种有限的自然资源，特别是对于包括化石能源、原始森林、深层地下水和冰川、矿产等不可再生自然资源的无节制开发利用导致这些资源日益枯竭。在地球演化和生态系统长期演化过程中形成的不可再生资源

随着可持续发展的思想的提出和日益为社会所接受，学术界对于人与自然的关系，既社会再生产系统与自然生态系统的关系进行了广泛的研究。社会再生产系统与自然生态系统是两个不同的系统，社会再生产系统为人类社会的生存和发展服务，传统的社会再生产系统是建立在开发和和利用自然生态系统基础之上，社会再生产系统的发展程度取决于开发和利用自然生态系统的能力和

强度。可持续发展要求寻找一种不损害生态和谐和社会公平的经济可持续发展之路就需要找到一种能够度量社会再生产系统与自然生态系统关系的尺度和方法。

为了能够度量和评价社会再生产系统与自然生态系统的关系，首先通过模仿社会再生产系统经济核算的方式，建立绿色核算和绿色 GDP 核算体系。其间先后运用货币(价值核算)、能值(能量转换)、土地(生态足迹)、水(虚拟水)等尺度进行了广泛的研究。其中，能值和虚拟水两个尺度计算的计算和评价方法比较复杂，评价所需要的数据与现行的社会经济统计方式有很大的差异，难以作为一种能够为人们广泛接受的度量尺度；生态足迹方法以均衡土地作为度量尺度，运用社会社会统计数据作为基本数据，具有数据资料容易获得、计算方法简便等优点。

而货币尺度由于与社会再生产系统联系最为紧密，研究和评价的结果用货币表示也更加直观，容易为人们所接受，因此，运用最为广泛，也是目前为止最容易为社会再生产系统现行统计和评价思维方式所接受的基本尺度。

2.1.2.2 绿色核算与绿色 GDP

进入 90 年代后，绿色 GDP 的研究与应用发展飞速。关于绿色 GDP 概念的研究最初是就相关理论和内涵已经设计到的解决体制等改革方面进行理论研究；随后，依据绿色 GDP 理论，在统计核算和政策层面上开展研究，这要涉及从统计度量的可操作性的角度如何得到绿色 GDP，最初的核算主要包括在现行国内生产总值中扣除环境污染的损失。

1993 年联合国统计机构出版了《环境与经济综合核算手册》(SEEA)中，提出了生态国内产出(EDP)的概念，即现在我们所称的绿色 GDP。1995 年，世界银行组织有关专家开始重新定义和衡量世界以及各国的财富，出版了《环境进展的监测》，正式提出了绿色 GDP 国民经济核算体系的概念。绿色 GDP 是指一个国家或地区在考虑了自然资源与环境因素之后经济活动的最终成果，它是在现有 GDP 的基础上计算出来的。

1995 年 9 月，世界银行首次向全球发布“扩展的财富”概念，提出衡量全球或区域发展的新指标，从而使“财富”概念超越了传统范式所赋予的内涵。“扩展的财富”由“自然资本”“生产资本”“人力资本”和“社会资本”4 大组要素构成。学者们公认“扩展的财富”比较客观、公正、科学地反映了世界各地区发展的真实情况，为国家拥有的真实“财富”及其发展随时间的动态变化，提供了一种可比的统一尺度。

但目前学术界围绕绿色 GDP 还有许多争论，虽然世界上许多国家开始尝试绿色 GDP，但世界上还没有一套公认的绿色 GDP 核算体系。实施绿色 GDP

核算体系，面临着观念和技术上的多重难点。绿色 GDP 核算技术还相当不够先进完善。第一，自然资产的产权界定及市场定价较为困难。即如何界定自然资产产权并为其合理定价，一直是绿色 GDP 核算研究领域的一个主要难点，也是绿色国民经济核算不能取得实质性进展的一个重要原因；第二，环境成本的计量较难处理。

2.1.2.3 森林服务价值

1997 年 Daily 和 Costanza 等对于 13 项生命支持系统必需的功能和将全球生态系统服务 17 类功能的研究具有重要的意义。为随后国际广泛承认的，由联合国千年生态系统评估工作组(MA)(2002)分类系统奠定了基础，该系统将生态系统的主要服务功能归纳为提供产品、调节、文化和支持四大功能组。

国内有关生态系统服务价值的研究开始于 20 世纪 90 年代。在此之前李金昌、孔繁文、侯元兆等人基于经济学中的价值学说对于森林资源的价值进行了理论和实际价值评价研究。到 1997 年 Daily 和 Costanza 等人对于生态系统服务价值的重要成果出现以后，国内的学者开始将对于生态系统和森林资源价值评价转移到生态系统和森林生态系统服务价值的研究方面。

森林生态系统是地球生命系统的重要结构和功能单元，其生态服务功能体现于生态系统和生态过程所形成的有利于人类生存与发展的生态环境条件与效用。

2.2 社会经济可持续发展和生态文明的基本理论

社会经济的可持续发展问题是一个涉及社会发展方方面面的综合性和整体性问题。多年来，自然科学和社会科学的专家和学者就这个问题进行了深入的理论探讨。但对于不可再生资源利用的问题在近些年来才由于化石能源的消耗以及气候变暖问题的严重性引起了社会的高度重视。

2.2.1 社会经济可持续发展与化石能源的关系

社会经济的发展需要各种资源。从总体上来看，社会经济的发展对于各种资源的消耗和利用以及资源的存量和生产状况的平衡是决定社会再生产系统在满足社会需求过程中是否可持续的关键。其中，并不是所有资源的存量和增长变化都是静态的，只有部分资源越用越少，而部分资源则会由于社会的发展通过需求的激励越用越多。从这个意义上来看，简单的节约一般意义上的资源和减少资源的利用并不是科学的态度，对于社会经济的发展也不具有积极意义。

2.2.1.1 社会经济发展的不同资源

社会经济发展所需要的资源分为自然资源和社会资源两大类。从自然资源的再生性角度可划分为可再生资源和不可再生资源，社会资源包括人力资源、信息资源以及经过劳动创造的各种物质财富。资源还可以根据其用途分为用于创造经济收益(一般为私人物品生产过程)的经济资源和用于全人类福祉(教育、医疗、抗拒自然灾害等)的公共福利资源。

从社会经济的发展的不同阶段来看，其所使用的资源有很大的不同。原始经济时期，人口是主要的资源。在农业经济时期，在人口基础上，土地成为主要的资源，大量占有土地资源就能够生产大量的粮食，养活众多的人口，地大物博，人口众多成为社会发展的重要标志。在工业经济时代，资本的使用，现代技术的发展使人口因素的重要性大大降低。掌握先进技术，控制大量自然资源的国家就拥有资源实力，在经济发展中，国家需要财富积累到一定阶段就能够控制更多的资源，迅速积累更多的财富。

工业经济时代技术发展的重要标志是机器的使用和对于化石能源的开发和利用，使用机器首先是需要消耗大量煤炭才能开动蒸汽机。电能的发现和石油的开发利用使煤炭从开始机器的主要能源转向主要用于发电，生产二次能源以及作为原材料生产其他产品。随着技术的发展，石油成为重要的能源，大量柴油(拖拉机、坦克、货运车辆)、汽油(客运车辆)、煤油(航空器)的使用进一步推动了科学技术对于各种机器研发和使用，极大地推动了社会经济的发展。可以说，从以蒸汽机为主要标志的工业革命开始以来，世界的科技和社会经济发展历史就是一部化石能源开发、利用的历史。近代以来，尽管人类在核能和各种清洁能源的开发方面做了很多努力，但化石能源依然是社会经济发展的主要能源。

机器的使用加大了对于各种自然资源的开发利用程度。世界各国的土地、矿产、森林、地下水等主要自然资源均由于大量使用而面临枯竭。其中各种矿产、天然林、深层地下水等不可再生资源的枯竭不仅导致资源的较少，还带来各种生态问题。由于大量排放温室气体，导致的气候变暖问题是当前全球社会发展面临的主要生态问题。

不可再生资源越用越少，因此，能够用可再生资源和社会资源解决的问题就不应该用不可再生资源。

需要指出的是，在各类资源中，社会资源是能够随着科技的发展不断增加的资源。包括人工林在内的各种可再生资源也能够通过社会的发展和科技的创新不断增加存量，能够在一定程度上满足社会经济发展不断增长的需要，各类不同资源的用途见表2-1。

表 2-1 不同资源类型与用途

	资 源		
	不可再生自然资源	可再生自然资源	社会资源
不同目的	人类公共福利	创造经济效益	创造经济效益
不同物品	公共物品生产	私人物品生产	私人物品生产

2.2.1.2 可持续发展与化石能源消耗

从表面上来看，目前人类社会持续发展问题似乎涉及各个方面，既有原材料短缺的问题，也有生物多样性减少的问题，还有环境恶化的问题。但是，实际情况是，在原材料方面，相当数量的矿物性原材料是不能由可再生资源代替的。好在作为原材料的矿物性资源在进入生产领域以后，在回收或重复利用的过程中虽然部分原材料可能有所消耗，但大量的材料还可利用，只是回收或重复利用会继续消耗能源。

而开发矿物性能量资源所带来的能源短缺问题才是人类社会可持续发展面临的最大问题。目前我们还不能回收利用能源，因为所有矿物性能量的消耗都是一个几乎不可逆的过程。

开发利用各种资源产生的生态环境的恶化所带来的问题依然是由于自然生态系统由顶级群落向次级群落退化的问题，导致生物多样性减少，自然生产力减弱，降低了地球生态系统将太阳能转化为生物能量和化学能的能力。

所以，可持续发展归根结底是一个能量的可持续问题。从这个意义上来说，人类社会所面临的资源短缺问题实际上是能源短缺的问题。需要特别指出的是通过开发各种矿物资源生产能源依然是当今社会经济发展的主要能源，包括利用石油、煤炭、核材料等建立的热电能源及水电、风能等在支持社会经济发展的同时也消耗了大量资源。

从目前的社会经济发展实际来看，人们并没有真正认识到能源短缺在社会经济可持续发展问题中的迫切性，世界各国的经济发展都建立在大量消耗的化石能源的基础上，对石油、煤炭、天然气等重要化石能源资源的开发利用强度不断加大。

虽然许多专家已经对于能源短缺的问题提出了警告，在提倡社会经济可持续发展的今天，人们对可持续发展问题更多的关注到了环境问题。但一方面，人们在强调可持续发展问题，另一方面，为了实现环保消耗大量能源解决环境问题。其中，很多节能建筑虽然节约了使用成本，但增加了建筑成本。

在考察经济和社会可持续发展问题的时候，我们在把注意力放在生物物种和生态环境保护方面的同时，必须特别注意，能源问题是人类社会可持续发展的核心问题。在目前还没有发现其他大规模可持续的能源供给的情况下，人类社会的可持续发展就无法实现。在蓬勃发展的工业、交通运输、城市化和生活条件快速改善的同时，能源短缺和有此而产生的一系列问题将会严重影响人类社会的持续和稳定发展。如果我们不能妥善地解决由化石能源资源短缺所产生的问题，将会给社会经济的未来发展带来巨大的困难。寻找新的替代性能源，将社会经济的发展建立新能源或可再生能源的基础上是人类社会可持续发展面临的主要任务。

2.2.2 绿色经济与绿色增长

党的十七届五中全会通过的《关于制定国民经济和社会发展第十二个五年规划的建议》强调要坚持把建设资源节约型、环境友好型社会作为加快转变经济发展方式的重要着力点。胡锦涛总书记2010年11月14日在亚太经合组织第十八次领导人非正式会议上发表了题为《深化互利合作　实现共同发展》的重要讲话，在讲话中指出：要“积极应对气候变化，大力发展绿色经济，培育新的经济增长点”。温家宝总理2009年11月30日在第五届中欧工商峰会上发表了题为《发展绿色经济，促进持续增长》的重要讲话。习近平副主席在博鳌亚洲论坛2010年年会开幕式并发表题为《携手推进亚洲绿色发展和可持续发展》的主旨演讲。绿色经济和绿色增长成为新的热点问题。2011年联合国环境署在北京首次发布《迈向绿色经济——实现可持续发展和消除贫困的各种途径》的绿色经济综合报告标志着发展绿色经济已成为全球共识。

2.2.2.1 有关绿色经济与绿色增长基本内涵的讨论

随着可持续发展日益深入人心，经过全世界科技、社会、经济等各个领域的不断探讨、研究和创新，很多新观念、新思想、新技术不断出现。在各领域先后出现了绿色经济、绿色GDP、循环经济、生态文明、低碳经济、绿色增长等新概念，在科学技术各种环境治理、能源节约、资源节约技术、新能源技术不断涌现，在经济发展方面环保产业、绿色产业、新能源产业等新兴产业与相应的科学新成果相结合，推动了世界性可持续发展的进程。同时也应看到，很多相近的概念、认识、观念交叉在一起，引起来很多争论和含糊的认识，有必要对于这些概念和认识进行必要的梳理。

一般认为，“绿色经济”一词源自英国环境经济学家皮尔斯于1989年出版的《绿色经济蓝图》一书（邬关荣，2002；安宇宏，2011）。安宇宏等（2011）认为，绿色经济是以效率、和谐、持续为发展目标，以生态农业、循环工业和持续服务产业为基本内容的经济结构、增长方式和社会形态经济发展必须是自然环境和人类自身可以承受的，不会因盲目追求生产增长而造成社会分裂和生态危机，不会因为自然资源耗竭而使经济无法持续发展，主张从社会及其生态条件出发，建立一种“可承受的经济”。李康认为绿色经济，是指人类要在善待大自然的前提下，以生态文明为经济—社会发展的根本价值取向。绿色经济是一种全新的思想理论和包括“生态农业、循环工业、持续服务产业”三位一体的(产业)体系和“绿色经济、绿色新政、绿色社会”三位一体的发展体系(2002)。赵斌认为绿色经济是以人为本的经济，始终强调经济发展的生态化，同时是效率最大化的经济，努力追求高层次的社会进步，绿色经济不但包含了循环经济和可持续发展的基本科学理论，绿色经济理论的实践还包括绿色技术与绿色生产、绿色消费、实施绿色 GDP、构建区域绿色经济等，绿色经济是以高科技产业为手段，通过科技力量的巨大作用使人们的社会生产、流通、分配、消费过程不损害环境与人的健康；使高科技的绿色产品极大地占有市场，成为经济生活中的主导部分(2006)。王金南(2009)等人认为绿色经济的范围很广，包括生态农业、生态工业、生态旅游、环保产业、绿色服务业等。邬关荣等认为(2002)绿色经济源于一种将经济效益与环境生态效益自觉地结合在一起的新型经济增长方式，在发展模式转变过程中，政府作用的准确定位是至关重要的。

绿色经济和绿色增长是从环境污染治理到节约不可再生资源和经营可再生资源的升华。从理论上来看，绿色经济所包含的内容从合计涉及环境污染、生物多样性保护，节约一般资源等一般性问题，发展到逐步解决经济、法律责任明确的表面问题——污染、动植物保护一般性问题和节在法律、产权概念清楚的节约的经济问题，发展到涉及全球性经济和社会发展的保护(包括化石能源在内)各种不可再生资源和发展可再生资源经营活动的问题，可持续发展已经具有明确的指向和具体内容：如何发挥人类社会科技和管理的积极作用，用更加先进的技术和管理手段为后代和人类整体的福利保留不可再生资源，经营不可再生自然资源和努力开发利用社会资源，通过绿色经济和绿色增长来创造更多的财富。因此，绿色增长的具体含义就是保护不可再生资源，利用可再生资源和社会资源的经济发展方式。绿色增长特指在不消耗利用可再生资源和社会资源所实现的 GDP，以及减少不可再生资源努力方面形成的 GDP。

2.2.2.2 从可持续发展历程认识绿色经济和绿色增长

环境恶化和资源短缺引发了全世界对于可持续发展问题的关注，从 20 世纪 70 年代世界性的环境恶化和资源短缺引发了对于资源环境问题的关注到里约热内卢“环发大会”提出可持续发展的议题以来，可持续发展从对于一般资源与环境的讨论、环境污染问题深入到关化石能源消耗和气候变暖问题是一个巨大进步，可持续发展问题进一步聚焦为社会在生产系统发展与不可再生自然资源的消耗和利用所产生的资源与环境问题，对于一般绿色经济的讨论也从环境治理产业发展、生态环境建设和生物多样性保护深入到循环经济、低碳经济和绿色增长问题，如图 2-2。

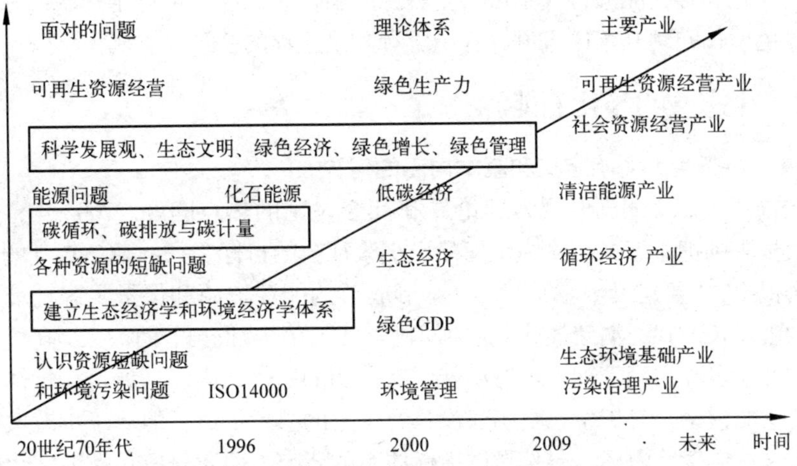

图 2-2 可持续发展历程和绿色经济内涵示意图

经过近 20 年的宣传和认识，可持续发展的一般概念为世界所认同和接受；到 1996 年 ISO 14000 环境管理体系颁布和世界各国开始颁布和建立环境保护法律法规以后；治理环境污染问题已经有明确的法律法规和世界性技术标准框架，相应的问题已经开始得到较好的解决。与此同时，环境评估、绿色管理等技术和管理方式方法也围绕环境污染问题不断出现，在这一时期出现的各种可持续发展、绿色管理、绿色经济概念和内涵的解释、相应技术和方法与标准均带有明显的环境治理问题色彩。虽然 ISO 14000 环境管理体系也涉及了一些资源节约的问题，但相应的表述比较宽泛，涉及的内容也不系统和明确。

化石能源短缺的问题从 20 世纪 70 年代的石油危机开始显现，包括森林资源、水资源、矿物资源等各种自然资源短缺问题直接导致企业经营效益较少，产品价格提高。其中由于化石能源的大量使用所产生的环境问题和对于经济发展的制约因素在世纪之交越来越多地引起世界各国的重视。世界开始从经济、技术、社会等各方面和处理日益严重的资源短缺问题；以化石能源为核心的能源短缺成为当前可持续发展的核心问题。《京都议定书》所涉及的世界性减排议程成为焦点，低碳经济和节能减排成为不能回避的复杂问题。

随着对于可持续发展问题研究的深入，一般的节约资源和保护环境问题开始进一步聚焦为保护和节约不可再生资源，用可再生资源替代不可再生资源问题。

如果说环境污染问题更多的是健康、环境和道德问题，那么化石能源短缺

和 CO_2 等温室气体的排放则直接关系到经济发展、生态和社会各个方面，是一个更加综合的可持续发展问题。较少对于不可再生资源的消耗就必须关注资源的节约问题和寻找能够替代不可再生资源的新资源，经营可再生资源的绿色经济和绿色增长问题开始进入世界各国学者和是业界的视野。

2.2.3 生态文明与化石能源

2.2.3.1 对于生态文明定义和基本内涵的讨论

当前，生态文明已经成为理论界和社会讨论的热点问题。2002 年，党的十六大报告则把生态文明作为全面建设小康社会的目标之一。2007 年党的十七大报告提出："要建设生态文明，基本形成节约能源资源和保护生态环境的产业结构、增长方式、消费模式"。中国科学院、中国社会科学院以及高校和研究机构的学者和实际管理人员纷纷就生态文明的概念、内涵、评价指标体系进行了广泛的讨论，对于生态文明建设具有一定的参考价值。但对于生态文明问题，无论从概念、内涵，还是具体指标体系的研究方面还停留在社会文化的一般层面上，对于一种涉及全人类文明发展形态的研究讨论，还没有对生态文明这种新的文明形态的劳动者、劳动工具和劳动对象这三个生产力基本要素进行深入探讨。

2001 年廖福霖编著的《生态文明建设理论与实践》一书认为，所谓生态文明，就是人类既获利于自然，又还利于自然，在改造自然的同时又保护自然，人与自然之间保持着和谐统一的关系从各种有关生态文明概念的表述中，多数学者都认为生态文明是指人与自然、人与人、人与社会和谐共生、良性循环、全面发展、持续繁荣为基本宗旨的文化伦理形态。"遵循自然—人—社会复合生态系统运行的客观规律，使之和谐协调、共生共荣、共同发展的一种社会文明形态。"刘文静(2009)将生态文明理解为是人类在发展过程中从维护社会、经济、自然系统的整体利益出发，将现代社会经济发展建立在生态系统良性循环的基础上，有效解决人类经济社会活动的需求同自然生态环境系统供给之间的矛盾，由单纯追求经济目标向追求经济—生态双重目标的转变，实现人类社会与自然环境和谐共处、持续生存、稳定发展的文明。

虽然专家学者对于生态文明的表述不一，但基本概念包含了以下共同点：生态文明特指人与自然和谐共生、良性循环、全面发展的物质和文化形态的总和。从生态文明的内涵来看，樊小贤(2005)，姬振海(2008)，俞建国(2008)，陈学群(2008)等认为生态文明是与原始文明、农业文明、工业文明三种文明形态等同的文明形态，但在论述内容上存在一定的差异。基于上述的认识，关琰珠(2007)，刘文静(2009)，宋马林(2008)，王贯中(2010)等人对于生态文明指标体系的研究大多涉及社会经济发展和生态环境等几十个指标的庞大体系。但由于涉及指标过多，我们依然难以从这些庞大的指标体系中找到一些能够明确反映生态文明程度的具体内容①。

廖福霖(2007)认为生态文明的生产力是生态生产力。黄星君(2004)，牛桂敏(2006)，王健(2007)认为应用生态价值观评判科学技术，进行科技创新生态化。但生态生产力是一个生态学的概念，特指生态系统从外界环境中吸收为生命过程所必需的物质和能量并转化为新的生物质和能量的能力。而科技创新生态化依然是比较宽泛的概念。这些均与一般生产力的概念不尽相同。

总的来看，目前对生态文明概念和内涵的认识还略显宽泛。在节约资源，创造良好环境等基本层面上还不明确和具体。实现“资源节约”和“环境友好”，实现社会经济又好、又快的发展目标，必须通过保护和集约不可再生资源，通过可再生自然资源和社会资源发展经济是生态文明形态发展的基点，也是生态文明研究的着力点。因此，作为一种新型文明形态必须具有相应的劳动者、劳动工具和劳动对象，以便能够创造属于该文明形态的物质成果和随之而来的精神文明成果，如果不考虑不同社会经济发展条件下的生产力内涵和自然资源的基本属性等核心问题，将生态文明与其他三种文明形态相提并论就缺乏必要的理论依据。同时，人与自然的和谐在不同的社会经济发展条件下具有不同的内涵。单纯强调人与自然的和谐问题，而不深入探讨生态文明形态的社会发展手段，那么只能降低经济发展速度和福利水平。显然，这不应该是生态文明作为一种新的文明形态给人类发展的答案。

2.2.4 生态文明与生产力

当人类能够利用最先进的科学技术手段保护和节约不可再生自然资源、提高经营可再生自然资源和社会资源的能力和效率时，就形成了生态文明形态下的新型社会生产力。这种生产力的基本要素是掌握先进科学知识和技术的劳动者，劳动工具包括各种现代科学技术、管理和信息等手段，将可再生资源作为社会经济发展的基本劳动对象。

作为一种新型文明形态，生态文明是用先进科学技术手段，以经营可再生资源为基础创造的社会物质和精神成果总和。其基本内涵是通过科学设计的资源与环境管理体制、政策和管理措施，用全人类创造的先进科学技术手段和现代管理手段，以可再生资源为经济资源，提高人类的整体生活水平。

---

① 在这些指标体系中，相当数量的经济发展指标是通过 GDP 等传统经济指标表示的，而在现实的能源结构状况下，我国 80% 以上的 GDP 是通过消耗化石能源获得的。大量的环境保护产值也是如此。

原始、农业、工业文明均不加选择地获取自然资源，在工业文明阶段，以矿物和化石能源为主的不可再生资源是最重要的经济资源。人类的福利水平和个人利用不可再生资源为私人物品的经济生产目的服务，产生了资源短缺和环境恶化的问题，技术成为破坏自然环境的工具，不同文明形态的生产力要素见表2-2。

生态文明不同于传统文明形态的根本差异在于，有选择地将不可再生自然资源作为全人类的经济资源，不可再生资源不纳入社会经济活动范畴。同时，通过政府的公共行为将不可再生资源保护起来，为人类的公共福利水平的提高提供必要服务。

表2-2 不同文明形态的生产力要素比较

	传统文明形态的生产力三要素			
	劳动目的	劳动者	劳动工具	劳动对象[①]
原始文明	基本生活资料	简单体力	石器、青铜器等	自然生态系统的天然物品
农业文明	基本生活资料	简单体力劳动＋农业知识与经验	铁器工具	土地资源
工业文明	物质产品和经济收益	掌握专业知识和技能的劳动者	机器＋能源	各种自然和社会资源
生态文明	在生态和社会协调发展中创造财富	具有经营可再生自然资源和社会资源知识和能力	各种现代科技和管理手段	保护不可再生自然资源，经营可再生自然资源和社会资源

2.2.5 经营可再生资源的理论与实践

2.2.5.1 生态经济学与绿色生产力

随着全世界对资源和环境的关注，欧美经济发达国家早已经在节约不可再生资源方面进行了大量研究工作。在生态经济学的指导下，可持续认证工作已经非常普及，可持续认证的基础是限制不可再生自然资源的消耗，在生活和经济领域尽可能地使用可再生自然资源。ISO 14000环境管理体系除了对污染物排放提出管理标准以外，还对节约不可再生资源提出了要求。各种塑料包装已经被越来越多的国家限制使用，来自人工林经营活动的木材经过可持续认证，被大量用于生产和生活领域，还可以作为可再生能源的生物质能源；大力发展

① 特指经济活动的劳动对象。

清洁能源和公共交通，限制大排量私人汽车的使用。近年来，针对气候变暖所提出的节能减排议题就是要限制对化石能源的消耗，提出能够使用清洁能源。

2.2.5.2 节约化石能源是社会生产力亟待解决的问题

面对日益严峻的资源危机和生态环境问题，保护不可再生自然资源是人类社会未来发展不得不采取的措施。在不可再生自然资源中，矿物资源能够通过循环可利用节约资源，由于天然林资源保护工程，对天然林的商业采伐已经得到有效控制。化石能源是目前还在不断开发利用和难以完全替代的最主要能源和最重要的不可再生自然资源之一。

按照目前的消耗强度，如不采取任何保护措施，世界化石能源的枯竭是不可避免的。通过科学技术和管理手段减少化石能源消耗，寻找替代能源是生态文明生产力必须要解决的关键问题之一，也是评价生态文明程度最重要的内容之一。这不是要不要做和能不能做的，而是必须要做的事情。

近年来中国也开始了新能源的开发利用，核能、水电、太阳能、风能的装机总量均为世界第一①。2010 年全球共有 8 个国家(包括中国)的可再生能源比例超过 5%。根据“十二五”规划，2020 年中国的清洁能源比重要达到 15%。

信息技术可以在几乎不利用或较少利用不可再生自然资源的情况下，创造可观的经济效益；生物技术可以获得并利用人类发展需要的多种基因和信息储备，为未来人类和生物的发展和利用获得更多的方式，同时还可以利用有限的生物资源，通过社会生产活动提供包括生物质能源和其他自然资源，来满足人类社会再生产系统的需要；海洋技术和空间技术还将极大地扩展社会再生产的空间领域，获得更多的资源。

生态文明建设关键是先进的科学技术和社会管理水平，用过技术和管理创新，各种科学技术手段都可以在经营可再生资源和社会资源，以及未开发利用其他可利用资源方面为人类文明进步开拓广阔的空间，并创造灿烂的生态物质和精神文明。

2.3 化石能源消耗与林业的关系

从全球面临的化石能源短缺和生态环境恶化产生的可持续发展问题来看，需寻找新能源和减少化石能源消耗是解决问题最直接的途径和方法，也是世界科技面临的迫切需要解决的问题。从表面上来看，能源问题与森林资源和林业

① 资料来源：《2010 年能源统计年鉴》。

没有直接的关系，林业仅仅是一个生态环境恢复和改善的问题。但实际上森林资源是一种兼具资源特性和环境特性的综合性资源，森林资源的增长能够为社会提供大量物质资源和能源资源，也是改善生态环境的重要环境资源。

2.3.1 森林资源同时具有物质资源和环境资源两个基本特性

2.3.1.1 化石能源资源和森林资源均是太阳能的产物

森林资源是地球重要的生物资源库。在森林资源生长过程中，吸收 CO_2，排出 O_2，通过光合作用，聚集太阳能，形成林木资源。在人类文明的发展历程中，木材是非常重要的生产和生活资料。森林资源具有很强的再生性，经过采伐的森林资源可以重新护肤，经过生长形成新的资源。只不过与大量工业利用的化石能源资源相比较。森林资源获得和聚集太阳能的过程比较缓慢而已。

2.3.1.2 森林资源在物质资源生产方面的优势

森林自古以来就是人类生产生活重要的物质资源。人类早期的各种工具来源于石器、动物的骨头和木材。在人类文明从原始经济过渡到农业经济的发展史中，木材发挥了十分重要的作用。仅仅是近代由于机器和化石能源的使用，各种金属材取代了木材。

木材作为重要的生产资源，可以作为工具和各种原材料，用于生产多种产品。在当今的社会在生产过程中，木材也在车辆、建筑、包装、纸张等各个方面具有十分重要的作用。木材与金属、各种建筑材料等具有很强的相互替代作用。在建筑方面，除了超高层建筑，木材可以全部替代各种建筑材料，同时也可以用各种废木材建筑材料全部代替木材。

木材具有很强的可燃性，木材燃烧过程中能够释放热量，在发现化石能源以前，木材一直是最重要的能源供给。即使是在蒸汽机发明以后的很长一段时间，木材作为可以开动蒸汽机的重要能源，是推动建立工业经济时代的开路先锋，随后木材被煤炭所代替。

到了近代和现代，在北欧和中欧的一些国家，木材作为化石能源的替代能源开始引起一些发达国家的关注，瑞典、芬兰和挪威等北欧国家在经营人工林的过程中，大量使用林区木材采伐和木材加工的剩余物作为能源，用于发电，一些国家的部分地区用木材发电的量已经带到 10% 以上。在经营用材料的同时，各种生物制能源的培育和产业化经营也进入林学家和能源科学家的视野，在培育林木，在改善生态环境的同时，不采伐林木(包括灌木)也能够通过定向培育，专门培育能够生产高油脂果实(如木麻黄，即小油桐又称麻风树等)和林木油脂(如松树的松脂等)生产生物柴油(生物柴油在燃烧的热值仅仅是化石能源的 1/5，但作为化石能源等添加物，在技术上已经获得成功)。从生物质能源的发展现状来看，原材料的采集成本太高，原料林的培育和经营过程也具有较高的成本。在利用太阳能、潮汐等能源的时候所遇到的事同样的问题。

各种清洁能源虽然能够在一定程度上作为化石能源的替代能源为社会提供电能。但各种风能、水电对于地理条件的要求比较苛刻，属于地域性能源生产与经营性质。从能源转换成本和经济成本上来看，在水坝建设、风能发电机组的生产过程中，必须大量使用建筑材料和金属材料，在实现发电过程之前的能源投入和各种物质投入所消耗的化石能源数量已经很高，目前还没有相应的研究表明在全生命周期的能源转换和经营成本上，现在技术上比较成熟的常规清洁能源会比林业生物质能源在替代化石能源上具有更大的经济优势。由于很多清洁能源一般具有较大的地域限制，电力运输的消耗和成本也较高。而林业生物质能源是木材生产和生态环境建设的副产品，在培育和经营成本上的优势是显而易见的。同时林木资源的物种资源比较丰富，在不同的地域，不同的气候条件下，均可以根据自然、社会、经济条件选择适当的树种开展培育和经营活动，从这个意义上来说，林木的生物质能源的培育和经营活动具有一定的广泛性和坚强的适应性。

在人类的生活中，木材也是最重要的原材料之一。从原始经济时代到农业经济时代，在到工业经济时代，木材不仅提供建筑材料，使人类能够做到居有定所，为人类文明做出了重要的贡献。同时木材还是各种家具、生活用具的原材料，近代木材是纸张的主要原料之一，即使是在信息经济时代，大量使用计算机和网络以后，木浆所造的纸张也是最常用各办公用品，木材还是各种纤维制品的原料，可用于生产衣物、床单和各种生产用苫布等。

在近现代优化产业发展以后，各种塑料产品在很大程度上替代木材，在生活原材料使用方面扮演了重要的角色。建筑材料大量使用金属和塑料制品，门窗、家具、餐具、清洁用具，甚至在各种纤维制品上，化纤原料取代棉麻、木材纤维，制作各种制品。实际上，大多数化纤原料制品废弃以后，在自然环境下难以在短期内分解，会造成严重的环境污染。化纤原料制造的各种生活用品不仅不环保，而且化纤制品做的衣物穿在身上并不舒适，用化纤原料制作的餐具并不卫生，化纤材料用于建筑并不持久。

近年来随着社会经济的发展和环境保护意识的增强，人们越来越意识到，用化纤原理制品作为生活资料的缺陷，回归自然，用天然原料反过来替代化纤原料已经成为一种被越来越多人所接受的消费理念。

在利用木材作为生产生活原材料的问题上，社会中存在一种误解，很多人认为使用木材制品就是破坏环境。实际上，采伐森林与破坏环境联系起来还是一个利用可再生资源和不可再生资源的基本问题。在早期(原始经济、农业经济和工业经济早期）人类利用森林提供生产生活资料主要来自天然林资源。对于天然林资源的过度开发利用，导致天然森林资源锐减，造成了水土流失、风沙灾害和野生动植物物种减少，大量物种濒临灭绝的生态问题。大量开发和无节制地利用天然林资源与生态环境恶化有比较直接的关系。但同时也应看到木材资源即可以从天然森林资源中得到，也可以通过人工林经营，在改善生态环境的过程中生产大量的木材资源。现代林业管理的重要内容之一就是，运用森林可持续认证和相应的环境保护措施，保护天然林这种不可再生资源，通过市场需求刺激森林培育，形成现代林业经营产业链，经营者能够通过人工林经营活动获得木材，创造利润。科学合理的人工林经营活动不仅与生态环境保护不矛盾，还能更多地生产木材，为保护天然森林缓解市场压力。木材是最重要的可再生经济资源，通过林业的发展，增加森林资源是用可再生资源替代不可再生资源的经济活动，在经济活动中实现生态、经济、社会的从和效益协调统一，是可持续发展思想的具体体现，林业是一个利国、利民，有利于社会经济可持续发展的重要基础产业。

2.3.1.3 森林资源在环境资源生产方面的优势

林业在生态环境建设方面的积极作用是生态学和林学等领域的常识，森林资源能够产生巨大的生态效益为全球社会公认。近年来，在中国的社会经济发展进程中，生态环境建设作为一种重要的公益事业，发挥了积极作用，是中国社会经济可持续发展的重要组成部分。对于这个问题已经有很多研究和论述，在此不做过多的赘述。

2.3.2 林业是社会经济可持续发展的最重要领域之一

2.3.2.1 林业的发展对于社会经济可持续发展具有多方面的重要意义

森林资源能够发挥经济、生态、社会综合效益，森林资源同时也是最重要的可再生资源，在现今的技术发展水平条件下，通过人工林经营活动不仅能够生产大量物质资源，还能够成为重要的能源资源产业。

人工林经营的对象是可再生资源，面对世界性不可再生资源不断减少，一些重要资源（包括化石能源）逐渐枯竭的严峻现实面前，通过改善森林经营技术和加强林业管理，创造一个兼具生态环境效益的事业性质，又具有可再生资源经营产业性质的现代林业体系对于社会经济可持续发展具有特别重要的意义。从具有生态、社会、经济效益等诸多方面考虑，林业都是可持续发展最重要的领域之一。

林业的发展能够容纳大量劳动力就业，对于实现农业人口向非农业领域转移具有十分重要的意义。很多林业资源培育、经营和产业运行业务并不需要大量基础设施投入，可以通过以家庭为主，或数个家庭联合的合作组织形式建立小规模的经营组织得到实现。另外，在森林资源培育和经营过程中的林副产业也是“富民工程”的重要组成部分，在闲置的荒山荒地资源上经营林木资源有利于生态环境建设、能够创造客观的经济效益，还能够容纳大量劳动力，实现社会稳定。森林经营的结果为社会提供大量可再生的物质资源。

从森林资源生产和经营组织的基本形式来看，主要特点是分散培育和经营，集中加工，品牌销售，因此，社会的科学组织和管理是十分重要的环节，通过加强政策、组织、管理，在经济、行政、法律法规等各方面采取积极措施对于提高中国社会的科学管理水平和可持续发展能力具有更加重要的深远意义。

从中国社会重视可持续发展，林业转入以生态环境建设为核心的 10 多年以来，大部分的林业生态环境建设都是以事业形式出现，林业经营活动得到国家的公共财政支持。从社会管理层面，林业的经济职能有所下降，但应该看到，林业在社会经济发展中的作用是多方面的，以竹木资源为例，两年竹林就能够成材，竹林的经营成本较低，但竹木资源的用途与木材十分相似。同时林业科技和生物科技的发展也能够为森林资源的培育提供大量速生、具有特殊用途的品种，科技的发展和创新在林业的发展中能够发挥重要作用。

对于有这样一个科技、经济、政策、管理均能够发挥重要积极作用，而且能够产生生态、社会、经济多种效益的可再生资源经营产业和事业，应引起社会更加广泛的关注。

2.3.2.2 林业的发展需要社会给予更多的关注和通过多种合作才能够实现

森林资源的生态、社会和经济效益要在一个较大的空间和经济环境下才能够体现出来，这是森林资源和林业的“经济外部性”决定的。

森林资源具有多种用途，森林资源生产过程属于基本原材料生产，林业产业和经济循环需要在社会在生产大系统中才能够产生较高的效益。作为原材料生产，其经济效益只有在社会具有多种需求，形成加工和产品销售的各自生产体系以后才能获得较高的经济收益。简单的家具、餐具生产属于一种较低层面的产业链条，只有在人造板、造纸、林化、纤维产业、建筑等个业充分发展，社会存在巨大需求的条件下森林培育和资源聚集生产过程才能形成规模，发挥可观的生态和社会效益。

从这个意义上来看，林业的发展是一个在可持续发展框架下的系统工程。实际上，所有具有可持续发展的经济产业和事业体系的发展均具有这样的性质。因为传统的工业化运作是建立在特定资源富集，对于特定资源掠夺性开发利用的条件下实现的经济效益的。同时，今后社会经济发展的绿色产业均是具有将分散的资源聚集起来，然后利用的特点，太阳能如此，循环经济如此，农业经营如此，林业经营也是一样的。

包括林业产业在内的绿色产业需要社会建立良好的经营和管理体系，需要整个社会形成一个高效运行的模式，让科技、信息和较高的人员素质发挥积极作用。同时会还必须建立各个区域和产业相互合作，良性竞争的格局，使资源培育和经营活动产生较高的效率。

由于社会经济发展和资源分布的不平衡性，为了能够在全社会创造较高的经营和管理效率，整体性的协调和协作是必不可少的。

2.3.2.3 区域林业和社会经济发展不平衡可能产生的问题

中国是一个地域辽阔，人口众多的大国。自然条件千差万别，以长江、黄河为主要交通的农业经济时期，孕育了黄河文化。在近代长江流于和南方沿海地区受到西方发达国家的影响，社会经济发展比内地快一些，具有一定的经济和工业基础。从我国社会经济发展的区域分布基本状态来看，东部明显好于西部，南方高于北方。从 GDP 的排列来看，广东、山东、辽宁、江苏、浙江、福建、北京、天津、上海等省(直辖市)一直名列前茅。内地长江流域的湖南、湖北、四川和安徽以及山西等地经济发展处于中游水平。

新中国成立以后，需要快速发展工业，原来工业基础较好的东部、沿海地区和长江流域的经济进一步发展，而中部、西部、西南部原有的工业基础就比较薄弱，东北国有林区所处的黑龙江和内蒙古肩负了支持内地社会经济发展的重要任务，成为社会经济发展重要的木材基地，也导致大量采伐木材，天然林资源枯竭。

随着中国社会的进一步发展，各级政府积极扶持指数造林事业，20 世纪 90 年代后期实施的六大林业重点工程使国有林区的森林资源得到保护，南方集体林区和其他自然条件较好的区域人工造林事业得到飞速发展。基本形成了以南方集体林以及平原地区的人工林和东北和西南国有林区的天然林为主要森林分布区域的森林资源空间分布状态。其中天然林集中分布的区域主要有黑龙江、内蒙古、西藏等地，吉林、云南、四川等地，但大都经过大规模的采伐利用，主要以天然次生林为主。上述地区除了吉林和四川的社会经济发展稍好以外，GDP 在全国处于较低水平。

南方集体林区的森林资源以浙江、福建、广东、广西、江西、湖南、湖北、安徽等省份为主，其森林资源和经济发展处于全国中上游水平，基本上处于经济和森林资源良好水平。南方集体林区的人工林资源较好，除了多年经营的努力以外与其所处的自然地理位置和较优越的气候、降水条件有密切的关系。新中国成立以来，在平原地区的河北、山东、河南、江苏等地进行了大量平原造林，由于该地区是我国人口密集区域，也是粮食的主要产区，平原绿化以农田保护林为主，还有部分城市绿化和山区绿化任务，包括三大直辖市的城市园林建设，基本形成了未然农业和城镇绿化建设为主的平原林业发展模式。

总体上来看，中国的森林资源在面积和蓄积还是以天然林为主，大约占60%~70%。从森林资源的分布上来看，除了广东以外，主要森林资源集中分布在GDP较低和中游水平的区域，尽管人工林在平原地区有了很大的发展，但土地规模的限制是森林资源在平原地区主要以发挥生态环境效益为主。

相比较起来，中国的社会经济发展和化石能源消耗与森林资源的分布的区域之间存在一定的差异。在森林资源富集的省份，森林资源占用了大量土地资源，特别是实施天然林资源保护工程(以下简称“天保工程”)以后，大量天然森林资源主要发挥生态效益，对于江河下游和全国整体的生态环境产生了良好的影响。在沿海经济发达地区，例如山东、江苏、北京、天津、上海等省(直辖市)消耗大量化石能源。需要GDP发展水平较低的地区，用大量土地保护森林资源，发挥森林的碳汇效益，来自吸收CO_2排放，承担生态环境责任。显然存在一些生态、经济和社会等公共效益和生态福利分配不公平的问题。多年以来，在林业生态环境建设中，将大量江河上游的土地用于植树造林后，国家给予了一定的经济补偿，这样的补偿无论从总量和持续的时间来看，还远远不能满足当地生态、社会、经济发展的需要。国家用公共投入来进行生态环境建设，实际上减轻了社会经济发达地区本应承担的环境保护义务。从这个意义上来说，通过行政、经济、法律等手段，让化石能源高消耗地区、部门、产业或个人承担植树造林等生态环境建设的费用符合市场经济发展和生态补偿机制的基本理论，也是实现社会公平的内容之一。有利于建立区域合作，全面统筹的科学发展模式和社会经济体系，对于实现社会经济可持续发展的目标具有积极的意义。

3 中国化石能源研究数据来源和基本账户

能源在社会和经济发展中具有基础性的作用。一方面，能源消费加速了社会经济发展的进程；另一方面，社会经济系统的发展促进了能源消费。20 世纪 90 年代初期，中国化石能源消费总量超过俄罗斯而成为据美国之后的第二大消费国。2008 年，中国的能源碳排放又首次超过了美国①，因此，客观评估我国的能源碳排放状况，尤其是对碳排放的行业和地域结构进行定量的分析，有助于我们更清晰的认识能源碳排放的行业和地域分布特征。

3.1 基本数据来源与化石能源账户

3.1.1 基础数据来源

数据主要来自于以下几种资料：1995～2010 年的《中国统计年鉴》；1991～2010 年的《中国能源统计年鉴》；BP 能源集团的《BP statistical review of world energy full report 2009》等。一般能源和化石能源计量研究的基本数据均来源于在社会经济统计资料中有关化石能源统计的相关项目。

涉及世界范围化石能源的数据主要来源于《BP 世界能源统计》。BP 是英国石油公司的简称。该公司由威廉·诺克斯·达西在 1909 年创立，最初的名字为 Anglo Persian 石油公司，1935 年改为英(国)伊(朗)石油公司，1954 年改为现名。BP 由前英国石油、阿莫科、阿科和嘉实多等公司整合重组形成，是世界上最大的石油和石化集团公司之一。BP 总部设在英国伦敦。公司目前的资产市值约为 2000 亿美元，拥有逾百万股东。BP 近十一万员工遍布全世界，在百余个国家拥有生产和经营活动。2003 年，BP 在《财富》杂志的全球 500 强中排前五名，名列欧洲 500 强之首。

公司的主要业务是油气勘探开发、炼油、天然气销售和发电、油品零售和运输以及石油化工产品生产和销售。近年来，该公司在太阳能发电方面的业务

---

① 据 BP 集团统计数据《BP statistical review of world energy full report 2009》。

也在不断壮大。作为最早进入中国的外资企业之一，BP 自 1973 年开始在华拓展业务，在中国的业务拓展已有三十多年的历史。

自从 1951 年第一期《BP 世界能源统计》问世以来，提供了分析与了解全球能源市场发展所必需的数据，已成为世界能源领域最权威的信息来源之一，得到能源行业、学术界、政府及其他相关领域的广泛关注和高度肯定。《BP 世界能源统计》树立并保持着其作为严密且权威的信息来源的声誉。2005 年以来，为了满足广大中国读者的需求，BP 开始制作中文版的《BP 世界能源统计》，与中国政府机构、能源行业、学术和商界广泛分享，对社会各界全面了解世界以及中国的能源的发展发挥了十分积极的作用。同时，随着世界范围的可持续发展和对于化石能源及其后变暖问题的关注。《BP 世界能源统计》将清洁能源纳入统计范围是目前世界范围内信息涵盖范围最大和内容最丰富的能源统计资料。

3.1.2 基本化石能源账户

3.1.2.1 能源账户结构

能源账户包括化石能源账户、核能、水电等账户，其中水电、风能、生物质能源等属于清洁能源在现行的社会经济统计中没有单独设立账户，难以进行统计，因此，直接用统计数据计算清洁能源存在较大困难。

在对能源生产、消耗的统计分析过程中我们采用了排除法来计量清洁能源，也就是重点计算总能源生产(或消耗)量，再重点计算化石能源的生产(或消耗)量，从总能源生产(或消耗)中减去两种化石能源的生产(或消耗)量做为核能和清洁能源的数量。根据相关研究文献和统计资料显示，我国核能在总能源中的比重占约 5% 左右，用核能和清洁能源的数量减去相应比重的核能能源数量就是清洁能源的基本数据。

3.1.2.2 化石能源账户的构成

在各种涉及能源的统计资料中，各种化石能源生产和消耗主要包括煤炭、石油、天然气、电力、汽油、柴油、煤油、燃料油等具体账户。

3.1.2.3 化石能源原料、原材料和终端能源需求

在国民经济的发展过程中，各种化石能源原料(煤炭、石油、天然气)经过工业部门的加工和转换成为其他产业部门(第一产业和第三产业)和社会行政和事业组织运行以及生活的基本资料和能源，也就是终端能源需求，可分为农业、工业、建筑业、交通运输邮电业、批发零售餐饮业、生活消费、其他消

费等①。

在所有创造经济价值的产业部门中，第二产业中的工业部门是十分重要的中间经济部门，几乎所有能源原料都是经过工业部门的加工、生产转换为其他产业部门和社会组织及其生活资料，能源的流动和消耗也是这样。因此，并不是所有经过工业部门，并进行了统计的化石能源原料都是在工业部门，并排放 CO_2。

在工业部门中，电力和工业锅炉是主要的能源消耗，为工业部门提供动力，所消耗的化石能源原料主要是煤炭。工业企业内部运输对于汽油、柴油和煤油等油品的直接消耗相对于工业部门的动力能源消耗是非常有限的，在计算化石能源消耗和 CO_2 排放中可以忽略不计。

工业企业外部运输所消耗的油品属于第三产业的交通运输业能源消耗，主要通过长途运输的柴油和汽油消耗，铁路的电力、柴油消耗，航空货运和客运的煤油消耗等。在工业部门的运行中，除了动力能源和企业内部运输的油品消耗之外，大量的化石能源原料经过工业部门的加工，成为各种制品为其他经济部门和社会所消耗。

3.2 化石能源分类及其应用概述

3.2.1 煤炭

煤炭(coal)是 18 世纪以来，人类世界使用的主要能源之一。煤炭在使用中除了焦炭和部分作为原材料以外，大部分是作为工业动力和生活燃料消耗的。但在本研究中更加关注煤炭是否直接燃烧，形成终端消耗，排放 CO_2 和其他温室及有害气体。

3.2.1.1 动力煤和生活用煤

动力煤在煤炭消耗中约占 85%。主要包括发电用煤、工业锅炉、冶金用动力煤②和建筑用煤③。我国平均发电耗煤为标准煤 370g/(kW·h)左右。煤炭与电力是密切相连的上下游产业，随着近年来国民经济的发展对于电力用煤的消耗不断加大。根据近年来的统计资料，电力企业煤炭消费量占全国煤炭消费

① 按照《中国统计年鉴》中《综合能源平衡表》的分类标准，将能源消费需求按行业进行分解。终端能源需求可分为农业、工业、建筑业、交通运输邮电业、批发零售餐饮业、生活消费、其他消费等。

② 冶金用动力煤主要为烧结和高炉喷吹用无烟煤，其用量不到动力用煤量的 1%，可以忽略不计。

③ 建筑用煤一般并不计算在动力煤中，而是单独计算。在本研究中将建筑用煤放在动力每种是基于计算方便的开率。

量的40%~50%，近年来国民经济对电力的消耗不断增大，已经超过了50%。一般工业锅炉用煤：一般企业及取暖用的工业锅炉型号繁多，数量大且分散，用煤量约占动力煤的30%。建材用煤：约占动力用煤的10%左右，以水泥用煤量最大，其次为玻璃、砖、瓦等。在生活用煤中，由于近年来在大众场所普遍推行电和天然气等比较清洁的能源，城市生活用煤的数量在逐步减少。

3.2.1.2　焦炭

炼焦煤的主要用途是炼焦炭，焦炭由焦煤或混合煤高温冶炼而成，焦炭多用于炼钢，是目前钢铁等行业的主要生产原料，被喻为钢铁工业的“基本食粮”。2008年我国焦炭产量为3.27亿t，占全部煤炭产量的15%。虽然我国煤炭资源比较丰富，但炼焦煤资源还相对较少，炼焦煤储量仅占我国煤炭总储量27.65%。

在中国，煤炭是生产和生活的重要能源，部分煤炭及其产品是工业生产的原材料。从煤炭的消耗过程来看。即使极少的碳成分能够保留在钢铁产品中，部分煤炭或焦炭可以用作原材料，但作为原材料不经过燃烧过程而直接进入产品的很少。几乎全部煤炭都是在经过燃烧过程中使用的，因此，在本书中将煤炭全部作为化石能源消耗和用于计算 CO_2 排放。

在生产生活能源方面，我国的火力发电主要来源于煤炭，部分地区用燃料油来发电。从这个意义上来看，在计算电力供应所消耗的化石能源及其碳排放数据时，已经将火力发电过程中产生的化石能源消耗和 CO_2 排放计算在内。因此在计算全国化石能源消耗中再计算电力消耗中 CO_2 排放就属于重复计算了。不过在计算区域和产业化石能源消耗过程中由于电力来源于化石能源，电力依然要用于计算其化石能源资源。

3.2.2　石油及其制品

石油(petroleum)以碳氢化合物为主要成分的，有色可燃性油质液体矿物。石油主要被用来作为燃油和汽油，燃料油和汽油组成目前世界上最重要的一次能源之一。石油也是许多化学工业产品如溶液、化肥、杀虫剂和塑料等的原料。

石油经过加工提炼，可以得到的产品大致可分为石油燃料、石油溶剂与化工原料、润滑剂、石蜡、石油沥青、石油焦等6类。期中各种燃料产量和消耗量最大，约占总产量和消耗量的90% 各种润滑剂品种产量约占5%，其余约5%。

石油燃料，按其用途和使用范围可以分为：点燃式发动机燃料有航空汽油，车用汽油等；喷气式发动机燃料(喷气燃料）有航空煤油；压燃式发动机燃料(柴油机燃料)有高速、中速、低速柴油；液化石油气燃料即液态烃；锅炉燃料有炉用燃料油和船舶用燃料油。

3.2.2.1 煤油

煤油(lamp kerosene；kerosene；kerosine)是轻质石油产品的一类。由天然石油或人造石油经分馏或裂化而得。

不同用途的煤油，其化学成分不同。同一种煤油因制取方法和产地不同，其理化性质也有差异。各种煤油的产品种类主要有：航空煤油、动力煤油、溶剂煤油、灯用煤油、燃料煤油、洗涤煤油。其中，航空煤油主要用作航空涡轮发动机的燃料，是目前煤油产品消耗量最大的。

3.2.2.2 汽油

汽油(ULP)，外观为透明液体，主要成分为 $C_4 \sim C_{12}$脂肪烃和环烃类，并含少量芳香烃和硫化物。汽油是主要用途是用作点燃式发动机的燃料，是引擎的一种重要燃料，也是用量最大的轻质石油产品之一。根据用途可分为航空汽油、车用汽油、溶剂汽油等三大类。广泛用于汽车、摩托车、快艇、直升机、农林业用飞机等。溶剂汽油则用于橡胶、油漆、油脂、香料等工业。汽油还可以溶解油污等水无法溶解的物质。可以起到清洁油污的作用。汽油作为有机溶液，还可以作为萃取剂使用，目前作为萃取剂最广泛的应用为国内大豆油主流生产技术、浸出油技术。

3.2.2.3 柴油

柴油(Diesel)可以被用来作为汽车、坦克、飞机、拖拉机、铁路车辆等运载工具或其他机械用器的燃料，也可用来发电、取暖等。但是比起汽油来，柴油含更多的杂质，它燃烧时也更容易产生烟灰，造成空气污染。但柴油不像汽油般会产生有毒气体，所以比汽油更环保和健康。为了减少因为烟灰所造成的污染，因此，近年来西欧各国包括汽车在内燃烧柴油的机器必须装滤尘器才可使用。

3.2.2.4 燃料油

燃料油 (fuel oil)主要由石油的裂化残渣油和直馏残渣油制成的，其特点是黏度大，含非烃化合物、胶质、沥青质多。燃料油是用于燃烧提供热能的石油产品。燃料油广泛用于电厂发电、船舶锅炉燃料、加热炉燃料、冶金炉和其他工业炉燃料。燃料油分为船用内燃机燃料油和炉用燃料油两大类，两类都包括馏分油和残渣油。

3.2.3 天然气

天然气 (natural gas)是一种主要由甲烷组成的气态化石燃料。主要存在于油田和天然气田，也有少量出于煤层。天然气在燃烧过程中产生的能影响人类呼吸系统健康的物质极少，产生的 CO_2 仅为煤的40%左右，产生的二氧化硫也很少。天然气燃烧后无废渣、废水产生，相对于煤炭、石油等能源具有使用安全、热值高、洁净等优势。因此，天然气逐渐代替煤炭成为城市和城镇生活的重要能源供给。

从世界范围内来看，天然气的主要用途包括：天然气发电、天然气化工工业①、压缩天然气汽车、城市燃气事业。从目前我国的实际情况来看，天然气化工工业②和城市燃气事业是天然气消耗的主要领域，在天然气总消耗量中占主要份额。

3.3 中国化石能源消耗的概况

3.3.1 化石能源消耗相关研究的背景

3.3.1.1 化石能源消耗与全球气候变暖的关系

工业革命以来，随着开采技术和运输能力的发展，化石能源成为支撑社会和经济发展的主要能量来源。BP世界能源统计资料显示，2008年全球化石能源(煤炭、石油、天然气)消费占一次能源消费的88.2%，其中，中国化石能源消费占一次能源消耗的92.6%，富油国家和区域比如中东地区更是高达99.5%。社会经济的发展离不开能源系统的支持。而且由于技术条件的限制，在可预见的未来，化石能源仍将是人类能源消耗的主体；同时，因化石能源消耗所带来的温室气体排放已经成为气候环境恶化的最为重要的驱动力之一。

包括 CO_2、CH_4、N_2O 等的温室气体浓度持续升高引发了全球气候变暖等一系列的严重全球气候问题。根据夏威夷的Mauna Loa站和南极站对大气 CO_2 浓度的记录，发现20世纪50年代后期，两者纪录几乎相等。但在90年代早期两站记录的体积浓度差别几乎达到百万分之三。浓度差别的增加证明了由于矿物燃料利用引起的 CO_2 排放的增加，这主要发生在北半球(Martin Heimann，1997)。化石能源的广泛使用对地球大气环境造成了巨大影响。化石能源消费所引致的以 CO_2 为主的温室气体排放已经成为破坏大气环境的最主要的因素。数据表明，18世纪以来，大气中 CO_2 的浓度上升了同时32%，并且有研究指出，化石能源消耗对大气环境中的增量 CO_2 的贡献度为68%。

①② 天然气是制造氮肥的最佳原料，具有投资少、成本低、污染少等特点。天然气占氮肥生产原料的比重，世界平均为80%左右。

化石能源消耗是CO_2的主要排放来源，降低CO_2等温室气体排放、减缓大气变暖进程是当今时代全球面临的共同课题。据 IPCC 估算，化石能源消费所引致的CO_2排放占排放总量的 3/4 左右①。发达国家的化石能源消耗份额呈逐年递减的趋势，而以中国、印度为代表的发展中国家的化石能源消耗份额大致上呈逐年递增的趋势。在国际气候谈判中，必定会给中国带来越来越大的国际压力。中国一方面必须加强节能减排的政策力度，另一方面，必须采取有力措施，提高CO_2等温室气体的截留(sequestrate)与吸收。以森林生态系统为代表的陆地生态系统的碳汇能力与贡献，正是在此背景下成为当今的研究热点。

3.3.1.2 化石能源消耗与经济发展之间的关系

对更多国家的相关分析表明，人均CO_2排放量与人均 GDP 具有显著的相关性，相关系数在 0.8 以上。② 能源消费和经济发展之间的研究成果主要集中于探讨能源与经济发展之间的因果关系。Erman(2008)对 1970～2003 年的土耳其能源和经济数据的检验表明了石油消费对经济发展的正向促进作用；Thomas(2008)证明了虽然能源消费促进了丹麦的经济发展，但经济发展未必意味着相同的能源消费增长率；Chali Nondo(2009)在对非洲国家的数据进行分析后认为，能源消费和 GDP 之间存在格兰杰因果关系。总体来看，这些研究成果重点关注能源消耗对于经济发展的促进作用，以及经济发展对于能源的需求分析或者预测(Bretta，2007；Jaruwan，2007；Odularu，2009；汪旭晖，2007；刘凤朝，2007；朱勤，2009；张兆响，2008)。很少有文献定量化的讨论能源消耗，尤其是化石能源消耗与经济发展之间的关系。

周江在 2009 年国家社科基金西部项目《开放条件下，外部能源利用与我国区际能源供需平衡研究》(09XJL024)研究中运用协整分析、格兰杰因果关系分析与自回归等数学方法分析，研究认为："经济总量对能源消费总量的短期影响大于长期影响，而能源消费总量的增减对 GDP 没有明显影响。只有从宏观角度把握经济高速增长中遇到的能源问题，才能促进经济稳定增长。"③

李咏涛等(2009)通过一个微观静态模型分析了经济增长和环境之间的关系，从消费和环境污染之间的技术角度关联直接解释环境库兹涅茨曲线④。韩

① 其余部分主要来自于包括森林砍伐在内的土地利用变化。此数据基于 20 世纪 90 年代测算得到(《IPCC 气候综合报告 2001》)。

② 周伟，米红. 中国碳排放：国际比较与减排战略. 资源科学，2010，32(8)：1570.

③ 周江. 我国能源消费总量与经济总量的关系. 财经科学，2010，(10)：48～55.

④ 李咏涛，李峰. 经济增长与环境保护的库兹涅茨曲线分析[J]. 经济理论与经济管理，2009，(2)：35～39.

玉军等(2009)对世界165个国家分组检验"环境库兹涅茨曲线"的形状①。陈诗一的研究表明，改革开放期间，只占GDP 40.1%的工业消耗了全国67.9%的能源，排放出全国83.1%的$CO_2$②。祝慧的研究表明，一方面，我国正处于工业化、城市化、现代化快速发展阶段，重化工业发展迅速，大规模基础设施建设不可能停止，能源需求的快速增长一时难以改变；另一方面，虽然我国已基本形成以煤炭为主、多种能源互补的能源结构，但一次能源生产和消费的65%左右仍然为煤炭，电力结构中，水电占比只有20%左右，火电占比高达77%③。胡玉莹以中国30个省(市、自治区)作为研究样本，选取30个省(市、自治区)2000~2007年的跨期面板数据来测算碳环境技术效率，考察在能源消耗、CO_2排放约束条件下中国各省经济的可持续增长情况，研究结果认为，在我国低碳经济发展地区主要包括上海、北京、浙江、福建、广东、海南、青海、宁夏；中碳经济发展地区主要包括江苏、江西、山东、天津、河北、吉林、重庆、陕西、新疆；而高碳经济发展地区主要是安徽、山西、内蒙古、辽宁、黑龙江、河南、湖北、湖南、广西、四川、贵州、云南、甘肃④。

3.3.1.3 工业与能源消耗和CO_2排放

从现有文献看，国内外能源碳排放研究主要集中在几个方面。其一、能源碳排放的机理研究。即使用LCA(livec cycly Asessment)分析在各种生产过程中，由化石能源不同的使用目的和消费过程所引致的碳排放量的变化规律(《2006 IPCC 国家温室气体清单指南》)；其二、能源碳排放的动力系统研究。主要利用LMDI(Logarithmic Mean Divisia Index)，GFI(Generalized Fisher Index)，KI(Kaya Index)等因素分析模型讨论能源碳排放的影响因素以及影响程度(2004，何建坤；2007，查冬兰；2008，冯相昭；2009，宋德勇等)；其三、能源碳排放的点源研究。即从能源消费主体(工厂、企业等)出发，分析其能源碳排放的点源分布特征(2006，白冰)。这类研究大多采取"从下至上"的计算方法，即从消费主体的能源消费量来计算每个点源的碳排放量，最后加总得到某区域的排放总量。由于工厂企业的消费和排放数据难于获得，其排放因子计算也具有较大的不确定性和不可比性，由此计算得到的排放量难于在行业和地域之间进行横向的比较。

据美国橡树岭国家实验室CO_2信息分析中心(CDIAC)公布的数据，2008年

① 韩玉军，陆旸．经济增长与环境的关系[J]．经济理论与经济管理，2009，(3)：5~11.

② 陈诗一．能源消耗、CO_2排放与中国工业的可持续发展[J]．经济研究，2009，(4)：41~55.

③ 祝慧，王安杨．中国低碳产业处境尴尬[N]．中国经济时报．2009-08-21.

④ 胡玉莹．中国能源消耗、CO_2排放与经济可持续增长．当代财经，2010，303(2)：29~37.

中国因能源消费而排放的CO_2为63.3亿t，同年美国的排放量为56.2亿t。中国目前是全球第二大温室气体排放国[①]。中国已提出2020年单位国内生产总值CO_2排放比2005年下降40%~45%的约束性指标。目前工业能耗占全国能源消费总量的70%，CO_2排放量占到一半以上。因此，工业部门在新的碳减排形势下面临更大挑战[②]。

随着工业不断发展，中国每年排放的CO_2不断增加，因使用能源而排放的CO_2，约占各种温室气体总排放量的80%[③]。但是工业化(甚至是重工化)加快推进的中国，正处在能源需求快速增长阶段，经济高速发展，大规模基础设施建设[④]由于我国工业消耗能源巨大，排放量多，又因为中国工业化推动经济发展的潜力还没有充分发挥出来，中国仍然需要加快推进工业化进程[⑤]，因此，中国不可能牺牲发展速度来减少排放，中国能源消耗量还会持续高涨[⑥]。

为了能够较好地研究不同部门的碳排放问题，碳排放因素分解逐渐成为理论界研究的热点问题。研究中应用广泛的是指标分解分析法(Index decomposition analysis，IDA)[⑦](Ang，BW.，2004)、指标分解分析法[⑧]、自适应权重分解法(Adaptive Weighting DivisionAWD)三种。另外还有基于投入产出表的结构性因素分解方法(Structural Decomposition Analysis，简称SDA)(梁进社等，2007；尚红云等2009)。

常军乾等人运用灰色关联分析方法对于我国21世纪能源消费进行了分析[⑨]，研究将能源消费的行业分为7类，分别为：①农、林、牧、渔、水利业；②工业；③建筑业；④交通运输、仓储和邮政业；⑤批发、零售业和住宿、餐饮业；⑥其他行业；⑦生活消费。用2000~2007年的能源消费统计数据，分别为综合能源消费量(将煤电气油等各种能源统一折算为万吨标准煤后的能源量)以及主要的能源煤炭、石油、天然气消费量，研究结果表明：工业对能源

---

① EIA. World Energy Overview：1996 - 2006 [EB/OL]. http://www.eia.doe.gov/iea/overview.htmly，2010-05-12.

② 董军，张旭. 中国工业部门能耗碳排放分解与低碳策略研究. 资源科学，2010，32(10)：1856.

③ Roberta Quadrelli，Sierra Peterson. The energy - climatechallenge：Recenttrends in CO_2 emissions from fuel com - bustion[J]. Energy Policy，2007(35)：5938~5952.

④ 涂正革，肖耿. 环境约束下的中国工业增长模式研究[J]世界经济，2009，32(11)：41~53.

⑤ 张军，陈诗一. 结构改革与中国工业增长[J]经济研究，2009，50(7)：4~20.

⑥ 董军，张旭. 中国工业部门能耗碳排放分解与低碳策略研究. 资源科学，2010，32(10)：1857

⑦ 即将碳排放量表示为几个因素指标乘积，并根据不同的确定权重的方法进行分解，确定各个指标的增量数以得出指标的影响效果。

⑧ 主要分为Laspeyres指数法、简单平均分解法(Sample average division，SAD).

⑨ 常军乾，徐凯，任翔，安海岗. 21世纪我国主要能源消费的灰色关联研究. 中国矿业. 2010，19(1)：20~32.

消费的影响程度最大，其次为交通运输、仓储和邮政业，第三为建筑业。结论是我国应发展低耗能、高附加值的高新产业，大力发展第三产业，加快服务业发展。加快科技进步，调整能源消费结构，降低煤炭消耗，提高天然气消费比例。

3.3.1.4 分类能源账户的消耗和碳排放研究

从目前从中国知网(cnki)中收集的文献来看，对于化石能源分类账户的消耗和碳排放研究较少而且分散。

(1)电力。2009年我国电源结构持续优化，清洁能源发电比例持续提高火电机组继续向大容量、高参数、环保型方向发展。2009年底，全国火电装机容量6.51亿kW(其中煤电5.99亿kW)，占全部装机容量的74.49%，比重比2008年下降了1.56个百分点，火电装机比重自2002年持续7年提高后，已经实现连续两年下降。截至2009年年底，全国已投运百万千瓦超临界机组21台，是世界上拥有百万千瓦超超临界机组最多的国家；300MW及以上火电机组占全部火电机组的比重已经从2000年的42.67%提高到2009年的69.43%，火电机组平均单机容量已经从2000年的54MW提高到2009年的103.1MW。在6MW及以上电厂火电装机容量中，供热机组容量比重为22.42%，比2008年提高了3个百分点。水电装机比例有所提高。2009年底，全国水电装机容量1.96亿kW，占总装机容量的22.46%，比重比2009年提高0.68个百分点，我国已成为世界上水电装机规模最大的国家。

核电在建施工规模居世界首位。2009年，全国核电装机容量9080MW，位列世界第9位；在建施工规模21920MW，居世界首位。并网风电装机和发电量连续4年翻倍增长。2009年年底，全国并网风电装机容量17600 MW，比2008年增长109.82%；2009年，全国风电发电量增长111.1%，装机容量增长速度。并网风电装机和发电量连续四年翻倍增长，非化石能源发电装机容量所占比重加大。全国6MW及以上电厂非化石能源(水电、核电、风电、太阳能、地热、潮汐能等清洁能源以及生物质能、垃圾能、余热余压能等资源循环利用)发电装机容量合计为2. 22亿kW。

(2)交通运输业与能源消耗。乔明瑶等对交通运输业的能源消耗进行了研究，自2000年以来，我国民用汽车保有量年均增速为18.84%，2009年保有量达到7619万辆；私人汽车年均增速为26.55%，2009年保有量达到5218万辆①。交通运输行业石油消费量占全国石油消费量的40%左右，大约95%的汽

① 乔明，张璐瑶，安玉生，李雪静．我国中长期交通运输用油需求及替代发展趋势预测[J]．化工进展，2010(29，增刊)：10.

油、60%的柴油和80%的煤油被各类交通工具所消耗①。

IEA预测，与2005年相比，基本情景中2050年轻型机动车的燃油经济性可提高50%，其他车型的燃油经济性可提高30%～50%②。如果执行更严格的燃油经济性政策，我国新车燃油经济性可从2015年的4.5～5L/百公里降至2050年的3.5～4L/百公里；社会保有车辆的燃油经济性可从2015年的7.5～8L/百公里降低至2050年的4L/百公里左右③。

(3)航空煤油。航空煤油作为我国煤油市场的主要消费品种，其产量占到煤油生产总量的90%以上。随着我国民航业的快速增长，民用航空煤油的消费出现强劲增长。2005～2008年，我国航空煤油消费量年均增长11%以上④。2000～2008年，我国煤油产量由852万t上升到1159万t，年均增长3.9%；航空煤油产量由630万t上升到1103万t，年均增长7.2%，占煤油产量的比例从2000年的73.9%上升到2008年的95.2%，平均每年上升2.7个百分点⑤。预计2010、2015和2020年国内航空煤油需求量约为1600万t、2800万t和4000万t，产能将分别达到2200万t、3200万t和4000万t，基本能够满足国内需求，消费量由2000年的460万t上升到2008年的1276万t，年均增幅13.5%。⑥。

(4)天然气与化肥生产。化肥是资源型产品⑦，氮肥原料主要是煤、油(重油、轻油)、天然气⑧。氮肥行业是耗能大户，2002年煤、油、气3种原料在我国合成氨原料结构中的比重分别为70%、10%和20%，共消耗天然气约75亿m^3，占全国天然气总消费量的23%，消耗煤炭(原料及燃料煤)约6 000万t，占全国原煤产量的4%，消耗油品(重油、轻油)约400万t，占全国石油消费量

---

① 交通运输业能源消费和资源利用效率：现状和发展趋势．国家发展和改革委员会综合运输研究所，2007.

② Lew Fulton. The Future of Electric Vehicles. IEA. EnvironmentallyFriendly Vehicles 2009，2009－11－24. http：//www. 50by50campaign. org/Documents/Updates/Fulton－talk－for－EFV－24－Nov. pdf.

③ Pierpaolo Cazzola. Forecast for motor vehicle and oil demand to 2030 and 2050. IEA. International Advanced MobilityForum 2009，(3).

④ 陈晓，姜洪根．江浙沪闽航空煤油消费发展趋势分析．市场观察，2010(1)：64

⑤ 罗艳托，朱海龙，程俐．中国航空煤油市场现状分析与趋势预测．国际石油经济，2009，(7).

⑥ 从国内航空煤油资源的生产区域分布来看，华东、华南和东北产量分列前三位，这三个地区航空煤油产量占全国航空煤油产量的80%左右；西南地区航空煤油资源为空白。同上。

⑦ 磷肥原料主要是磷矿石、硫酸(硫铁矿、硫黄、冶炼烟气)，我国钾肥原料是盐湖卤水。

⑧ 2002年，全国基础化肥生产企业1000多家，其中氮肥约500家，磷肥500家，钾肥40家。化肥生产能力约4000万t/年(按有效养分100%计，下同)，位居世界第一。合成氨生产能力约4000万t/年，氮肥生产能力约3000万t/年，尿素约1800万t/年；磷肥生产能力约1000万t/年，硫酸生产能力3300万t/年；钾肥生产能力120万t/年，其中氯化钾50万t/年。2002年化肥产量达到3270万t，其中氮肥产量2450万t，磷肥产量776万t，钾肥44万t(不含氯化钾转化的钾肥)——刘玉岐。

的2%，耗电约450亿kW·h，占全国总发电量的3%①。

罗光华在中国国际科技合作项目(项目编号：2008DFA62040)资助“中国居民直接生活能源消费结构的演变规律”中指出：1980～2007年中国居民生活能源消费总量增长很快，虽然目前仍然表现出以煤为主的消费格局，但居民对成品油的消费日趋上升，生活能源消费结构已呈现出石油化的发展趋势，同时其消费结构也发生了变化。生活能源使用方式结构的变化反映了人们生活方式的改变，这种方式的改变最终渐近到能源消费种类结构，引起能源资源利用的变化。生活能源消费结构的转变主要表现为石油、天然气、其他电力对煤炭的替代以及煤的初级使用向清洁使用的转变，即生活能源使用的高级化和清洁化②。

目前，我国天然气主要用于工业燃料、化工原料、民用燃料和发电等领域。2005年，我国天然气产量近500m^3，同比增长18.6%；2007年为692多亿500m^3，较2006年增长近20%。工业用气、生活消费用气及发电用气在我国天然气消费中所占比重较大。在工业用气中，化学原料及化学制品制造业用气所占比重较大，2007年比例为32.14%③。

3.3.1.5 简单评述

从总体上来看，几乎所有的文献在研究能源消耗、碳排放问题以及与经济发展的关系中均运用统计资料中的能源总量，而这样的能源总量又以煤炭、石油、天然气、电力等为主要账户。在使用这些账户作为基本研究数据的时候，相关的研究中没有对于具体账户在生产过程中的作用进行分类，也没有扣除作为原材料部分的煤炭、石油、天然气数据。石油在进入工业领域以后，主要是作为原材料部分的化石能源材料及其制品。

也正是由于这个原因，工业生产过程中大量作为原材料使用的煤炭、石油、天然气被作为燃料处理，加大了工业碳排放的数量。虽然理论界试图应用大量的数量模型作为基本的研究方法，但这些模型应建立在社会经济发展基本规律性基础之上。因此而得出工业是我国，乃至世界能耗主体的结论并不是社会经济发展的真实反映。以天然气为例，全国的天然气约有20%～25%左右是作为原材料生产化肥，应用于农业生产，来生产粮食，并在化肥使用过程中大量沉淀在作物和土壤中，并不是全部作为CO_2释放。

另外，几乎所有关于能源消耗和转换经济发展方式、调整产业结构的研究均认为，应发展第三产业，认为第三产业能够节约能源消耗，降低碳排放。但

---

① 刘玉岐，李志坚．化肥行业走新型工业化道路的思考．现代化工，2003，(6)：1.

② 罗光华，牛叔文，赵春升，张玉娟．中国居民直接生活能源消费结构的演变规律[J]．经济问题探索，2010，(7)：40.

③ 殷建平，袁芳．我国天然气价格体系一体化改革研究[J]．价格理论与实践，2010，(12)：75.

实际情况是第三产业大发展直接刺激交通运输业的需求，而交通运输业的发展直接消耗大量石油制品，近年来，我国第三产业有了飞速的发展，汽油、柴油、航空煤油消耗的大量增加，而汽油、柴油、航空煤油的消耗是利用了工业领域所生产的石油加工制品，直接向空气只能够排放 CO_2，而在统计中，这样的消耗在工业领域和第三产业中进行了重复计算。实际上，作为碳排放的计量，应只计算作为终端消耗的汽油、柴油、航空煤油数量，而不是工业部门对原油(石油)的消耗量①。

从近年来的情况来看，汽车的大量使用和航空业的飞速发展已经成为重要的碳排放源。而相关的研究对于上述问题没有给予应有的重视不能不说是一种遗憾。这些文献还证明，产业结构、能耗结构、碳排放之间还有很多工作计量和统计工作数据需要深入研究，大量工作还没有做，或者没有做好。在这种情况下，应重新审视我国的经济结构、产业结构、能耗结构和碳排放的关系，并对于经济结构和产业结构的调整提出更加切合实际的建议。

3.3.2 中国全国化石能源消耗的时间序列分析

3.3.2.1 2009 年全国化石能源在全国能源消耗中的地位

近年来，我国已经十分重视节能减排和提高清洁能源在总能源消耗构成中的比例。在核电、水电、风能发电等各方面加大投资力度，在科技方面扶持光伏产业的发展，通过鼓励科技创新，提供优惠政策和经济扶持鼓励发展塌秧能发电和相关产业，目前在水力发电、风能和太阳能光伏产业方面，中国所取得的成就已经得到全世界的公认。但尽管如此，2009 年中国的能源消费总量是 31 亿 t 标准煤，人均消费 2.33t。其中化石能源消耗为 92.2%，其他非化石能源不到 8%(图 3-1)。近年来，我国化石能源消耗的总量仅次于美国，位居世界第二。中国和世界在节约不可再生能源，利用可再生能源方面还有很长的路要走。

3.3.2.2 1995～2009 年全国能源消耗化石能源消耗的变化

从近 15 年中国社会经济发展中能源消耗的消耗状况来看，化石能源在总能源消耗中的比重一直保持在较高水平。化石能源的消耗在总能源消耗中的比重不仅反映了其社会经济发展对于自然资源的依赖关系，还表示了一个国家科技发展和社会整体管理水平。从这个意义上来看，中国作为一个负责任的大国和在社会经济发展中实现可持续发展，其核心是努力降低以化石能源为基本

① 工业部门的生产过程主要使用电力。

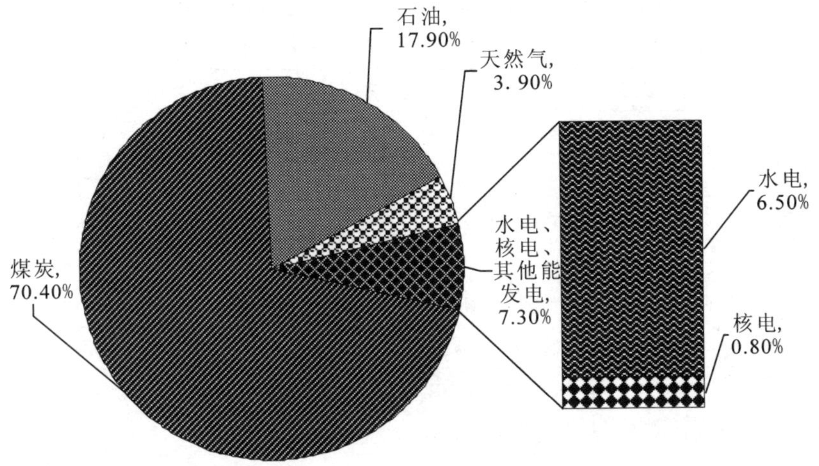

图 3-1 2009 年中国全国能源消费构成①

不可再生资源的消耗，通过法律、行政、经济和管理手段实现有不可再生资源利用为主到可再生资源经营利用的转型。

工业统计资料将工业部门划分为 39 个主要行业。我们将相应的工业行业划分为能源生产、化学工业、非金属矿物、钢铁行业和其他 5 类。能源生产行业主要包括：煤炭开采和洗选业、石油和天然气开采业、石油加工、炼焦及核燃料加工业、电力、煤气及水生产和供应业、电力、热力的生产和供应业、燃气生产和供应业。化学工业指化学原料及化学制品制造业，钢铁行业是黑色金属冶炼及压延加工业，这四类包括了 10 个行业(表 3-1)。从历年工业统计资料的基本来看，在各行业中，排名前几位的分别是化学原料及化学制品制造业、非金属矿物制品业、黑色金属冶炼及压延加工业、煤炭开采和洗选业、电力、热力的生产和供应业。

在表 3-1 中，在这样的消耗结构中，尽管建筑业的终端能源消耗(主要是电力)在第二产业中所占比例几乎可以忽略不计。但 2010 年建筑业能源消耗是 2000 年的 3 倍，1995 年的 4.6 倍，2005 年以来以年均 5 百万 t 标准煤的能耗增长发展。建筑业需要化学工业、非金属矿物制造业、钢铁行业生产和其他行业中的纸张和木材及其家具制造业提供各种建筑材料。进入 21 世纪以后，房地产业道路交通以及基础设施建设的发展是这些行业发展的重要激励因素。不到

① 根据发电煤耗计算法。

表 3-1 1996～2010 年中国主要工业行业化石能源消耗汇总表

单位：百万 t 标准煤；GDP：万亿，10^{12}元；人口：亿，10^{8}

	1995	2000	2005	2006	2007	2008	2009	2010
消费总量	1311.76	1455.31	2359.97	2586.76	2805.08	2914.48	3066.47	3249.39
工业消耗	961.91	1037.73	1687.24	1849.45	2005.31	2093.02	2191.97	2311.02
能源生产	217.62	285.04	408.25	431.83	457.06	474.58	504.97	554.64
化学工业	158.22	143.26	238.49	259.95	286.21	289.61	289.46	296.89
非金属矿物制品业	130.58	137.68	213.10	226.38	231.12	254.61	268.82	276.83
钢铁行业	185.33	189.62	395.44	447.30	501.87	518.60	564.04	575.34
其他	270.16	282.13	432.04	483.99	528.51	555.62	565.08	614.75
建筑业	13.34	21.79	34.03	37.61	41.28	38.13	45.62	62.26
GDP	6.08	9.92	18.49	21.63	26.58	32.40	34.09	40.12
人口	12.11	12.67	13.08	13.14	13.21	13.28	13.35	13.41
城镇人口		4.59	5.62	5.83	6.06	6.24	6.45	6.10

资料来源：《能源统计年鉴》中的“分行业能源消耗量”。

第二产业工业能耗 2.7%，全国能源消费总量 2% 的建筑业对非金属矿物制造业和钢铁行业生产所形成的直接影响会导致全国 1/4 的能源消耗发生变化。也会对于能源和化学工业形成间接影响。

表 3-2 1995～2010 年中国主要工业行业化石能源消耗比例表 单位：%

	行业	1995	2000	2005	2006	2007	2008	2009	2010
总消耗比重	能源生产	16.59	19.59	17.30	16.69	16.29	16.28	16.48	17.07
	化学工业	12.06	9.84	10.10	10.05	10.20	9.94	9.44	9.14
	钢铁行业	14.13	13.03	16.76	17.42	17.89	17.79	18.41	17.71
	非金属矿物制品业	9.95	9.46	9.03	8.75	8.24	8.74	8.77	8.52
	其他	20.60	19.39	18.31	18.71	18.84	19.06	18.43	18.92
工业比重	能源生产	22.62	27.47	24.20	23.35	22.79	22.67	23.04	24.00
	钢铁行业	19.27	18.27	23.44	24.19	25.03	24.78	25.73	24.89
	化学工业	15.45	13.81	14.13	14.56	14.27	13.81	13.64	12.85
	非金属制造	13.58	13.27	12.63	12.24	11.53	12.16	12.26	11.98
	其他	28.09	27.21	25.61	26.17	26.36	26.55	25.78	26.60

从表 3-2 的计算可以十分清楚地知道，15 年来，占全部工业行业能源消耗 70% 以上的能源、化工、钢铁和非金属矿物制品业四个主要行业从 1995 年的

71.91%增加到2010年的73.40%，其中能源和钢铁行业的增长较为明显，提高了1.38%，钢铁行业增加了5.62%。其他行业的能源消耗均有所下降。从进入21世纪以后，尽管我国社会经济发展的步伐不断加快，GDP的年均增长保持在9%左右，但这样的增长主要是由房地产和第三产业领域的消费快速增长所形成的。钢铁和非金属矿物制品业两个行业是建材行业原材料的主要供应者，而能源、化工两个行业类别是第一和第三产业消费品的主要供应者。从近年来的情况来看，汽车的大量使用和航空业的飞速发展已经成为重要的碳排放源。比较起来，其他制造业容纳了巨大的就业人口和制造企业数量，能源消耗数量的比例却逐年下降。可以认为，其他制造业的发展遇到了一定的困难。

表3-3 相关性分析

变量		能源行业	化工行业	非金属矿物	钢铁行业	其他行业
消耗总量	相关性	0.946	0.919	0.920	0.980	0.975
	显著性(双侧)	0.001	0.003	0.003	0.000	0.000
	df	5	5	5	5	5
工业消耗	相关性	0.939	0.930	0.925	0.985	0.975
	显著性(双侧)	0.002	0.002	0.003	0.000	0.000
	df	5	5	5	5	5

从表3-3的相关分析的结果来看，相关系数都达到了0.9以上，属于强相关关系。15年间，中国的基本能源消耗动态变化仅仅是数量的变化，从中国的能源消耗量结构变动基本保持了一种稳定状态，也可以认为能源消耗结构上没有发生实质性变化。在技术相对稳定角度来看，我们用2010年的能源结构数据来分析当前我国能源结构和经济结构问题具有代表性。

4 中国化石能源区域和行业状况统计描述

中国是一个大国，区域间的社会经济发展不平衡，表现在不同区域的化石能源消耗也具有区域的差异性。同时，国民经济将各产业划分为三个基本类型，即第一、第二和第三产业，由于产业门类的基本性质不同，化石能源消耗也不转矿业不同。

4.1 中国省域化石能源消耗空间分布统计描述分析①

4.1.1 化石能源消耗总量的区域分布

化石能源消耗在全部能源消耗中所占比重很大，是我国社会经济发展的主要能源。从1990~2009年20年间我国各省区化石能源消耗总量的情况来看(表4-1)，基本情况呈现上升趋势，这与近20年来我国国民经济和各省区社会经济快速发展有密切关系。从目前从中国知网(cnki)中收集的文献来看，对于化石能源分类账户的消耗和碳排放研究较少而且分散。

表4-1 中国各省区化石能源消耗总量数据表 单位：万t标准煤

	1990	1995	2000	2005	2006	2007	2008	2009
北 京	2479.35	2669.061	2771.755	3237.165	3307.209	3442.145	3455.279	3489.46
天 津	1811.543	2300.282	2568.787	3675.195	3720.053	3854.006	3806.562	3987.501
河 北	6055.214	8478.141	9457.696	15918.29	16593.83	19039.05	19007.14	20513.11
山 西	5568.54	10851.58	10323	18789.91	20799.17	21606.58	20797.17	20409.77
内蒙古	2891.972	3298.152	4428.903	10493.12	16735.8	14004.25	16735.8	18093.04
辽 宁	8249.844	9053.645	10145.23	13695.42	14751.42	15701.82	16358.63	16798.24
吉 林	3353.96	3956.629	3669.331	5589.742	5909.807	6214.753	6986.124	7117.007

① 1996年以前重庆包括在四川省内。

（续）

	1990	1995	2000	2005	2006	2007	2008	2009
黑龙江	5725.036	5729.55	5883.925	7975.495	8416.04	9070.61	9829.621	10047.19
上　海	2981.938	3945.6	4762.895	6299.542	6193.401	6284.595	6659.563	6602.619
江　苏	5371.45	7503.457	7800.435	14751.92	15916	17206.6	17543.52	18005.86
浙　江	2162.6	3805.048	5229.733	9509.024	10709.64	12059.67	12139.34	12542.77
安　徽	2756.219	3900.385	4653.364	6478.001	6864.409	7585.65	8767.479	9734.003
福　建	1019.685	1546.324	2069.67	4163.797	4662.515	5274.527	5561.683	6226.746
江　西	1812.558	2428.413	2142.943	3582.793	3875.049	4259.314	4343.008	4436.117
山　东	6465.172	8540.385	8142.299	22322.38	25492.17	27823.59	29488.85	30281.75
河　南	4716.887	6227.582	6924.731	14155.14	16006.01	17627.51	18148.76	18605.26
湖　北	3051.99	4584.135	5197.783	7553.958	8476.805	9324.744	8921.843	9692.593
湖　南	3201.878	4439.267	2990.381	7153.357	7603.895	8348.81	8189.792	8646.409
广　东	3371.067	5536.882	7105.092	11436.06	12599.02	13699.81	14332.14	15058.72
广　西	1193.41	1789.472	1796.186	2994.71	3290.18	3838.955	3853.046	4286.307
海　南	65.48702	173.6035	233.0404	364.9299	547.4174	1056.345	1098.536	1191.609
重　庆	0	0	2223.923	3220.364	3594.336	3935.043	4081.735	4455.047
四　川	4927.541	6621.661	3795.904	6683.527	7271.695	8145.349	8650.823	9828.632
贵　州	1997.854	2889.829	3766.625	5816.427	6624.466	7066.127	7223.652	8069.983
云　南	1638.954	2089.842	2317.096	5090.952	5705.167	5862.643	6110.997	6831.257
陕　西	2080.292	2952.352	2565.63	5592.867	6886.288	7358.554	8172.952	8690.816
甘　肃	1766.692	2449.278	2581.53	3722.982	3942.086	4383.066	4518.855	4418.888
青　海	383.322	423.0442	450.6304	807.4455	912.032	1077.633	1106.335	1090.539
宁　夏	671.1777	854.2457	849.6741	2533.379	2718.754	3118.085	3289.058	3642.76
新　疆	1840.315	2529.322	2951.659	4280.036	4874.322	5318.185	5888.346	7136.486

从各省区化石能源消耗总量数据表和时间序列趋势图来看（图 4-1），大致可以分为分为三个部分：第一是化石能源消耗总量较大的区域，包括山东、山西、河北、江苏、内蒙古、辽宁、河南、广东等省份依次排在全国前列，其中山东省化石能源消耗高居全国首位；随后是吉林、黑龙江、上海、浙江、安徽、福建、湖北、湖南、四川、贵州、云南、陕西、新疆；北京、天津、海南、江西、广西、重庆、甘肃、青海、宁夏等省（自治区、直辖市），其中除了北京、天津、重庆等直辖市以外，均是中国社会经济欠发达地区。

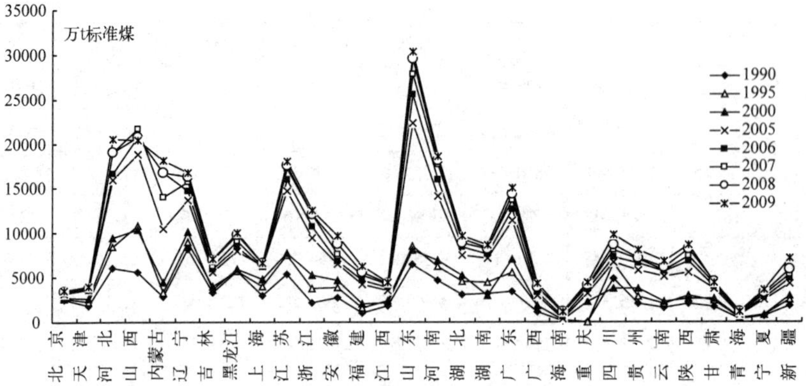

图4-1 各省区1990~2009年化石能源消耗时间序列分析图

4.1.2 化石能源分类账户区域消耗量

4.1.2.1 煤炭消耗量的区域分布

煤炭是18世纪以来人类世界使用的主要能源之一。煤炭在使用中除了焦炭和部分作为原材料以外，大部分是作为工业动力和生活燃料消耗的。

第一，动力煤和生活用煤。动力煤在煤炭消耗中约占85%。主要包括发电用煤、工业锅炉、冶金用动力煤①和建筑用煤②。我国平均发电耗煤为标准煤370g/(kW·h)左右。煤炭与电力是密切相连的上下游产业，随着近年来国民经济的发展对于电力用煤的消耗不断加大。根据近年来的统计资料，电力企业煤炭消费量占全国煤炭消费量的40%~50%，近年来国民经济对电力的消耗不断增大，已经超过了50%。一般工业锅炉用煤：一般企业及取暖用的工业锅炉型号繁多，数量大且分散，用煤量约占动力煤的30%。建材用煤：约占动力用煤的10%左右，以水泥用煤量最大，其次为玻璃、砖、瓦等。在生活用煤中，由于近年来在大众场数普遍推行电和天然气等比较清洁的能源，城市生活用煤的数量在逐步减少。

第二，焦炭。炼焦煤的主要用途是炼焦炭，焦炭由焦煤或混合煤高温冶炼而成，焦炭多用于炼钢，是目前钢铁等行业的主要生产原料，被喻为钢铁工业的"基本食粮"。2008年我国焦炭产量为3.27亿t，占全部煤炭产量的15%③。

---

① 冶金用动力煤主要为烧结和高炉喷吹用无烟煤，其用量不到动力用煤量的1%。可以忽略不计。

② 建筑用煤一般并不计算在动力煤中，而是单独计算。在本研究中将建筑用煤放在动力每种是基于计算方便的开率。

③ 一般1.3t左右的焦煤才能炼1t焦炭，2008年焦炭产量为3.27亿t，折合煤炭为4.25亿t，全国煤炭产量为27.16t。

虽然我国煤炭资源比较丰富，但炼焦煤资源还相对较少，炼焦煤储量仅占我国煤炭总储量27.65%。

在中国，煤炭是生产和生活的重要能源，部分煤炭及其产品是工业生产的原材料。从煤炭的消耗过程来看。即使极少的碳成分能够保留在钢铁产品中，部分煤炭或焦炭可以用作原材料，但作为原材料不经过燃烧过程而直接进入产品的很少。几乎全部煤炭都是在经过燃烧过程中使用的，因此，在本书中将煤炭全部作为化石能源消耗和用于计算 CO_2 排放。

在生产生活能源方面，我国的火力发电主要来源于煤炭，部分地区用燃料油作来发电。从这个意义上来看，在计算电力供应所消耗的化石能源及其碳排放数据时，已经将火力发电过程中产生的化石能源消耗和 CO_2 排放计算在内。因此，在计算全国化石能源消耗中再计算电力消耗中 CO_2 排放就属于重复计算了。不过在计算区域和产业化石能源消耗过程中由于电力来源于化石能源，电力依然要用于计算其化石能源资源。

煤炭在我国的能源供给和原材料供给中具有非常重要的作用。火力发电、动力、集中供暖，冶炼加工业、建筑材料、化工产业等均对煤炭有巨大需求，全国的煤炭产地主要集中在北方的山西、内蒙古等地；因此，在统计数据中，陕西、内蒙古是煤炭的主要生产区域，反映在统计数据中也作为消耗区域，这与实际情况有很大的偏差，各省煤炭消耗状况见表4-2和图4-2。

表4-2 中国各省区煤炭消耗总量数据表 单位：万t标准煤

	1990	1995	2000	2005	2006	2007	2008	2009
北京	1723.606	1922.931	1942.739	2192.165	2182.665	2131.947	1962.703	1903.394
天津	1277.168	1734.363	1766.257	2715.376	2720.99	2804.842	2837.75	2942.666
河北	5625.113	7845.485	8653.802	14673.43	15257.32	17629.64	17442.22	18940.24
山西	5470.824	10725.15	10187.69	18480.66	20432.71	21175.62	20266.63	19830.35
内蒙古	2823.628	3157.235	4220.077	9967.185	15887.35	13290.98	15887.35	17176.99
辽宁	5894.404	6687.891	6844.551	9078.51	9883.43	10509.07	10962.12	11452.03
吉林	2867.915	3439.983	3009.132	4604.858	4955.252	5222.876	5976.846	6135.058
黑龙江	4655.093	4420.124	4153.762	6088.422	6450.05	7040.869	8002.924	7893.108
上海	1958.611	2817.135	3211.55	3789.895	3672.605	3730.896	3902.872	3789.485
江苏	4445.089	6382.635	6264.268	12256.94	13351.55	14454.96	14812.23	15002.46
浙江	1775.75	3021.846	3846.377	6914.994	8096.183	9303.13	9315.143	9483.16
安徽	2448.62	3546.192	4221.077	5944.976	6280.633	6975.81	8126.662	9047.61
福建	933.5901	1197.867	1542.609	3369.446	3815.898	4369.48	4711.437	5078.137
江西	1618.604	2171.022	1763.342	3030.703	3280.251	3693.488	3762.54	3825.869

（续）

	1990	1995	2000	2005	2006	2007	2008	2009
山　东	5182.961	6971.204	6213.231	18611.98	21313.62	23370.95	24564.5	24854.19
河　南	4356.516	5686.142	6232.16	13191.61	14999.42	16557.35	17048.57	17461.36
湖　北	2387.905	3859.991	4321.958	6337.727	7078.599	7708.454	7283.06	7928.554
湖　南	2825.771	3993.316	2382.448	6242.475	6714.784	7341.14	7263.724	7679.732
广　东	2136.471	3529.278	4207.398	7037.748	7820.149	8878.782	9498.876	9748.238
广　西	1115.737	1664.212	1591.768	2584.959	2842.8	3336.524	3340.301	3713.724
海　南	48.5724	119.9738	136.8813	232.8689	237.3118	304.5844	337.1137	383.5005
重　庆	0	0	2101.506	2997.517	3350.288	3649.98	3766.312	4129.884
四　川	4747.238	6363.477	3472.912	6080.772	6542.909	7279.217	7662.589	8676.852
贵　州	1935.039	2818.592	3676.002	5657.738	6424.819	6837.73	6951.696	7794.777
云　南	1567.174	1975.104	2187.215	4772.617	5344.39	5443.289	5654.174	6346.993
陕　西	1948.61	2699.004	1975.554	4320.884	5426.966	5772.98	6386.778	6783.35
甘　肃	1327.169	1819.086	1771.735	2679.104	2827.978	3192.15	3344.974	3198.993
青　海	336.4353	329.8709	373.0075	677.9978	773.0682	921.8042	940.3412	935.4061
宁　夏	632.1555	770.9868	744.222	2340.518	2513.915	2920.616	3062.183	3414.97
新　疆	1310.741	1748.264	1930.324	2753.048	3168.785	3531.278	4077.624	5298.47

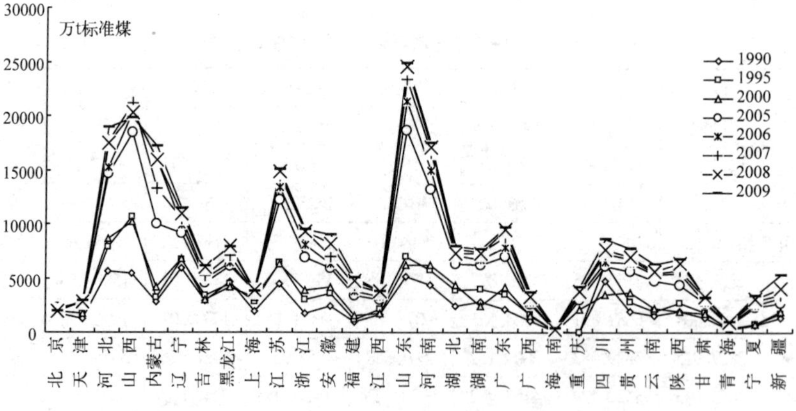

图 4-2　各省区 1990～2009 年煤炭消耗时间序列趋势图

从生活方面除了天然气以外，煤炭是城市、城镇主要的生活能源。煤炭消耗的主要省区除了山西、内蒙古以外，还包括山东、河北、江苏、河南等地。山东、河北、江苏、河南的煤炭需求主要依靠山西和内蒙古的煤炭供应。其中，山西、内蒙古是我国煤炭的主要产区，特别是山西省一直是我国煤炭的主要产地，肩负着向全国各地，包括南方和长江流域调拨煤炭的重要任务，从这个意义上来说，这两个省(自治区)煤炭消耗量的较大数据包含了很大一部分向外省调拨的煤炭数量，因此在计算各省煤炭生产、消耗量的时候，需要特别注意。

在我国各省区的煤炭消耗中，火力发电是主要消耗。煤炭燃烧过程中不仅释放大量的 CO_2 还排放大量粉尘和其他有害气体，造成严重的环境污染应在电力产业中，充分考虑煤炭作为能源原材料发电所造成的环境污染问题。随着ISO 14000环境管理标准体系在全世界实施和《中华人民共和国环境保护法》的颁布，大量使用煤炭造成的环境污染问题也逐步引起了社会的关注。直接消耗煤炭最为能源生产和消费已经证明无论从生态环境、经济成本和社会效益各个方面都具有很大的负面影响。因此，改善能源结构还应包括通过科技手段减少煤炭作为直接或间接能源的使用，将煤炭作为化工原料和开发替代能源具有重要的意义。

近年来在很多老少边穷地区的社会经济发展规划中，开始重视生态环境保护，强调减少燃烧林木、庄稼秸秆、牲畜粪便(很多牧区)等植物性资源，提倡“以煤代木(草)”解决当地生活能源问题，这样的做法十分值得商榷。因为煤炭作为生活能源不仅成本较高，而且还会造成严重的环境污染，考虑到煤炭的资源的枯竭，生产、运输、消费的成本会逐年增加，实际操作上是不经济的。

4.1.2.2 石油及其制品消耗的区域分布

石油主要被用来作为燃油和汽油，燃料油和汽油组成目前世界上最重要的一次能源之一。石油也是许多化学工业产品如溶液、化肥、杀虫剂和塑料等的原料。石油经过加工提炼，可以得到的产品大致可分为石油燃料、石油溶剂与化工原料、润滑剂、石蜡、石油沥青、石油焦等6类。期中各种燃料产量和消耗量最大，约占总产量和消耗量的90%各种润滑剂品种产量约占5%，其余约5%。石油燃料，按其用途和使用范围可以分为：点燃式发动机燃料有航空汽油，车用汽油等；喷气式发动机燃料(喷气燃料)有航空煤油；压燃式发动机燃料(柴油机燃料)有高速、中速、低速柴油；液化石油气燃料即液态烃；锅炉燃料有炉用燃料油和船舶用燃料油。

因此，在计算全国的石油及其制品的化石能源消耗和 CO_2 排放总量按照其总量的90%计算 CO_2 排放量，这个排放量包括了各种燃油制品的消耗①。而在计算各区域和产业的化石能源消耗及其 CO_2 排放量中只考虑燃料产品(汽油、柴油、煤油和燃料油)的消耗和 CO_2 排放量，以避免重复计算的问题，中国各省石油及其制品消耗总量见表4-3和图4-3。

---

① 这样的计算与直接计算全国各种燃油的数量是一样的。当然由于贸易因素(包括进出口)，这样的数据有一定的差异。

表 4-3 中国各省区石油及其制品消耗总量数据表 单位：万 t 标准煤

	1990	1995	2000	2005	2006	2007	2008	2009
北 京	755.1508	745.3006	821.2307	1022.113	1095.508	1276.883	1449.253	1536.492
天 津	532.6249	563.1113	798.6731	953.3619	991.0484	1038.971	956.7834	1031.892
河 北	425.7657	627.734	798.3803	1238.332	1328.648	1400.799	1552.649	1556.365
山 西	97.28766	126.0954	134.4955	306.9419	362.1572	426.0228	525.8248	569.5971
内蒙古	68.34422	140.9171	208.8185	521.3961	826.6451	694.3336	826.6451	884.4177
辽 宁	2340.854	2350.668	3286.287	4606.335	4858.633	5182.582	5384.929	5334.471
吉 林	485.3454	515.3389	658.0703	979.4191	949.2117	984.9983	999.3986	970.048
黑龙江	1053.893	1290.919	1713.706	1869.623	1948.468	2007.812	1804.217	2132.65
上 海	1023.328	1128.465	1549.531	2496.276	2504.651	2533.724	2735.264	2789.187
江 苏	926.09	1120.687	1535.995	2485.25	2542.087	2719.797	2686.189	2958.091
浙 江	386.8506	783.2014	1383.356	2592.423	2604.966	2743.625	2811.558	3045.828
安 徽	307.599	354.1928	432.2872	532.4178	582.3831	606.961	635.6921	679.4157
福 建	86.09458	348.457	527.0605	793.9866	846.2098	904.7038	849.1527	1142.544
江 西	193.9539	257.3909	379.6004	552.011	594.3119	565.0827	578.683	608.405
山 东	1271.897	1560.003	1925.831	3698.157	4162.41	4436.667	4899.706	5398.818
河 南	352.7071	534.7464	684.5494	946.5904	984.784	1046.485	1072.879	1114.25
湖 北	663.6704	723.6002	875.1746	1208.296	1391.321	1609.211	1627.64	1752.239
湖 南	376.1075	445.9518	607.9336	907.4181	885.5034	1002.213	920.1898	959.3692
广 东	1234.596	2006.876	2896.672	4396.531	4768.538	4788.395	4794.996	5229.862
广 西	77.67298	125.2596	204.4184	408.951	446.5089	501.4743	512.0207	571.7186
海 南	16.91462	53.62964	92.38756	117.0821	292.9838	734.9834	742.2934	790.2944
重 庆	0	0	98.65912	197.4897	215.44	253.9694	280.6011	289.8286
四 川	139.2242	208.9542	281.0842	538.8108	653.0131	786.0229	910.4182	1061.071
贵 州	59.42976	67.6085	86.53745	155.0817	196.0896	224.7259	268.5705	272.2197
云 南	68.54423	111.3737	126.1882	313.9634	356.8834	415.433	453.0529	481.0339
陕 西	131.6312	253.0765	585.3117	1258.582	1439.014	1556.045	1749.314	1871.745
甘 肃	439.3374	629.7483	809.1876	1037.006	1105.558	1181.652	1165.302	1211.017
青 海	46.60808	92.71614	74.83007	121.5784	129.4826	145.6113	149.6348	137.5921
宁 夏	38.97221	83.15166	105.3664	188.1252	199.1677	191.0481	219.018	219.2343
新 疆	525.9891	772.8583	1004.592	1486.958	1659.079	1737.042	1760.835	1789.493

从全国各省份的石油及其制品的消耗来看，山东、辽宁、广东在全国各省份中遥遥领先，成为主要石油及其制品的消耗区域。其次是江苏、浙江、上海、黑龙江、陕西、湖北、北京、新疆，其中新疆和黑龙江由于有克拉玛依和大庆两大油田，是中国原油的主要要供应地，大量原油供应全国各地，因此，并不是全部原油都用于自身的生产及生活消耗。

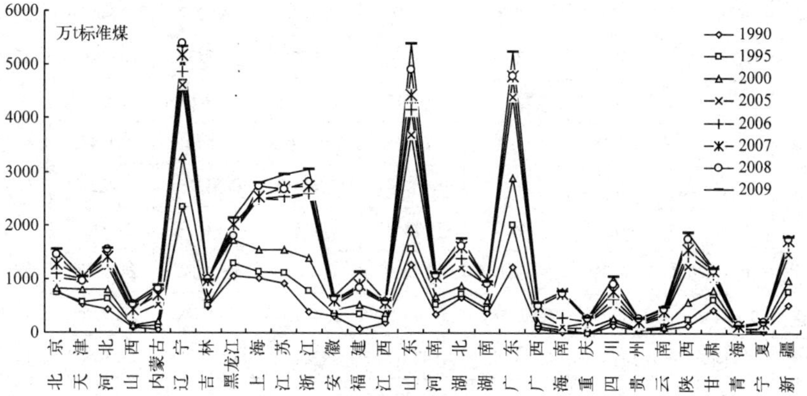

图4-3　1990～2009年各省石油消费

4.1.2.3　天然气消耗的区域分布

从世界范围内来看，天然气的主要用途包括：天然气发电、天然气化工工业①、压缩天然气汽车、城市燃气。从目前我国的实际情况来看，天然气化工工业②和城市燃气事业是天然气的主要用途，在天然气总消耗量中占主要份额，中国各省区天然气消耗总量见表4-4和图4-4。

表4-4　中国各省区天然气消耗总量数据表　　单位：万t标准煤

	1990	1995	2000	2005	2006	2007	2008	2009
北　京	0.592869	0.828588	7.78587	22.88617	29.0363	33.31495	43.3223	49.57372
天　津	1.750035	2.807199	3.85722	6.457272	8.014446	10.19306	12.02881	12.94312
河　北	4.335801	4.921527	5.514396	6.528702	7.864443	8.607315	12.26467	16.5079
山　西	0.42858	0.335721	0.814302	2.314332	4.300086	4.935813	4.71438	9.828768
内蒙古	0	0	0.007143	4.535805	21.80758	18.93444	21.80758	31.63635

① 天然气是制造氮肥的最佳原料，具有投资少、成本低、污染少等特点。天然气占氮肥生产原料的比重，世界平均为80%左右。

② 天然气是制造氮肥的最佳原料，具有投资少、成本低、污染少等特点。天然气占氮肥生产原料的比重，世界平均为80%左右。

（续）

	1990	1995	2000	2005	2006	2007	2008	2009
辽　宁	14.58601	15.08602	14.39315	10.57878	9.35733	10.17163	11.5788	11.74309
吉　林	0.700014	1.307169	2.128614	5.464395	5.342964	6.879015	9.878769	11.90024
黑龙江	16.05032	18.50751	16.45747	17.45035	17.52178	21.92901	22.47902	21.429
上　海	0	0	1.814322	13.3717	16.14461	19.97491	21.42776	23.94688
江　苏	0.271434	0.135717	0.171432	9.728766	22.35759	31.84349	45.09376	45.30805
浙　江	0	0	0	1.607175	8.493027	12.91876	12.64118	13.7847
安　徽	0	0	0	0.607155	1.392885	2.87818	5.12472	6.977202
福　建	0	0	0	0.364294	0.407151	0.342864	1.092879	6.064407
江　西	0	0	0	0.078573	0.485724	0.742872	1.78575	1.842894
山　东	10.31449	9.178755	3.235779	12.2431	16.14318	15.97522	24.64273	28.74343
河　南	7.664439	6.692991	8.021589	16.93605	21.80758	23.6719	27.30769	29.64345
湖　北	0.414294	0.542868	0.650013	7.935873	6.885852	7.078713	11.14308	11.80024
湖　南	0	0	0	3.464355	3.607215	5.457252	5.878689	7.307289
广　东	0	0.728586	1.021449	1.778607	10.32878	32.63637	38.27219	80.6159
广　西	0	0	0	0.800016	0.871446	0.957162	0.723586	0.864303
海　南	0	0	3.771504	14.97887	17.12177	16.77676	19.12895	17.81464
重　庆	0	0	23.75762	25.35765	28.60772	31.09348	34.82213	35.33464
四　川	41.07939	49.22956	41.90798	63.94414	75.77294	80.10875	77.81584	90.70896
贵　州	3.385782	3.628644	4.085796	3.607215	3.557214	3.671502	3.385782	2.985774
云　南	3.235779	3.364353	3.692931	4.371516	3.892935	3.920276	3.770032	3.230085
陕　西	0.050001	0.271434	4.764381	13.40027	20.30755	29.52916	36.86045	35.72164
甘　肃	0.185718	0.442866	0.607155	6.871566	8.550171	9.264471	8.578743	8.878749
青　海	0.278577	0.457152	2.792913	7.869372	9.48119	10.21735	16.35911	17.54078
宁　夏	0.050001	0.107145	0.085716	4.735809	5.671542	6.421557	7.8573	8.555457
新　疆	3.585786	8.200164	16.74319	40.02937	46.45807	49.86528	49.88671	48.5224

天然气的消耗在区域分布上比较广，除了四川、广东以外主要分布在人口密集的北京、天津、重庆和江苏、陕西、河南、等地。这与天然气作为主要取暖和生活用能源有密切的关系。另外，天然气是化肥生产的主要原料，在经济比较发达和主要粮食产区，天然气的消耗量比较大。

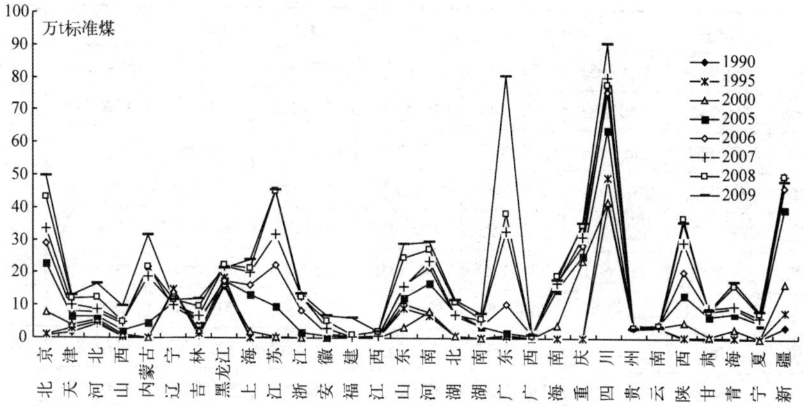

图4-4 1990~2009各省天然气消费

4.1.2.4 电力消耗的区域分布

电力属于二次能源，是通过消耗煤炭、石油及其制品产生热能发电后用于生产和生活能源需求。电力消耗的主要地区一般是一次自然资源分布较少的区域。

表4-5 中国各省区电力消耗总量数据表 单位：万t标准煤

	1990	1995	2000	2005	2006	2007	2008	2009
北　京	124.3811	186.9609	274.6341	405.0367	442.1446	482.2168	505.833	542.0449
天　津	88.68035	127.8526	168.9677	283.0985	318.3849	364.7787	382.3362	412.094
河　北	252.9765	430.4943	578.1044	1072.829	1239.189	1438.372	1496.473	1674.448
山　西	182.4822	285.12	361.5001	675.9564	784.0657	963.455	938.2259	905.4038
内蒙古	87.01603	133.4527	182.9108	477.1024	871.8532	828.7399	871.8532	919.9684
辽　宁	330.1423	444.8732	568.9614	793.2587	877.3604	971.098	1008.584	1063
吉　林	136.267	191.1467	214.6972	270.1697	294.613	330.4638	354.6428	368.0431
黑龙江	211.7042	292.4201	283.7485	406.6153	426.3371	459.252	497.9385	491.9098
上　海	189.1038	288.0558	399.5937	658.5632	707.2641	766.001	813.0305	823.8615
江　苏	294.1559	489.1526	694.171	1566.781	1835.572	2108.628	2227.423	2367.176
浙　江	164.4961	313.9991	530.6463	1173.109	1363.763	1563.838	1659.229	1765.348
安　徽	132.6241	206.4113	242.0906	415.4726	473.1523	549.0818	613.4943	680.2259
福　建	97.61624	186.6323	287.8772	540.4322	619.1838	714.5357	821.2807	868.2388
江　西	91.1804	129.4383	149.5673	295.7059	323.7779	368.6431	390.5578	435.1658

（续）

	1990	1995	2000	2005	2006	2007	2008	2009
山　东	320.4993	529.3463	714.65	1412.093	1622.918	1854.359	1947.883	2100.804
河　南	241.5548	408.2082	512.596	991.0841	1095.886	1331.555	1494.766	1625.168
湖　北	200.954	296.4274	359.3072	619.4981	639.1271	720.893	768.7582	845.0455
湖　南	161.9532	267.6911	290.1487	562.2898	652.0059	728.3217	806.1161	880.1533
广　东	256.4337	562.6255	953.2905	1996.19	2145.779	2424.37	2504.893	2578.366
广　西	89.70179	157.696	230.0189	364.4001	413.9083	486.5454	543.4323	611.6479
海　南	9.971628	22.8576	30.16489	58.27974	69.75854	80.89448	87.83747	95.54477
重　庆	0	0	219.7258	249.255	289.4272	320.8707	347.0927	380.2505
四　川	250.1693	416.3298	330.1923	673.292	756.758	841.0883	866.653	972.7837
贵　州	73.7229	145.5029	239.1191	347.8427	415.7083	477.931	485.1383	535.9393
云　南	88.96607	159.7961	226.6117	398.0437	461.1664	532.5256	592.4702	636.5753
陕　西	121.6381	171.2034	224.5688	368.5788	414.8154	466.9308	505.7387	528.6591
甘　肃	127.0311	172.1892	210.9614	349.6356	383.1005	439.1088	484.124	503.9458
青　海	30.1506	49.30099	82.83023	148.4315	175.7464	205.0837	223.7369	240.8882
宁　夏	39.30079	65.98703	82.37308	219.2972	269.8961	314.1356	314.0201	335.9464
新　疆	49.99386	85.48028	130.7026	221.533	254.3979	297.7702	342.414	391.3507

从表4-5和图4-5可以看出，电力消耗最多的省份主要是广东、山东、江苏和河北四个省份。辽宁、山西、内蒙古、福建、湖南、湖北的电力消耗也比较大。其中山西和内蒙古两个省(自治区)是我国的主要煤炭产区，大量自产煤炭用于建立热电厂，通过发电供应社会的能源需求，减少电力长途输送的消耗具有一定的地理经济优势。

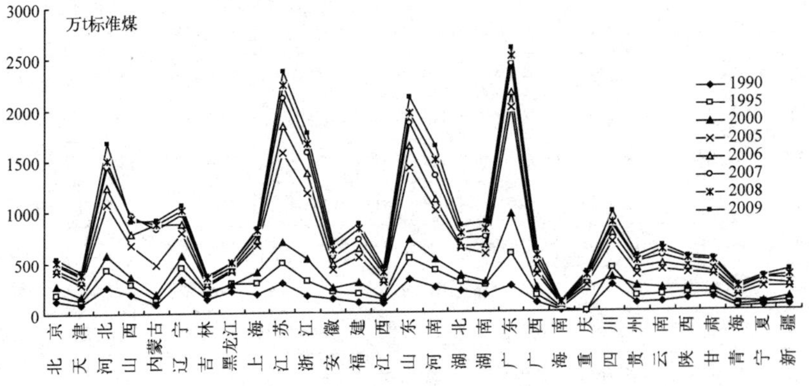

图4-5　1990～2009年各省电力消费

4.1.2.5 小结

在区域化石能源消耗方面，基于20年的化石能源消耗数据，通过统计描述分析对于中国化石能源消耗的基本状况进行了初步分析。分析结果表明：在中国的社会经济发展进程中，化石能源是基本和主要的能源供给，化石能源既是基本的原材料，也是主要能源。在能源消耗量上，20年间化石能源消耗占全国能源总消耗量的92%以上，也就是中国的社会经济发展对于化石能源的消耗具有严重的依赖性。从各区域在各化石能源消耗账户的研究表明：全国和各省的GDP和人均GDP变化均与化石能源的消耗有密切的关系。多年来，化石能源的消耗基本呈现现象增长的趋势。

在各类化石能源分类账户的统计分析中，可以清楚地将化石能源的使用分成两类，一类是生产能源资源，一类是消费型能源资源。煤炭、柴油、燃料油基本属于生产性能源资源，而汽油、煤油主要是消费型能源资源。生产性能源资源对于经济的发展具有积极的推动作用，降低其使用和消耗量对于社会正产的发展负面影响较大。而消费型能源资源能够通过节约，激励社会减少不可再生能源消费，刺激第二产业的产业结构调整。电力是二次能源，兼具两者的性质。从社会各类产业的消耗来看，在第二产业中的电力消耗基本属于生产性能源资源消耗，在第三产业中的电力消耗部分属于消费型能源消耗，在社会生活中通过价格和经济激励机制，可以实现减少浪费的目的。

从全社会的角度来看，节能减排工作应特别注意化石能源的先飞行能源资源消耗数量变化，特别是在第三产业中的消耗变化，通过积极的措施减少其消耗总量，特别是在第三产业中的消耗总量对于社会的可持续发展具有积极意义，也是在当前技术、社会、经济发展条件下，能够在不牺牲经济发展水平和速度的前提下，实现节能减排的重要领域和途径。

4.2 各类产业部门化石能源消耗统计法描述分析

能源在社会和经济发展中具有基础性的作用。一方面，能源消费加速了社会经济发展的进程；另一方面，社会经济系统的发展促进了能源消费。因此，客观评估我国的能源碳排放状况，尤其是对碳排放的行业和地域结构进行定量的分析，有助于我们更清晰的认识能源碳排放的行业和地域分布特征。

4.2.1 基本数据来源

4.2.1.1 国内化石能源的数据来源

国内化石能源数据来源是历年的《能源统计年鉴》。我们收集了从1990～

2011年的《能源统计年鉴》，这些统计年鉴中的数据涉及了各省区和三大产业和各产业内部能源综合化石能源分类账户消耗的基本数据。

4.2.1.2 中国各产业部门的基本数据

对于国内各产业部门和工业部门内部各行业的数据来源于《新中国五十五年统计资料汇编》《中国统计年鉴》和《工业统计年鉴》。考虑到早期的统计年鉴，涉及的数据比较久远，《新中国五十五年统计资料汇编》所涵盖1949～2004年统计数据可以提供有关各省区、各产业部门分类的整体数据。而对于较近(1990年以后，主要考虑的是90年代以后中国进入改革开放，建立市场经济体系，这20年的数据具有较强的可比性，以前的数据均是在计划经济时期的统计数据。将基本统计数据划分为两个阶段有利于较少经济管理体制的差异对于统计数据影响的波动性)年代则采用更加详细的《中国统计年鉴》和《工业统计年鉴》作为基础资料。

在统计描述分析中需要说明的几个问题：第一，在全国化石能源消耗计算中，收集统计数据中的煤炭、石油①、天然气总消耗量作为全国化石能源消耗的基本数据，用于研究全国化石能源及其材料的年消耗总体状况；第二，在计算以三大产业作为基本经济部门的化石能源消耗中仅计算各产业中化石能源各账户的最终消耗数据，用以表明个不同产业化石能源产业内的年消耗状况，以避免重复计算和用于原材料的化石能源资料数据；第三，在全国化石能源消耗中减去三大产业各自的最终能源消耗数据作为非经济部门的化石能源最终消耗数据。

4.2.2 统计分析涉及的基本账户分类和涉及的范围

4.2.2.1 化石能源直接消耗统计涉及的基本账户

在经济学和经济统计学中，三类产业的划分是对生产部门基本分类方式。我国国家统计局规定：第一产业为农业(包括林业、牧业、渔业等)；第二产业为工业(包括采掘业、制造业、自来水、电力、蒸汽、热水、煤气)和建筑业。第三产业除第一、第二产业以外的其他各业。第三产业可分为两大部门：一是流通部门，包括交通运输业、邮电通讯业、商业饮食业、物资供销和仓储。二是服务部门，包括为生产生活服务的金融、保险、地质普查、公用事业、旅游业、房地产、居民服务业、咨询信息服务业、各类技术服务业等；为提高科学

---

① 在全国和各省级单位的统计数据中石油是原油和各种石油制品折合标准煤数据的合计数据。而在各经济部门中需要分别计算原油和各种石油制品的标准煤数据，这些数据的合计为石油消耗量，而原油特指不包括各种石油制品在内的石油原料消耗量。

文化水平和居民素质服务的教育、文化、广播电影事业、科学研究事业、卫生、体育和社会福利事业等；为社会公共需要服务的国家机关、政党机关、社会团体以及军队和警察等。

从统计数据和各种文献研究的资料和实际考察的情况表明：化石能源进入社会和国民经济各个产业部门以后其使用和消耗的方式有很大差异。

(1)第一产业部门。进入第一产业部门的化石能源材料及其制品均属于最终能源，主要用于以农业部门为主体的各经济组织的动力和生活需求。在计算能源消耗和碳排放是要全额计算。

(2)第二产业。在计算能源消耗过程中，除了约10%的部分煤炭①用于化工和建筑材料以外，其余全部煤炭均作为该部门的能源消耗，并计算碳排放。由于我国的石油并不是发电的主要能源供给，石油在进入第二产业以后生产的各种油品也不在第二产业消费，因此，石油在第二产业中作为原材料处理，不计算碳排放。

根据相关文献和统计资料，2009年我国的天然气总消耗量中，约有23%用于化肥生产，再加上少部分化工原材料消耗的天然气，约有25%的天然气总量作为原材料进入第二产业。在具体计算第二产业的天然气消耗和碳排放中，全部天然气作为原材料，不计算碳排放。

在第二产业中消耗的柴油、汽油和等原则上应作为原材料处理，但考虑到工业部门内部各种场内运输和管理过程的汽车用油占很大比重。燃料油全部用于动力和发电燃烧使用。在计算化石能源消耗和碳排放的过程中，这些用油消耗均属于最终能源消耗，全部用油账户计算化石能源消耗和碳排放。

(3)第三产业。煤炭、天然气、石油及其制品进入第三产业部门以后，几乎没有任何加工过程，主要是用于各种能源消费，全部计算化石能源消耗和碳排放。除了电力部门，几乎没有任何工业部门直接用石油作为能源的。工业能源消耗主要是电力和煤炭消耗，而工业领域消耗的煤炭也并不全部是工业锅炉的消耗，大量煤炭是作为原材料使用的，天然气也是如此。目前的绝大多数问现在研究能耗的时候并没有充分考虑上述因素，而是将进入工业领域的所有煤炭、石油、天然气都作为能源消耗计算碳排放。

(4)其他社会部门化石能源消耗。在社会经济统计中，没有详细的非经济部门化石能源消耗统计数据，我们将科研、教学、医院等各种非经济和产业部门的各种化石能源账户统计数据均作为化石能源将最终消耗处理，并计算碳

① 按照近年来的能源统计资料(2007、2008、2009)，我国的煤炭在建筑用煤中约占8.5%，其他化工原材料用煤1%左右，在本书中按照10%的煤炭总量作为原材料来计算能源消耗和碳排放。

排放。

4.2.2.2 化石能源消耗统计方法

在国民经济的发展过程中，各种化石能源原料(煤炭、石油、天然气)经过工业部门的加工和转换成为其他产业部门(第一产业和第三产业)和社会行政和事业组织运行以及生活的基本能源，也就是终端能源需求，可分为农业、工业、建筑业、交通运输邮电业、批发零售餐饮业、生活消费、其他消费等①。

在所有创造经济价值的产业部门中，第二产业中的工业部门是十分重要的中间经济部门，几乎所有能源原料都是经过工业部门的加工、生产转换为其他产业部门和社会组织及其生活资料，能源的流动和消耗也是这样。因此，并不是所有经过工业部门，并进行了统计的化石能源原料都是在工业部门，并排放 CO_2。

在工业部门中，电力和工业锅炉是主要的能源消耗，为工业部门提供动力，所消耗的化石能源原料主要是煤炭。工业企业内部运输对于汽油、柴油和煤油等油品的直接消耗相对于工业部门的动力能源消耗是非常有限的，在计算化石能源消耗和 CO_2 排放中可以忽略不计。

在工业部门的运行中，除了动力能源和企业内部运输的油品消耗之外，大量的化石能源原料经过工业部门的加工，成为各种制品为其他经济部门和社会所消耗。在各种涉及能源的统计资料中，各种化石能源生产和消耗主要包括煤炭、石油、天然气、电力、汽油、柴油、煤油、燃料油等具体账户。

将全部化石能源账户所消耗的实物量按照热值，折合成标准煤以后，能够用于计算碳排放的化石能源消耗的标准煤数量见表4-6。

---

① 按照《中国统计年鉴》中《综合能源平衡表》的分类标准，将能源消费需求按行业进行分解。终端能源需求可分为农业、工业、建筑业、交通运输邮电业、批发零售餐饮业、生活消费、其他消费等。

表 4-6 2009 年化石能源消耗量表①

单位：万 t 标准煤

部门	煤炭	石油	天然气	柴油	汽油	煤油	燃料油	电力②	总计
全国	211313. 57	54836. 12	10870. 41	20044. 80	9082. 49	2117. 95	4039. 79	121095. 13	433400. 26
第一产业	1130. 10	1868. 75	0	1652. 57	247. 28	1. 12	1. 50	3073. 47	7974. 79
第二产业	200378. 37	25193. 63	7029. 16	4027. 55	1333. 82	62. 43	2222. 48	89193. 78	329441. 22
工业	199924. 37	22418. 88	11. 76	3422. 44	987. 41	47. 14	2173. 66	87814. 17	316799. 83
建筑业	454. 00	2774. 76	1105. 81	605. 11	346. 41	15. 28	48. 82	1379. 61	6729. 8
第三产业	9805. 10	27773. 75	3841. 25	14364. 69	7501. 38	2054. 41	1864. 64	28827. 87	96033. 09
交通运输、仓储和邮政业	457. 78	19355. 39	1105. 81	11499. 37	4239. 98	1933. 79	1786. 66	2017. 63	42396. 41
批发、零售业和住宿、餐饮业	1412. 81	613. 83	290. 98	264. 81	217. 07	42. 89	11. 58	3717. 24	6571. 21
其他	1418. 70	3280. 43	287. 02	1649. 15	1574. 30	49. 55	17. 57	7161. 04	15437. 76
生活消费	6515. 81	4524. 09	2157. 44	951. 35	1470. 04	28. 18	0	15931. 96	31578. 87

数据来源：《中国能源统计年鉴 2010》。

① 表中的化石能源消耗粮食最终消耗量。

② 截至 2009 年年底，全国 300MW 及以上火电机组占全部火电机组的比重的 69. 43%，再加上部分小型机组。用煤炭发电占全国电力的 80% 左右。我国的火力发电主要是煤炭，因此，80% 的电力折算为煤炭消耗。在电力部分计算用于碳排放的能源消耗仅为炭卖方消耗。

4.2.3 三大产业化石能源消耗总量统计描述分析

4.2.3.1 三大产业化石能源消耗的概况

为了对比方便我们在研究中，将三大产业的各种化石能源账户(煤炭、石油、天然气、电力、汽油、柴油等)折合成为标准煤来分析和评价不同产业部门的化石能源消耗水平。

从图4-6可以看出，随着市场经济体制改革和加入WTO，中国的工业化进程不断加快，从1995~2009年，第二产业的化石能源消耗在全部三大产业中总化石能源消耗的比例呈现明显的上升趋势，特别是2002年以后，第二产业化石能源消耗的增长速度不断加快。

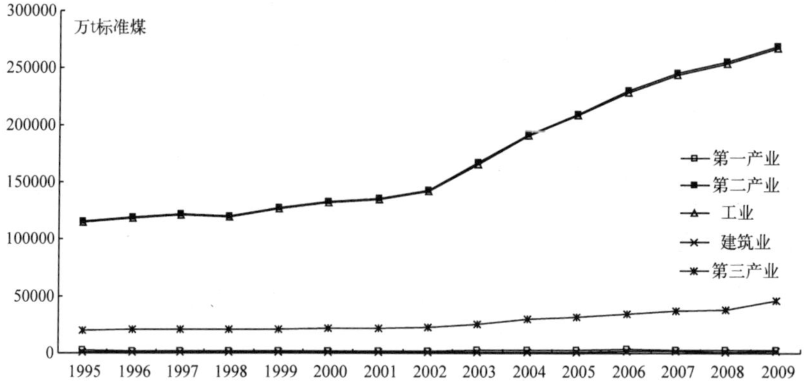

图4-6 1995~2009中国三大产业化石能源消费图

从图4-7可以看出，第二产业部门生产运行所使用的石油及其制品并不完全是作为能源消耗掉。在国民经济统计中，仅统计石油、煤炭、天然气、电力等账户的生产(消费)量，国民经济的化石能源消耗只是特定部门作为原材料和能源所使用和消费的数量，而没有区分这些账户中的资源是作为原材料进入工业部门。还是作为能源，被各部门消耗。在上述统计分析描述中，虽然数据显示，工业部门生产使用(或消耗了)大量化石能源，但必须指出的是，而没有将农业部门使用化肥和农药、塑料制品(温室、地膜等)、工具和设置建设等间接化石能源消耗计算在内。实际情况是，随着农业现代化、机械化和设施农业的兴起，农业领域的化石能源消耗通过使用工业部门加工的产品推动了工业部门对化石能源和原材料的使用与消耗。而相应的化石能源和原材料统计在第二产业的工业部门中。实际上，第三产业是直接消耗化石能源的部门，大量工业部门的化石能源消耗均通过能源和原材料被第三产业通过使用交通工具、供暖、消费大量制品等直接消费掉了。

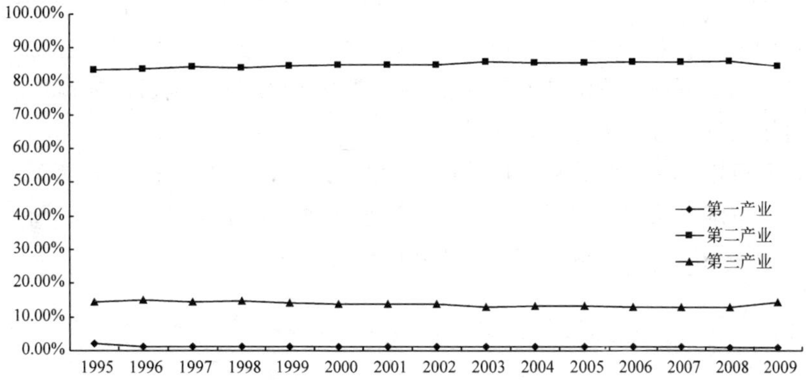

图 4-7 1995～2009 三大产业化石能源消费比重

从图 4-8 可以看出，从 1995 年的 83.43%，增长到 2009 年的 87.42%。工业部门已经毫无争辩地成为中国各经济部门化石能源消耗的主角。第一产业的化石能源消耗从 2005～2009 年一直没有超过 1%，从全国的层面来看几乎可以忽略不计。

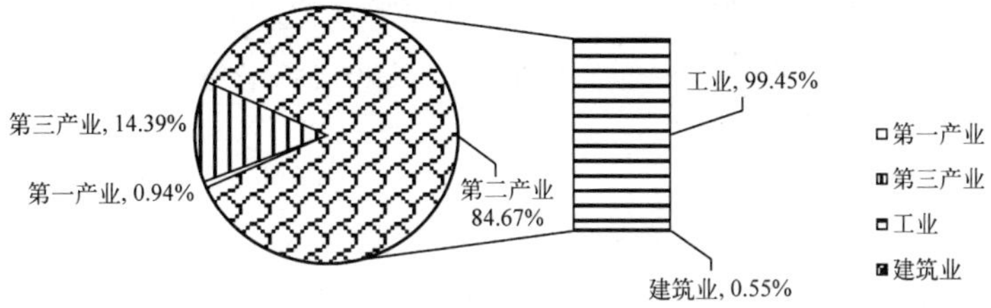

图 4-8 2009 年三大产业化石能源消费比重

第三产业一直被认为是国民经济各部门中，对化石能源需求比较少的部门，发展第三产业被认为是实现低碳经济的重要途径之一。从 2009 年三大产业化石能源消耗的统计数据来看，第一产业占 0.94%；第二种产业占 84.67%，其中建筑业占 0.55%，工业，也就是加工业占 94.55%；第三产业占 14.39%。如果考虑第三产业的发展需要量化石能源原材料及其制品，而且第三产业的发展所形成的需求对于第二产业生产的具有强烈的拉动影响，那么简单地鼓励第三产业的发展就有可能形成第二产业增加化石能源的消耗，而第三产业的发展进一步消耗化石能源的恶性循环局面，节能减排和可持续发展的目标就难以实现。

4.2.3.2 化石能源分类账户消耗

石油和煤炭是石化产业的重要原材料，为社会的生产和生活提供生活和生产过程中的原材料(塑料、化肥等)和生活能源(汽油、柴油、煤油等)。在将现有统计的数据作为终端化石能源消耗的情况下(统计数据目前还难以将原材料和直接消耗划分的十分清楚)。

(1)煤炭消耗。如图4-9和图4-10，第二产业的煤炭消耗远远高于其他两个产业。特别是从2000年开始，第二产业的煤炭消耗大幅度上升，而其他两个产业的煤炭消耗相对保持在一个平稳的较低水平。

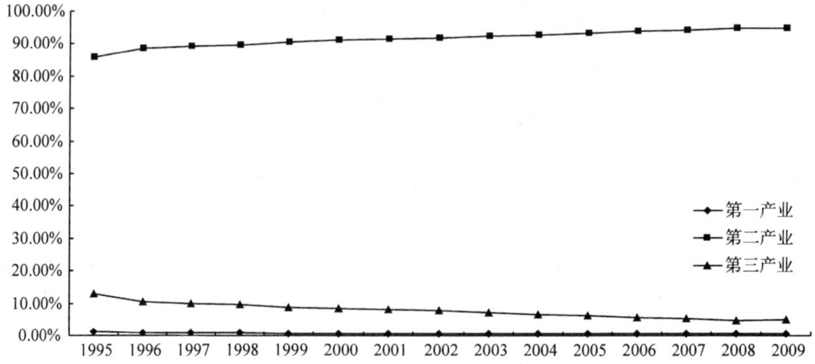

图4-9 1995~2009年三大产业煤炭消费比重

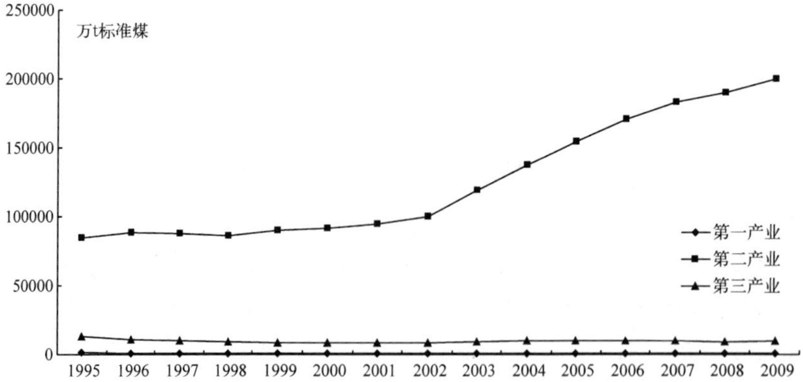

图4-10 1995~2009年三大产业煤炭消费

从三个产业化石能源消耗比例的具体数字来看，工业部门几乎占全国煤炭消耗的95%。在我国煤炭是工业发展的“黑色粮食”是有充分依据的。同时也说明，在我国经济发展中，短期内对于工业发展的重要性几乎是不可替代的(图4-11)。

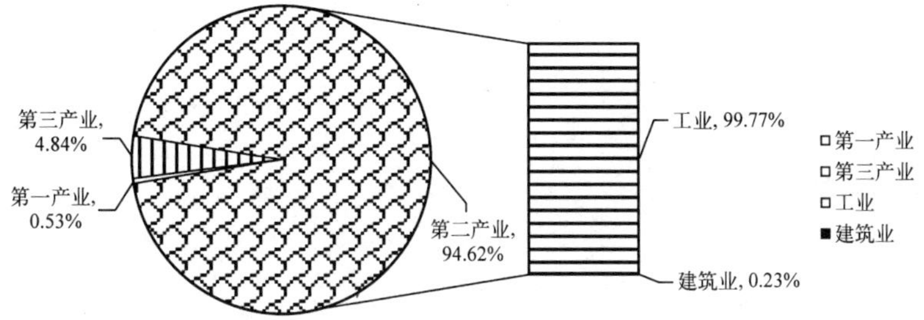

图 4-11 2009 年三大产业煤炭消费比重

(2)作为能源的石油及其制品消耗：石油及其制品是非常重要和严重短缺的重要物资。从我国三大产业对于石油及其制品的消耗状况来看(图 4-12)，第一产业对于石油及其制品的消耗主要集中在生产过程中农业机械的使用，总量是一直较少，并长期稳定地维持在较低水平。农业生产是维持我国庞大人口生存和发展的基础产业部门，从我国经济运行的基本状况来看，农业基本属于低碳经济部门。第二、三产业是石油及其制品消耗的主要部门，从 1995 年以来，第二和第三产业部门对于石油及其制品的消耗在一直稳步直线在上升，特别是在第三产业中，从 1008 年以后，这种趋势进一步加强，这是十分值得注意的现象，这也进一步说明，第三产业的发展对于石油制品的消耗在近年进一步增加了全国整体节能减排的压力，是化石能源消耗增量的重要因素之一。

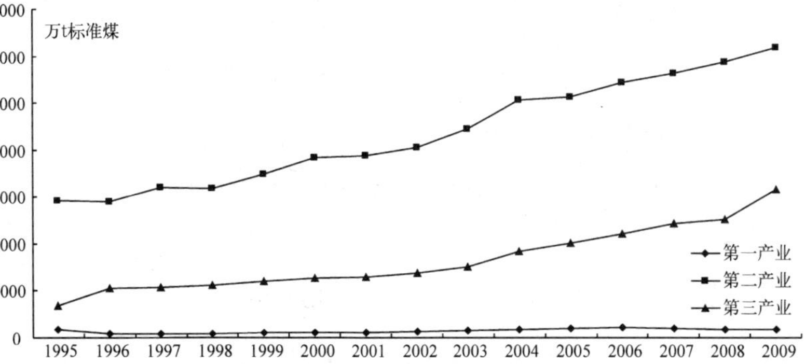

图 4-12 1995 ~ 2009 年三大产业石油消费

由图 4-13 可以看出，第二产业一直石油及其制品的主要消耗部门，第三产业在石油及其制品的消耗方面具有后来居上的趋势，特别是进入 21 世纪以后，增长比较快。尽管第三产业对于石油及制品消耗的快速增长，第二产业对于石油产品的消耗比重逐年下降，但第二产业部门依然是石油及其制品消耗的主要经济部门。

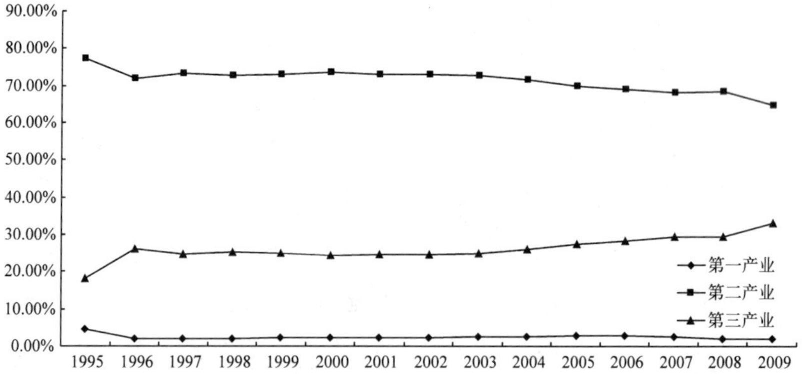

图 4-13 1995～2009 年三大产业石油消费比重

如图 4-14，2009 年我国三大产业石油消耗的比例分别是第一产业 1.95%，第二产业 64.86%，第三产业 33.19%。考虑到在我国的经济发展中第二产业中消耗的石油制品主要是原材料和运输消耗，属于生产性消耗，而第三产业部门的消耗基本属于消费型消耗，而且对于第二产业的消耗具有拉动做用，那么，第三产业的石油制品消耗绝对量和比例的增加，第三产业的石油及其制品消耗已经占三大经济部门的 33.19% 是十分值得注意的情况。

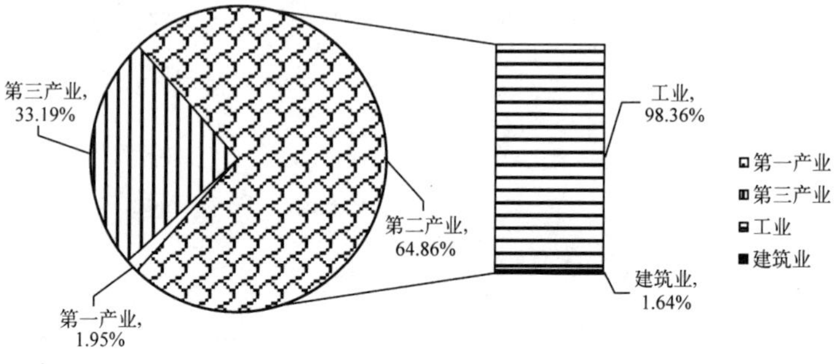

图 4-14 2009 年三大产业石油消费比重

从第三产业的运行概况来看，对于原油的消耗不大，从 1995 年到 2009 年一直保持在 200 万 t 标准煤的水平上下波动。那么第三产业在汽油、柴油、煤油等石油制品中的消耗一般被视为其主要的能源消耗就应引起特别的注意了。

从图 4-15 中可以看出，在石油及其制品的详细分类账户中，1995～2009 年，在 3 大产业中，汽油、柴油、煤油、燃料油等是主要石油及其制品类别。其中原油和柴油的消耗远高于汽油、燃料油和煤油。

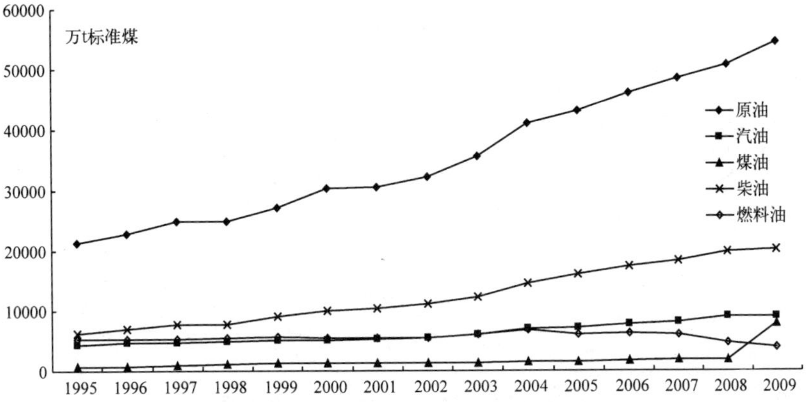

图 4-15 1995～2009 年三大产业石油消费明细

航空业属于服务业中的交通运输业范畴，煤油的消耗量上升与我国航空业大发展有密切关系，服务业中消耗的煤油主要是航空煤油。特别值得注意的是汽油和柴油的增长幅度，从 1997 年以后，柴油的消耗增长很大，这与货物和旅客的公路长途运输需求增长迅速有密切关系。汽油的消耗进入 21 世纪以后有比较大的增长，主要原因是汽车使用量的增加导致汽油消耗的增加。

(3)天然气消耗。在三大产业中，天然气的消耗主要集中在第二和第三产业，从图 4-16 和图 4-17 中可以清楚地出，第二产业的天然气消耗占全部天然气消耗的 64.66%，第三产业占 35.34%，第一产业为 0。

第三产业通过能源转移的天然气消耗依然是拉动第二产业条燃气消耗的重要因素，但考第一产业的粮食生产是国民经济和社会发展必需的基础产业部门，第二产业的天然气消耗在还不能通过技术创新，提供化肥和农药的替代产品之前是不可避免的。同时，也应看到，用煤炭作为主要原料生产化肥在技术上是可行的，同时也能够减少向大气中排放各种有害气体，对于环境保护有很大的好处。

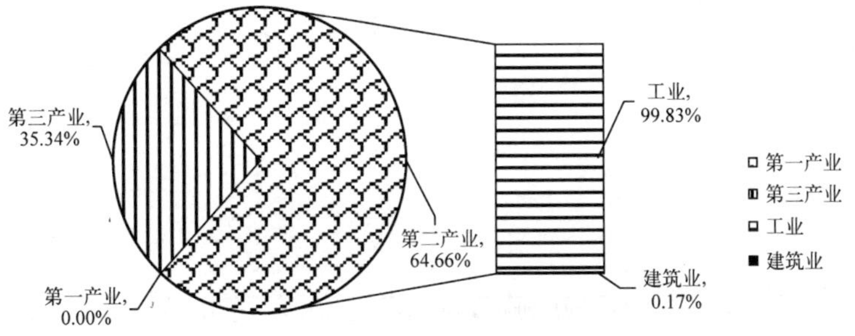

图 4-16 2009 年三大产业天然气消费比重

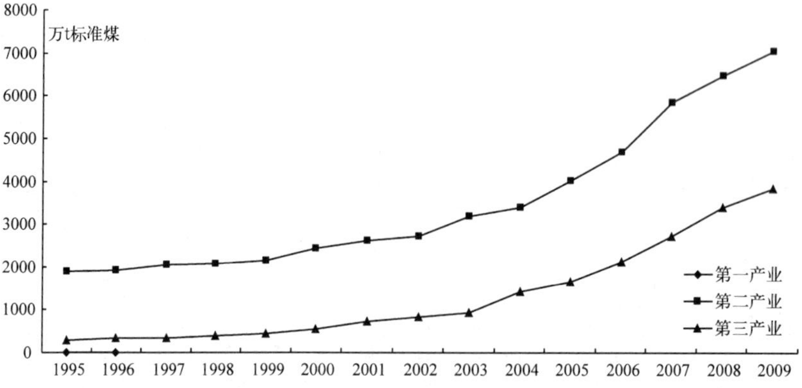

图 4-17 1995～2009 年三大产业天然气消费

第三产业的天然气消耗主要是城镇生活用气。从 1995 年以来，我国天然气在第三产业中的消耗稳步上升，特别是进入 21 世纪，从 2003 年以后，随着城镇化进程的加快，天然气在第三产业中的消耗快速上升，从图 4-18 中三大产业天然气消耗比例来看，第三产业的天然气消耗迅速上升。这与近年来很多专家学者呼吁用天然气代替煤炭作为生活用能源有密切的关系。用天然气代替煤炭对于环境保护，减少酸性气体排放，减少酸雨的危害具有十分重要的环境保护意义，对于城镇生活清洁化具有很大的好处。同时，应该看到，从 20 世纪 70 年代，西方发达国家就已经开始用电力替代天然气作为主要生活能源。电力作为生活能源有很多优势，其中随着清洁能源的开发和使用，电力能够将大量分散的清洁能源生产集中在电力输送线路上，提高清洁能源的比例。同时还能够将大量天然气用于生产化肥，提供更多的粮食。在城镇建设中用电代替天然气也能够便于管理减少建设输送天然拿起管道的建设成本，相比较起来，电力更加清洁和安全。相信随着社会经济可持续发展的进程，城镇生活用能源中，电力消耗的比重会逐步上升，这也是科技进步和社会进步的重要内容之一。

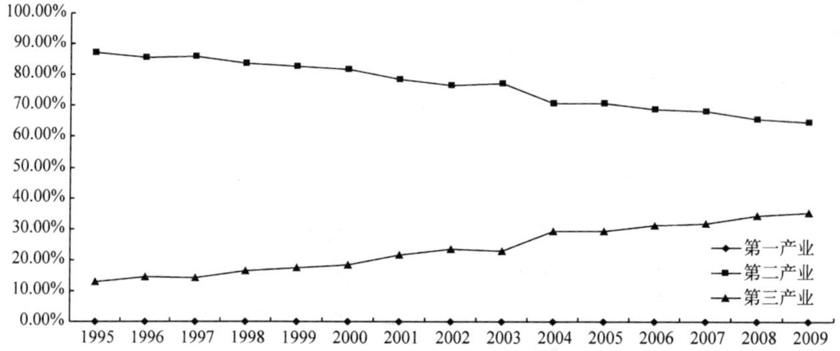

图 4-18 1995～2009 年三大产业天然气消费比重

(4)作为主要能源的电力消耗。如图4-19，从1995年以后，农业部门消耗的电力一直没有太大的变化。而工业部门(加工业)对于电力的消耗和需求迅速增长。特别是进入1999年以后，第二和第三产业的电力消耗总量迅速增加。第二产业的电力消耗从1995年的25569万t标准煤增长到2009年的89193万t标准煤，15年间增长了近3.5倍，年均增长23.26%。

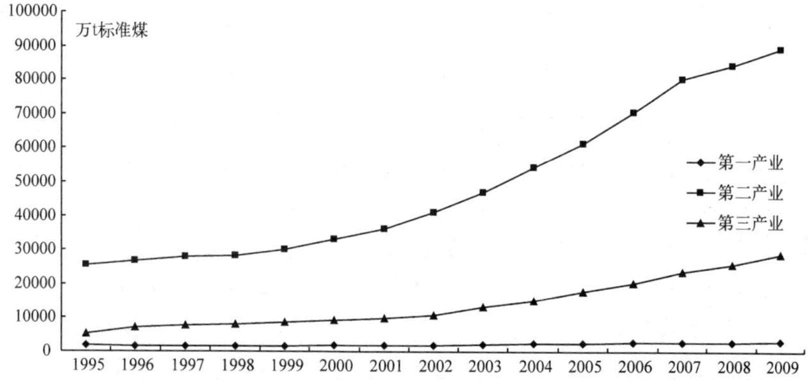

图4-19 1995~2009年三大产业电力消费

如图4-20、图4-21，第三产业的电力消耗从1995年的5302.469万t标准煤增长到1009年的28827.87万t标准煤，增长了5.44倍，年均增长36.25%。由于第三产业对于电力消耗的持续和快速增长，第三产业已经成为我国电力消耗的重要部门。其电力的消耗比例在三大产业中也从1995年的15%左右，上升到2009年的25.81%，15年间增长了近11%。

考虑我国电力能源有80%来自燃烧化石能源的火力发电，第三产业对于化石能源的消耗就变得十分可观。因此第三产业的节能减排工作是不能忽视的

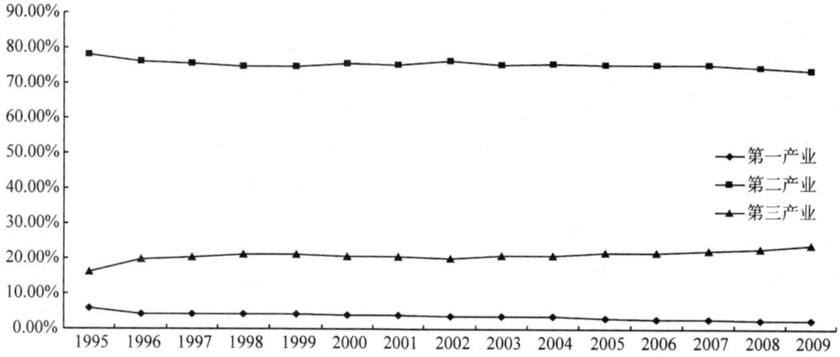

图4-20 1995~2009年三大产业电力消费比重

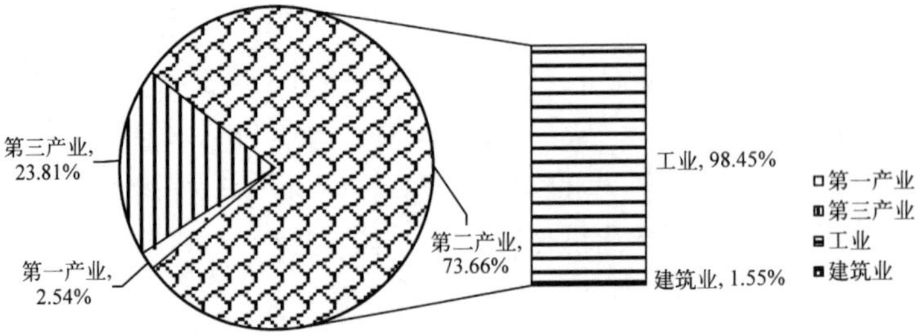

图 4-21 2009 年三大产业电力消费比重

重要领域。各种服务业中大量使用的服务设施和设备、空调、照明、交通工具等均应列入第三产业的节能减排工作中加以考虑。

4.2.2.3 小结

一般来看，电力部门使用任何资源发电以后，就直接进入生产和消费领域用于生产和消费过程，属于化石能源的二次能源。而煤炭、石油、天然气、汽油、柴油等能源账户除作为燃料直接消费以外，还可作为工业生产的原材料，用于生产各种制品。其中汽油、柴油等大量用于交通运输业直接消耗。天然气一部分作为生活能源消耗，一部分作为原材料进入生产领域，用于生产制品。其中石化产业使用大量石油、煤炭等用于生产塑料、农药、化肥等，石油、煤炭等是重要的工业原材料之一，其制品在第一和第三产业中大量使用。

从现实的工业企业生产实践来看，除了工业锅炉使用煤炭燃烧作为主要能源以外，电力是工业企业生产的主要能源。在本书中石油、煤炭、天然气等在工业部门中的消耗和使用主要是作为原材料计算的，天然气在第三产业中的消耗和使用主要被视为能源消耗。

从总体上来看，几乎所有的文献在研究能源消耗、碳排放问题以及与经济发展的关系中均运用统计资料中的能源总量，而这样的能源总量又以煤炭、石油、天然气、电力等为主要账户。在使用这些账户作为基本研究数据的时候，相关的研究中没有对于具体账户在生产过程中的作用进行分类，也没有扣除作为原材料部分的煤炭、石油、天然气数据。石油在进入工业领域以后，主要是作为原材料部分的化石能源材料及其制品。

也正是由于这个原因，工业生产过程中大量作为原材料使用的煤炭、石油、天然气被作为燃料处理，加大了工业碳排放的数量。虽然理论界试图应用大量的数量模型作为基本的研究方法，但这些模型应建立在社会经济发展基本规律性基础之上。因此而得出工业是我国，乃至世界能耗主体的结论并不是社会经济发展的真实反映。

另外，几乎所有关于能源消耗和转换经济发展方式、调整产业结构的研究中均认为，应发展第三产业，认为第三产业能够节约能源消耗，降低碳排放。但实际情况是第三产业大发展直接刺激交通运输业的需求，而交通运输业的发展直接消耗大量石油制品，近年来，我国第三产业有了飞速的发展，汽油、柴油、航空煤油消耗的大量增加，而汽油、柴油、航空煤油的消耗是利用了工业领域所生产的石油加工制品，直接向空气只能够排放 CO_2，而在统计中，这样的消耗在工业领域和第三产业中进行了重复计算。实际上，作为碳排放的计量，应只计算作为最终消耗的汽油、柴油、航空煤油数量，而不是工业部门对原油(石油)的消耗量①。

对于我国不同产业总体化石能源消耗的情况的初步分析可以看出，虽然第二产业依然在各类化石能源消耗中占据主要地位，但第三产业部门化石能源消耗的数量和比例的增加是不容忽视的事实。同时第三产业的产品消耗来自第二产业的生产过程，第三产业的需求直接影响第二产业的产品结构，并激励第二产业对于某种产品的生产行为，推动产业结构的形成和运行惯性。

从经济学和管理学的基本原理来看，在目前处于消费者市场的基本态势下，市场经济的价格机制和需求与供给关系决定了直接变动第二产业的产品结构并不是明智的选择。通过影响消费行为，改善市场消费结构，提倡使用可再生资源制品，降低对于化石能源资源的使用，降低对于化石能源制品的消耗，有利于改善产品结构，并通过改善产品结构，鼓励第二产业加强对于可再生资源的生产，进一步采取经济、法律、行政、技术措施改善第二产业的产品和能源结构，实现产业结构的调整对于实现节能减排，有利于建设可持续发展的社会经济体系。

4.3 工业部门化石能源消耗统计描述分析

4.3.1 工业部门内部化石能源消耗的概况

4.3.1.1 第二产业内工业和建筑业化石能源消耗结构

第二产业主要划分为工业和建筑业两个主要大类。其中，建筑业的化石能源消耗主要是其运行过程中的动力消耗，不包括原材料使用过程中的能源转移消耗。从图 4-22、4-23 中可以看出，从 1995 年到 2009 年的 15 年间，在第二产业中，建筑业的直接化石能源与工业部门相比较几乎可以忽略不计。因此在研究第二产业的化石能源消耗问题时，第二产业的化石能源消耗主要指工业部门

① 工业部门的生产过程主要使用电力。

的消耗。从图 4-24 和图 4-25 也基本反映了这样的特征。

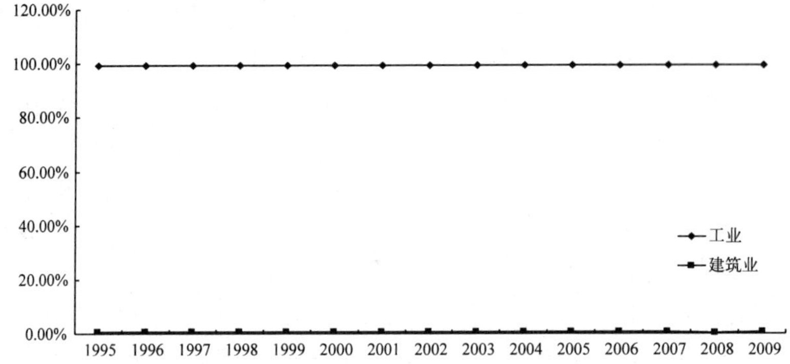

图 4-22 1995～2009 年工业和建筑业化石能源消费比重

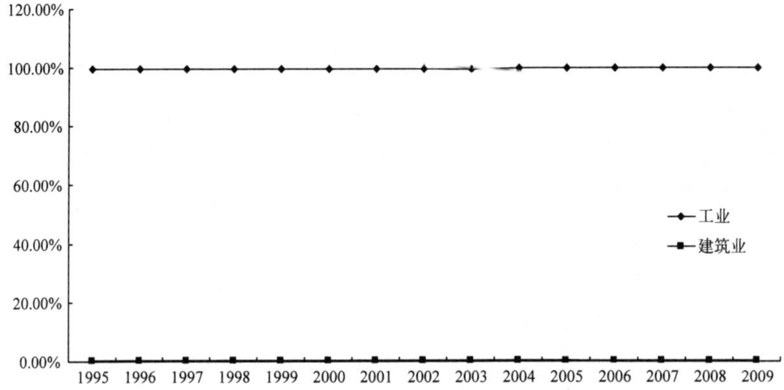

图 4-23 1995～2009 年工业和建筑业煤炭消费比重

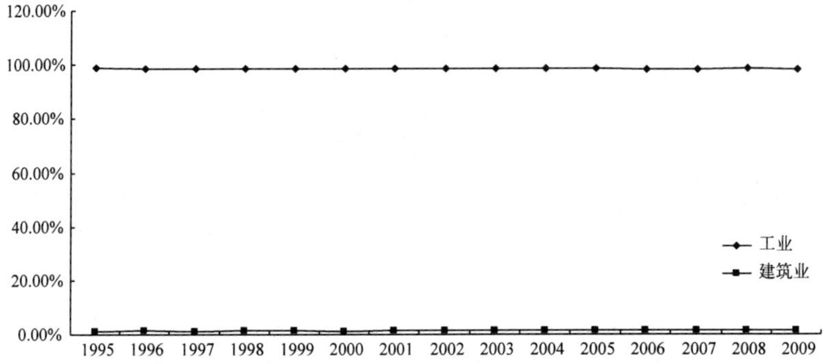

图 4-24 1995～2009 工业和建筑业石油消费比重

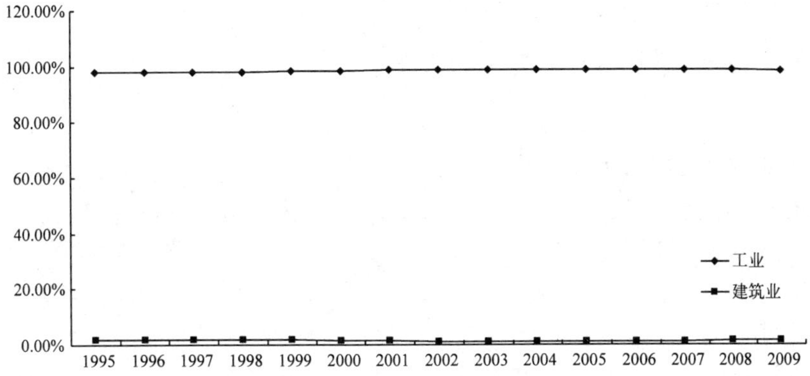

图 4-25 1995～2009 年工业和建筑业电力消费比重

4.3.1.2 工业部门三大化石能源消耗的概况

在三大化石能源中，煤炭和石油制品的分类账户比较复杂，在煤炭的计算中使用了煤合计的指标，这个指标是由原煤、洗精煤、其他洗煤几个主要子账户构成；在石油的计算中使用了油品合计的概念，油品合计主要包括原油、汽油、煤油、柴油、燃料油、液化石油气、炼厂干气几个子账户。在如图 4-26 所示的计算结果，煤和石油制品是主要的化石能源资料，而天然气的消耗明显远远低于前两者。

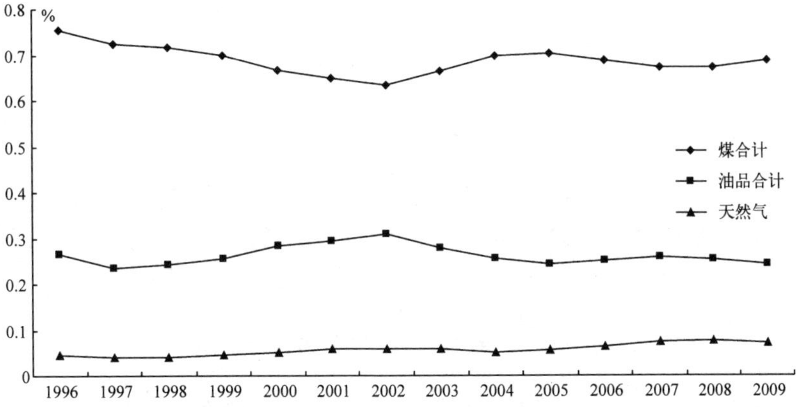

图 4-26 1996～2009 年工业行业化石能源消费比例构成

从上述的统计描述分析，我们不难看出煤炭和石油及其制品在工业行业内部是主要的化石能源及其资料消耗(尽管用“消耗”这样的词并不准确，因为消耗的准确定义并不包括物质的转移，但从统计学的角度，还很难将直接消耗和用于产品生产的原材料，沉淀在产品中的数据分开。)。从 2002 年以后，这样的消耗数据有所下降，但依然具有较大的份额。

4.3.2 工业部门内部分类化石能源消耗

4.3.2.1 工业部门三大化石能源消耗的概况

工业统计资料将工业部门划分为39个主要行业，一些行业的化石能源消耗量较低，全部研究这些行业能比较准确地反映工业行业化石能源消耗的基本状况，但为了专门研究化石能源消耗的基本状况，从研究数据和总量上计算为选取所占比例大于2%的工业行业，这些行业的百分比之和都大于90%。其中包含的行业有：化学原料及化学制品制造业、非金属矿物制品业、黑色金属冶炼及压延加工业、煤炭开采和洗选业、电力、热力的生产和供应业、石油加工、炼焦及核燃料加工业、纺织业、造纸及纸制品业、石油和天然气开采业、农副食品加工业、有色金属冶炼及压延加工业。

从历年工业统计资料的基本来看(图4-27)，在各行业中，排名前几位和分别是化学原料及化学制品制造业、非金属矿物制品业、黑色金属冶炼及压延加工业、煤炭开采和洗选业、电力、热力的生产和供应业。

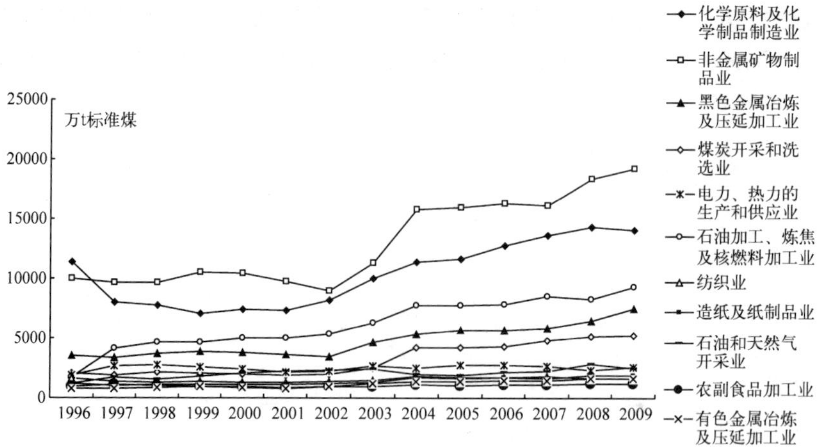

图4-27 1996~2009年工业主要行业化石能源消费

1996年，我国还处于建设社会主义市场经济的初期，化石能源消耗统计数据基本反映了之前在计划经济向市场经济过度的若干时间段化石能源消耗的基本情况。随后十多年，的统计数据所反映的是我国改革开放进程中化石能源在工业行业的消耗状况。

从进入21世纪以后，尽管我国社会经济发展的步伐不断加快，GDP的年均增长保持在9%左右，但工业行业内部的化石能源消耗结构没有发生重要的变化。从2000～2009年10年间，工业行业主要化石能源消耗的行业排名没有太大变化。如图4-28的2009年主要工业行业化石能源消耗比重具有代表性。

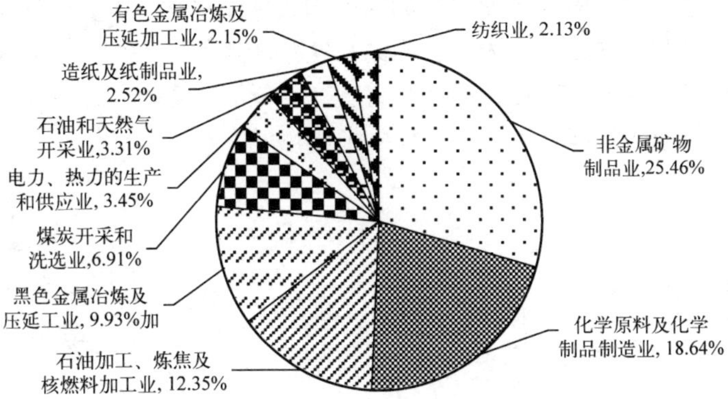

图4-28　2009年主要工业行业化石能源消耗比重

从1995年到2009年，化学原料及化学制品制造业和石油加工、冶炼行业的化石能源消耗占全部工业部门化石能源消耗的近30%左右，进入21世纪以后，均超过了30%，最高在2007年到了32.5%。也就是说，在工业行业内部，有近1/3计算在工业部门的化石能源消耗作为产品可能全部或大部分转移到第一和第三产业，经过这两个产业消耗掉了。

从这一点上来看，虽然我们还很难从统计资料上找到十分准确的数据，进一步说明化石能源从第二产业向第三产业转移的情况，但从统计描述上，已经能够看出，工业部门的全部化石能源消耗中有很大一部分属于能源转移性质。而且这种能源转移，是以第一和第三产业的需求为基本拉动因素的。

各个行业的经济总量和化石能源消耗量有很大的差异。在工业部门内部，部分行业是国民经济社会生活必需品的生产行业，化学原料及化学制品制造业、电力、热力的生产和供应业、农副食品加工业、造纸及纸制品业主要为社会提供各种必需品，是为第一和第三产业的运行服务的。还有一部分是基本原材料生产行业，如化学原料及化学制品制造业、非金属矿物制品业、黑色金属冶炼及压延加工业、煤炭开采和洗选业、电力、热力的生产和供应业、石油加工、炼焦及核燃料加工业、石油和天然气开采业、有色金属冶炼及压延加工业。

4.3.2.2　工业部门三大化石能源消耗的主要行业

从图4-29可以看出，在工业部门内部，三大化石能源消耗中，煤炭的消耗主要集中在冶炼行业，考虑到这些行业经济发展中主要为国民经济提供基础资源和各种金属矿物原材料，是国民经济不可或缺的重要行业。在这些部门的降低煤炭消耗的任何措施和途径都不能降低行业产量和产值，而是应努力通过科技措施，采用先进技术降低单位产品(或万元产值)的煤炭消耗。从目前的技术和基本工艺来看，提高产业组织的规模和实现流水化生产，通过规模效益错金资源节约是基本的战略。因此，国家在这些产业的发展中，经过关停并转等措施，创建了一些大型企业，为加强管理，降低能耗做出了很多的努力，这个战略符合该行业的发展特别，也是应常抓不懈的工作。

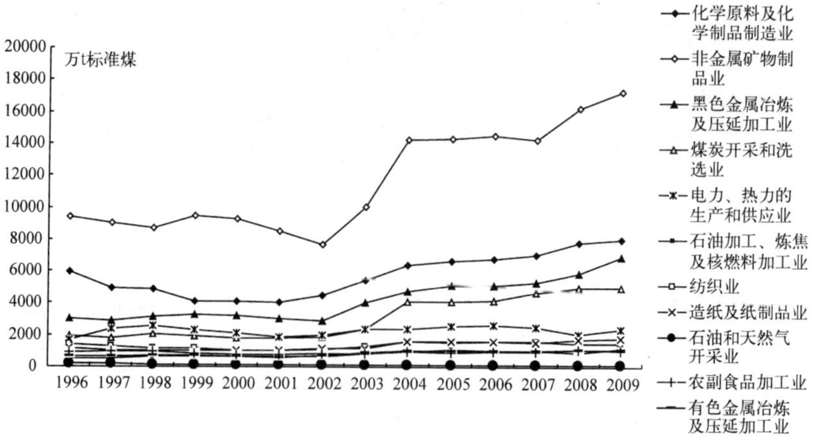

图 4-29 1996～2009 年工业主要行业煤炭消费

如图 4-30，在石油产品的消耗中如化学原料及化学制品制造业和石油加工是两个主要行业。这两个行业的化石能源消耗主要是能源的转移消耗。

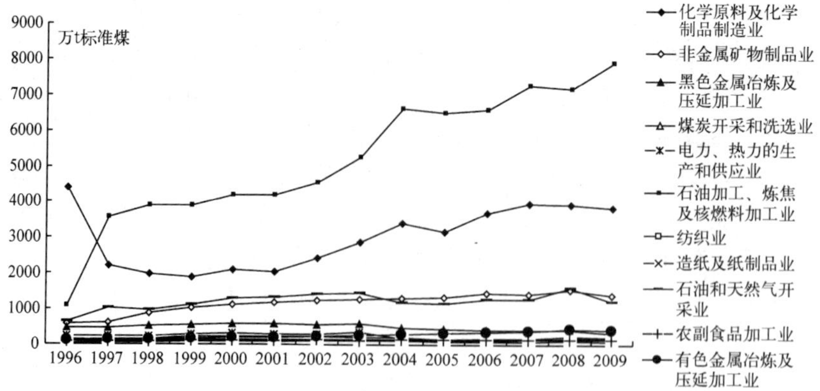

图 4-30 1996～2009 年工业主要行业石油消费

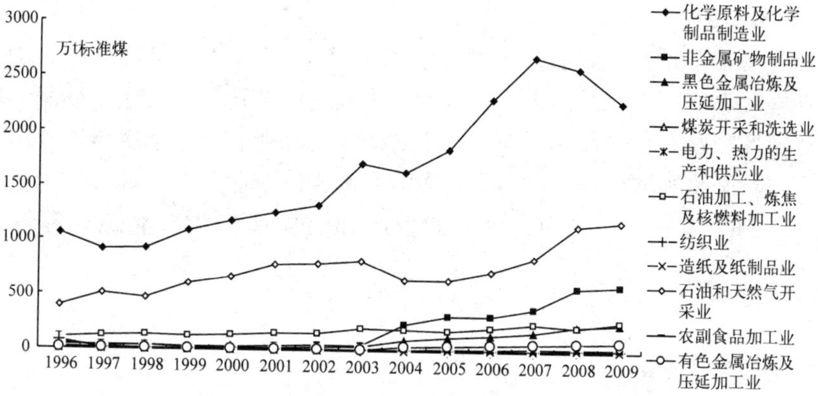

图 4-31 1996～2009 年工业主要行业天然气消费

如图 4-31、图 4-32，在第二产业内部，建筑业的天然气消费为 0，工业部门的天然气消费主要是作为原材料在加工部门用于生产各种产品。

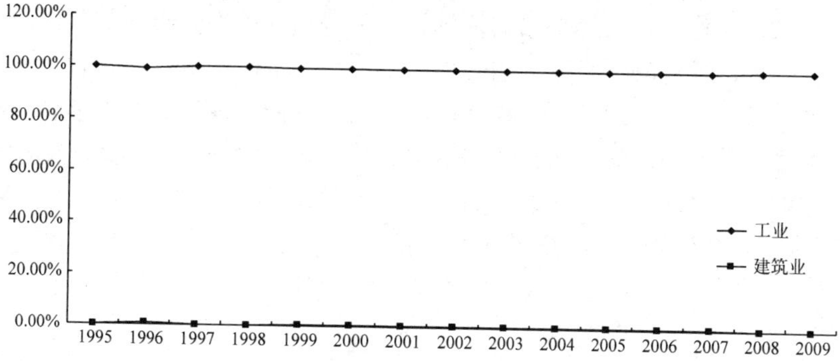

图 4-32 1995～2009 年工业和建筑业天然气消费比重

如图 4-33，1996～2009 年工业主要行业电力消费状况大致相似。

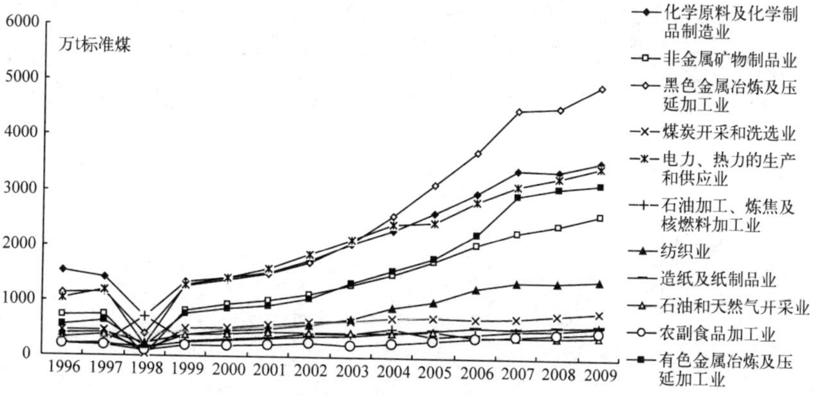

图 4-33 1996～2009 年工业主要行业电力消费

4.3.2.3 小结

在工业部门内部，尽管我国的社会经济经历了15年的发展历程，主要工业行业在化石能源消耗结构方面没有发生本质上的变化。主要还是能源消耗集中在化学原料及化学制品制造业、非金属矿物制品业、黑色金属冶炼及压延加工业、煤炭开采和洗选业、电力、热力的生产和供应业几个行业。其中化学原料及化学制品制造业、电力、热力的生产和供应属于化石能源和资料转移性质。

4.4 本章小结

从本章的研究中可以明显看出，经过15年代社会经济发展，中国的经济总量有了很大的发展，GDP以每年约9%左右的速度增长，但能源消耗结构没有发生重大的变化，国民经济结构依然是一种建立在维护人口增长基础上的消费型经济。大量增长的化石能源消耗提高了人民的生活水平，在衣食住行各方面消费水平有了较大的提高。特别是住房和旅行方面表现得非常明显，主要标志是建筑业带动的各工业产业，例如钢铁、非金属矿物制品业的能源消耗增长迅速。在柴油、汽油和航空煤油的消耗上也有很大的增长。

特别是在经济发展比较快的山东、广东、北京、上海、天津、江苏、浙江、福建、辽宁、四川等地，化石能源的消耗十分明显。

5 中国森林资源时空分布描述研究

根据国家林业局发布的《中国森林资源报告——第七次全国森林资源清查》(2009)，经过60多年的努力，全国的森林覆盖率由新中国成立初的8.6%增加到20.36%，森林面积达到1.95亿hm^2，活立木总蓄积149.13亿m^3，森林蓄积137.21亿m^3；天然林面积1.2 hm^2，天然林蓄积114.02亿m^3；人工林保存面积0.62亿hm^2，蓄积19.61亿m^3，人工林面积居世界首位。

5.1 中国森林资源的总量的时间序列变化

5.1.1 中国森林资源概述

1973~2008年的七次全国森林资源清查结果显示，1973年以来的30多年中，我国森林资源呈现出面积、蓄积总量持续增长，天然林面积、蓄积明显增长，人工林快速增长等特点。

5.1.1.1 中国森林资源总体指标变化概述

七次森林资源清查结果显示，我国森林面积、森林蓄积、活立木蓄积、森林覆盖率呈现出持续上升趋势，相关数据见表5-1。

表5-1 历次森林资源清查森林面积、蓄积、活立木蓄积、森林覆盖率、单位面积蓄积变化

清查期	森林面积	森林蓄积	活立木蓄积	森林覆盖率
	(万hm^2)	(亿m^3)	(亿m^3)	(%)
1973~1976	12186.00	86.56	95.52	12.70
1977~1981	11527.74	90.28	102.61	12.00
1984~1988	12465.28	91.41	105.72	12.98
1989~1993	13370.35	101.37	117.85	13.92
1994~1998	15894.09	112.67	124.88	16.55
1999~2003	17490.92	124.56	136.18	18.21
2004~2008	19545.00	137.21	149.13	20.36

5.1.1.2 森林面积变化

七次清查结果显示，我国全国森林面积总体呈现出增长趋势。全国森林面积从第一次清查时的12186万hm^2增加到第七次清查时的19545万hm^2，净增加7359万hm^2，而且七次清查中，除第二次清查的森林面积小于第一次之外，其他几次的清查结果都显示后一次清查比前一次清查的森林面积呈现出净增加。七次清查森林面积的净增加数分别为－658.26万hm^2、937.54万hm^2顷、905.07万hm^2、2523.74万hm^2、1596.83万hm^2、2054.08万hm^2。

5.1.1.3 林业用地①及其有林地的变化

(1)林业用地的变化。林业用地对森林资源和林业的可持续发展具有决定性作用。七次森林资源清查结果显示：全国林业用地面积基本呈上升趋势，但中间有减少现象。具体来看，全国林业用地面积从第一次清查时的25760万hm^2增加到第七次清查时的30378万hm^2，增加了4618万hm^2，增长幅度约为17.93%，其中，第二次清查比第一次清查小幅增加约1.33%；第三次清查与第二次清查基本持平；第四次清查比第三次清查下降约1.74%；第五次清查比第四次清查基本持平，略有上升，其后第六次、第七次清查呈较大幅度的上升，分别比上一次清查上升约为10.02%、7.42%。林业用地的变化见表5-2。

表5-2 历次森林资源清查全国林业用地面积的变化 单位：万hm^2

时期	林业用地	有林地	疏林地	灌木林地	苗圃	未成林地	宜林地
1973～1976	25760.00	11978.00	1563.00	2957.00	21.00	451.00	8539.00
1977～1981	26101.57	11010.17	1720.03	2629.59	–	561.98	10129.80
1984～1988	26131.44	11947.71	1963.65	2811.60	18.45	728.81	8661.22
1989～1993	25677.40	12852.78	1802.57	2970.63	11.49	713.81	7326.10
1994～1998	25704.73	15363.23	719.50	3444.57	12.25	461.51	5703.67
1999～2003	28280.34	16901.93	599.96	4529.68	27.09	489.36	5729.60
2004～2008	30378.00	18138.00	482.00	5365.00	–	1133.00	4404.00

在全国林业用地中有林地面积、灌木林地面积及其占比呈上升趋势，疏林地、宜林地面积及其占比呈下降趋势，苗圃和未成林地面积及其占比在波动中呈上升，尤其是第七次清查数据比第六次清查数据增长快。

① 林业用地是指现已有森林，以及目前尚无森林，但适宜发展森林的土地。林业用地包括郁闭度在0.3(从1994年改为0.2)以上的乔木林地、灌木林地、疏林地、未成林造林地、苗圃地及其他宜林地如宜林荒山荒地、采伐迹地、火烧迹地和宜林沙荒。

(2)有林地①的变化。有林地面积占国土总面积的比率称为森林覆盖率，是反映一个国家区域森林资源数量分布的重要标志。一般认为，一个国家区域的森林覆盖率达到30%以上，且分布均匀，森林在改善生态环境中就会发挥良好的作用。

七次森林资源清查结果显示，有林地面积及其占全国林业用地的比重基本呈现出上升趋势。七次清查中有林地面积最低值为第二次清查的11010.17万hm^2，最高为第七次清查的18138万hm^2，见表5-3。

虽然全国人工林森林资源的面积基本呈现上升趋势，但天然林面积第一次和第四次森林资源清查期间出现了明显的倒U形曲线，由于天然林面积在全部森林资源中的比重较大，因此，全部森林面积也出现了倒U形曲线如图5-1。

表5-3　七次森林资源清查全国森林资源面积　单位：万hm^2

	天然林	人工林	总面积
第一次	9609	2369	11978
第二次	8791	2219.17	11010.17
第三次	8846.59	3101.12	11947.71
第四次	9427.63	3425.12	12852.75
第五次	10696.54	4666.69	15363.23
第六次	11576.2	5325.73	16901.93
第七次	11969	6169	18138

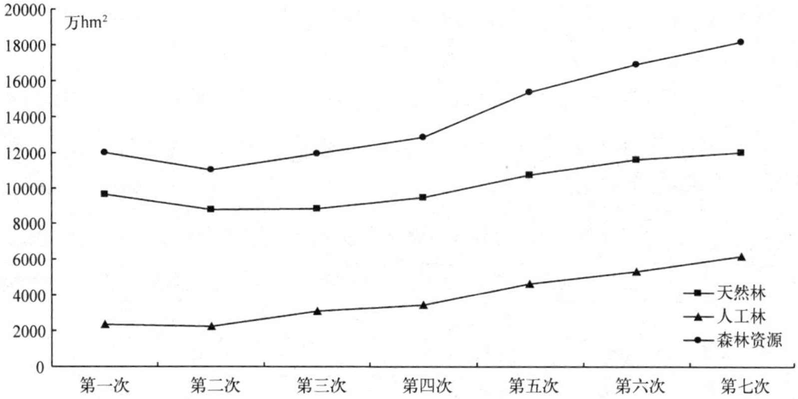

图5-1　七次森林资源清查全国森林资源面积

① 有林地面积是各种森林面积的总称，在有些国家或地区直接称为森林面积。在中国郁闭度在0.3以上(不含0.3)的林地为有林地。有林地面积占林业用地面积的比例大小，说明林业用地的利用程度，是反映一个国家区域林业发展水平的重要标志之一。

七次森林资源清查结果显示，我国的森林资源在规划设计上以用材林为主，防护林和特用林面积呈现出上升趋势；用材林、薪炭林面积呈现出下降趋势；经济林面积第一次清查至第六次清查呈上升趋势，而第七次清查比第六次清查小幅下降98万 hm^2，见表5-4。

表5-4　历次清查各林种面积的变化　　单位：万 hm^2

时期	总面积	防护林	特用林	用材林	薪炭林	经济林
1973～1976	10501.00	785.00	67.00	9282.00	367.00	852.00
1977～1981	9562.17	1000.24	129.90	8062.94	369.69	1128.04
1984～1988	10218.70	1455.73	311.63	8006.96	444.38	1374.38
1989～1993	10863.82	1607.29	334.81	8492.86	428.86	1609.88
1994～1998	12919.94	2138.47	396.80	9939.50	445.17	2022.21
1999～2003	14278.68	5474.63	638.03	7862.58	303.44	2139.00
2004～2008	18138.00	8308.00	1198.00	6416.00	175.00	2041.00

(3)不同林龄面积的变化。

七次森林资源清查结果显示：幼龄林面积在第二次清查后基本呈上升趋势(除第六次清查比第五次有小幅下降外)；中龄林面积七次清查中基本呈上升趋势(除第二次清查外)；近熟林面积呈上升趋势；成熟林面积在第一次清查至第四次期间呈下降趋势，其后逐步回升，但是第七次清查的面积不足第一次清查时的60%；过熟林面积也呈上升趋势，但是总体面积小于其他四类林龄的面积(表5-5)。

从历次森林资源清查数据的结果来看，中幼龄林面积在全部森林面积中占较大比重，第一次森林资源清查，中幼龄林面积占69%，到第七次森林资源清查时期，中幼龄林面积占67%。

表5-5　历次森林资源清查各林龄面积的变化　　单位：万 hm^2

时期	幼龄林	中龄林	近熟林	成熟林	过熟林
1973～1976	4217.00	2851.00	-	3213.00	-
1977～1981	3345.04	3473.50	-	2743.63	-
1984～1988	3957.59	3258.96	912.06	1527.66	562.43
1989～1993	4133.31	3613.14	1106.10	1268.86	742.41
1994～1998	4758.26	4403.43	1448.72	1419.38	863.15
1999～2003	4723.79	4723.79	1998.73	1714.79	876.99
2004～2008	5262.05	5201.37	2305.84	1871.75	917.98

在林业发展的35年间，森林林龄构成还是以中幼林为主，这一方面说明，中国的林业在植树造林方面做出了很大的努力，但同时也出现了一个十分值得注意的问题，在森林经营过程中对于大径级用材林和长期经营森林，多生物量的高质量森林方面还存在一定的问题。

5.1.1.4 有林地森林蓄积的变化①

七次清查结果显示(表5-6)我国全国森林蓄积量、活立木蓄积量呈持续增长趋势。全国森林蓄积量从第一次清查时的86.56亿m^3增加到第七次清查时的137.21亿m^3，净增加50.65亿m^3，年均约净增1.41亿m^3。全国活立木蓄积量从第一次清查时的95.52 m^3增加到第七次清查时的149.13亿m^3，净增加53.61亿m^3。

表5-6 七次森林资源清查全国森林资源蓄积 单位：万m^3

清查次数	天然林	人工林	总蓄积
第一次	748268	16437	764705
第二次	770487.8	27348.94	797836.7
第三次	756164.1	52984.9	809149
第四次	837518.7	71198.03	908716.7
第五次	907264.8	101299.5	1008564
第六次	1059300	150500	1209800
第七次	1140200	196100	1336300

从七次森林资源清查的数据来看(图5-2)，我国森林资源的总蓄积除了第三次清查期间出现下降情况以外，总体上保持了增长的态势。在第三次森林资源清查期间，我国大规模开发了包括大兴安岭林区在内的重点国有林区，导致了天然林蓄积出现下降的情况。

从不同林龄森林的蓄积来看，尽管中龄林地面积占全部森林面积的近70%，但近熟林、成熟林和过熟林由于森林生长周期一般比较长，因此，其蓄积在全部森林总蓄积量中具有重要意义。从第七次森林资源清查数据来看，三类森林的蓄积占全部森林蓄积的65%(表5-7)。

① 有林地面积是各种森林面积的总称，在有些国家或地区直接称为森林面积。在中国郁闭度在0.3以上(不含0.3)的林地为有林地。有林地面积占林业用地面积的比例大小，说明林业用地的利用程度，是反映一个国家区域林业发展水平的重要标志之一。

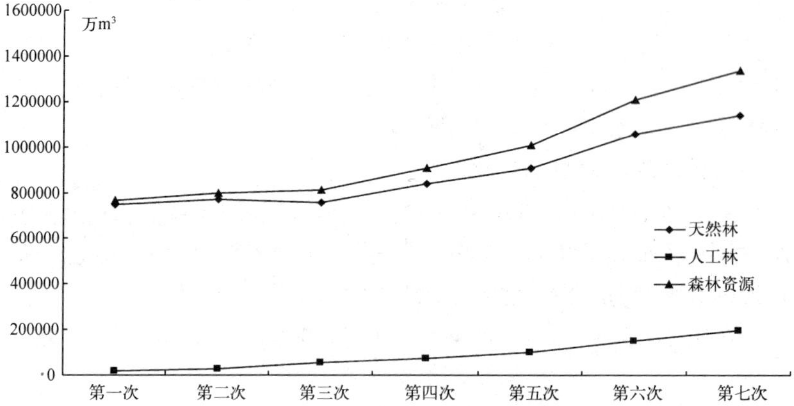

图 5-2 七次森林资源清查全国森林资源蓄积

表 5-7 历次森林资源清查各林龄蓄积的变化 单位：万 m³

时期	幼龄林	中龄林	近熟林	成熟林	过熟林
1973～1976	56692.00	192374.00	–	497454.00	–
1977～1981	69962.02	268659.77	–	459214.93	–
1984～1988	102827.30	233662.84	98762.10	249463.09	124433.70
1989～1993	102317.64	266034.20	122142.14	220370.89	197851.84
1994～1998	111540.20	303571.48	151170.89	233358.29	208923.37
1999～2003	128496.60	342572.18	224550.99	301660.98	212482.93
2004～2008	148730.19	386190.70	264988.29	315901.32	220489.50

七次森林资源清查结果显示，防护林和特用林蓄积呈现出上升趋势；用材林、薪炭林蓄积呈现出下降趋势，尤其是在第五次清查后表现更为突出，具体数据见表 5-8。

表 5-8 历次森林资源清查各林种蓄积的变化 单位：万 m³

时期	防护林	特用林	用材林	薪炭林
1973～1976	80726.00	6828.00	67268.00	4471.00
1977～1981	88365.05	14323.15	688185.55	6962.97
1984～1988	139961.81	45308.05	617317.13	6562.04
1989～1993	177797.70	49663.58	674338.69	6916.74
1994～1998	219296.93	59897.03	720618.84	8751.43
1999～2003	550084.48	102810.26	551241.94	5627.00
2004～2008	735100.00	422700.00	174600.00	3900.00

5.1.1.6　森林覆盖率

七次清查结果显示：我国全国森林覆盖率呈上升趋势，从第一次清查时的12.70%上升到第七次清查时的20.36%，上升了7.66个百分点。七次清查中，森林覆盖率最低值为12%，出现在第二次清查中。

5.1.1.7　单位面积蓄积

七次清查结果显示(表5-9和图5-3)，我国全国森林每公顷森林蓄积量波动较大(尤其是第一次至第五次清查之间)，第五次森林资源清查期间出现了下降的情况，这与调整有林地郁闭度有关。

表5-9　七次森林资源清查数据中的单位面积蓄积数据　　单位：m^3/hm^2

清查次数	天然林	人工林	森林资源
第一次	77.87158	6.938371	63.84246
第二次	87.64507	12.32395	72.46362
第三次	85.47521	17.08573	67.72419
第四次	88.83661	20.78702	70.70212
第五次	84.81853	21.70692	65.64793
第六次	91.50671	28.25904	71.57762
第七次	95.26276	31.78797	73.67405

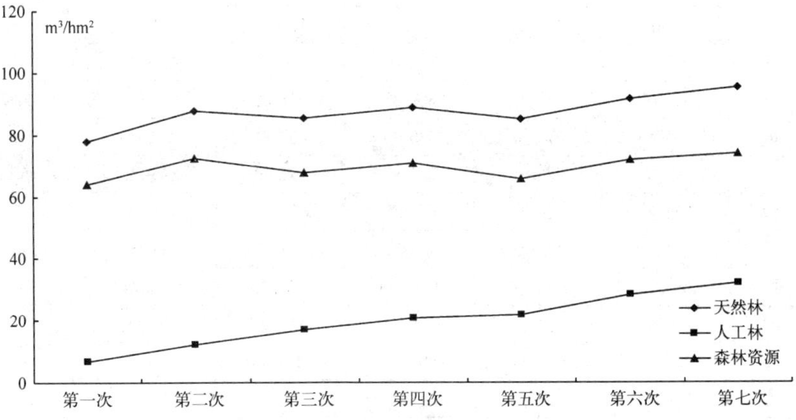

图5-3　七次森林资源清查全国森林资源单位面积蓄积

5.1.2　不同区域森林资源的变化

由于第一次森林资源清查数据中很多省份的数据不完整，难以表现当时的森林资源状况，在本书的研究中，设计不同区域的森林资源数据主要表示的是从第二次到第七次森林资源清查的数据。

5.1.2.1 各省的森林资源面积

中国各省份由于区域的面积大小、地理和气候差异很大，与森林资源的保护和发展密切相关的社会经济发展状况和及其构成不同，森林面积在不同区域发展程度也不相同。各省的森林面积见表5-10。

表5-10 第二至第七次森林资源清查各省森林资源面积 单位：万 hm^2

	第二次	第三次	第四次	第五次	第六次	第七次
北京	14.38	21.53	29	34.97	37.8	51.97
天津	2.99	6.32	9.54	9.14	9.35	9.32
河北	167.68	201.08	260.36	342.85	311.79	379.29
山西	81	99.34	137.66	191.95	206.3	217.95
内蒙古	1288.6	1383.64	1448.69	1510.57	1616.14	1701.04
辽宁	241.04	393.89	408.44	465.26	464.1	483.58
吉林	602.9	623.13	654.73	725.18	719.48	735.73
黑龙江	1526.26	1561.52	1690.18	1794.88	1797.5	1926.97
江苏	32.47	38.61	43.06	48.5	77.41	107.51
浙江	231.95	403.72	448.22	529.96	553.92	584.42
安徽	162.2	226.05	237.79	336.09	331.87	359.95
福建	394.65	500.34	684.36	747.64	764.94	766.65
江西	546.77	599.24	728.89	910.9	930.75	973.63
山东	57.04	159.64	174.24	194.72	204.64	254.46
河南	110.19	157.11	182.85	215.47	270.3	336.59
湖北	317.01	385.37	409.82	521.88	497.23	578.5
湖南	395.49	675.37	736.83	867.84	860.15	947.53
广东	587.86	486.41	794.87	832.29	826.52	850.02
广西	522.72	522.72	653.55	891.12	981.91	1033.4
海南		86.64	108.31	135.77	166.66	176.26
四川	681.08	1087.21	1176.59	1337.56	1234.24	1313.42
贵州	206.69	222.06	274.83	389.09	420.15	459.25
云南	872.4	932.74	968.73	1308.43	1501.5	1648.33
西藏	311.41	632.03	396.65	408.42	845.14	841.74
陕西	447.14	470.81	511.42	616.66	636.8	686.65
甘肃	176.9	202.87	212.03	223.08	220.18	239.23
青海	19.45	26.63	29.81	32.6	34.71	35.86
宁夏	10.73	28.37	13.76	17.4	14.65	15.54
新疆	112.09	149.67	135.44	182.34	180.73	203.54

从表5-10中所给出的数据，我们给出各省森林面积比较图(图5-4)。内蒙古、黑龙江、云南、四川、广西、江西、湖南列全国森林面积的前七位，是中国森林面积的大省。

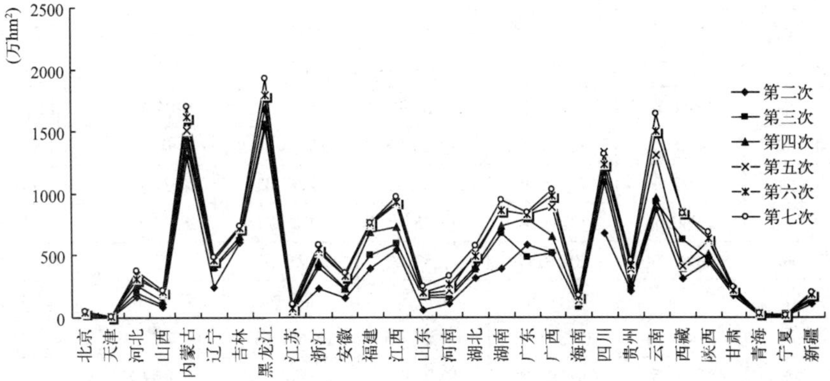

图5-4 第二至第七次森林资源清查各省森林资源面积

5.1.2.2 各省的森林资源蓄积

蓄积是森林资源最重要的指标之一，表明了各地实际保有森林资源的数量。实际上无论森林面面积有多大，蓄积量不大的森林除了在防风固沙和防止水土流失法等方面具有一定的生态环境效益以外，在发挥森林的直接经济效益和其他各种间接效益方面所发挥的作用是十分有限的。表5-11是各省份森林蓄积数据。

表5-11 第二至第七次森林资源清查各省森林资源蓄积 单位：万 m^3

省 份	第二次	第三次	第四次	第五次	第六次	第七次
北 京	146.59	377.67	446.26	685.82	840.7	1038.58
天 津	18.7	114.89	158.66	160.25	140.35	198.89
河 北	2649.51	4329.17	5244.23	5948.19	6509.92	8374.08
山 西	3333.89	3791.1	4481.88	5643.97	6199.93	7643.67
内蒙古	84777.62	86513.01	89675.93	98163.48	110152.83	117720.51
辽 宁	10039.35	12105.07	13518.04	16136.88	17476.58	20226.85
吉 林	69285.9	71034.84	75834.22	78656.85	81645.56	84412.29
黑龙江	143662.8	131687.09	134758.89	141069.36	137502.14	152104.96
江 苏	322.64	687.48	812.49	865.77	2285.27	3501.75
浙 江	7918.33	8811.68	9461.39	11122	11535.85	17223.14

（续）

省份	第二次	第三次	第四次	第五次	第六次	第七次
安徽	5765.4	7147.67	6250.98	8295.77	10371.9	13755.41
福建	29615.8	26382.37	32168.91	36490.98	44357.36	48436.28
江西	23632.8	16850.39	18089.31	22308.39	32505.25	39529.64
山东	483.74	1055.96	1500.28	1480.99	3201.65	6338.53
河南	3188.51	4043.22	4818.91	5258.5	8404.64	12936.12
湖北	9860.41	10708.09	11956.96	13223.85	15406.66	20942.49
湖南	14921.04	14066.38	15147.87	19890.45	26534.45	34906.67
广东	20340.61	12758.54	16248.22	19726.74	28365.67	30183.37
广西	22066.18	20407.97	21359.26	27699.96	36477.24	46875.18
海南		5814.28	5695.56	6613.03	7195.16	7274.23
四川	104880.4	127300.82	130530.75	144621.63	149543.23	159572.37
贵州	12460.5	10801.03	9391.18	14050.15	17795.69	24007.96
云南	109703.2	109656.72	110528.36	128365.32	139929.43	155380.09
西藏	57778.35	140052	123106	125337	226606.36	224550.91
陕西	25153.24	25881.24	27918.28	30265.72	30775.78	33820.54
甘肃	16402.05	17208.51	16500.28	17201.73	17504.34	19363.83
青海	1715.42	2958.22	2959.97	3270.36	3592.62	3915.64
宁夏	305.6	542.47	580.64	585.26	392.85	492.14
新疆	20027.83	18326.33	19562.55	25401.97	28039.73	30100.54

从图中数据所包含的信息可以做出图5-5，从这个比较图中可以明显地看出，西藏、云南、四川、黑龙江和内蒙古的森林蓄积在中国森林资源总量中具有特别重要的意义。这些省份的森林资源蓄积主要是天然林资源，而传统的集体林区虽然森林面积很大，但与天然林区相比较，其森林蓄积所占比重很小。这也说明了天保工程对于森林资源的保护具有的重要意义。

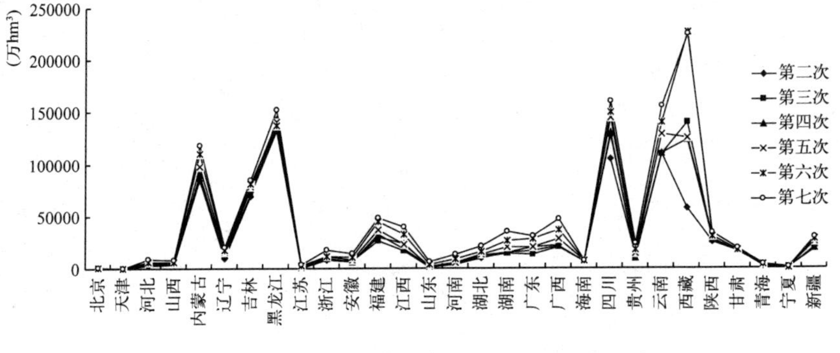

图5-5 第二至第七次森林资源清查各省森林资源蓄积

5.1.2.3 各省森林的单位面积蓄积

在森林资源的各项统计指标中，森林资源清查虽然没有单独设立单位面积蓄积指标，但单位面积蓄积是表明森林资源保护和管理水平的重要标准。因为只有人迹罕至的天然原始林(如西藏)和经过良好保护经营的森林才能产生较高的蓄积及其生物量。表5-12是根据森林资源清查数据计算和整理的单位面积蓄积数据。

表5-12 第二至第七次森林资源清查各省森林资源单位面积蓄积

单位：m^3/hm^2

省份	第二次	第三次	第四次	第五次	第六次	第七次
北京	10.19402	17.54157	15.38828	19.61167	22.24074	19.98422
天津	6.254181	18.1788	16.63103	17.53282	15.0107	21.34013
河北	15.80099	21.52959	20.14223	17.34925	20.87918	22.0783
山西	41.15914	38.16287	32.55761	29.40333	30.05298	35.07075
内蒙古	65.79049	62.52566	61.90139	64.9844	68.15798	69.20502
辽宁	41.65014	30.73211	33.09676	34.68357	37.65693	41.82731
吉林	114.921	113.9968	115.8252	108.4653	113.4786	114.7327
黑龙江	94.12732	84.33263	79.7305	78.59543	76.49632	78.93478
江苏	9.936557	17.80575	18.86879	17.85093	29.52164	32.57139
浙江	34.13809	21.82622	21.10881	20.98649	20.82584	29.47048
安徽	35.54501	31.61986	26.28782	24.68318	31.2529	38.21478
福建	75.0432	52.72888	47.00583	48.80822	57.98803	63.17913
江西	43.22256	28.1196	24.81761	24.49049	34.92372	40.60027
山东	8.480715	6.614633	8.610422	7.605742	15.64528	24.90973
河南	28.93647	25.73496	26.35444	24.40479	31.09375	38.43287
湖北	31.10441	27.78652	29.17613	25.33887	30.98498	36.20137
湖南	37.72798	20.82766	20.55816	22.91949	30.84863	36.83965
广东	34.60111	26.23001	20.44136	23.70176	34.3194	35.50901
广西	42.21415	39.04188	32.68191	31.08443	37.14927	45.36015
海南		67.10849	52.58573	48.70759	43.17269	41.26989
四川	153.9913	117.0894	110.9399	108.1235	121.1622	121.4938
贵州	60.28594	48.64014	34.17087	36.11028	42.35556	52.27645
云南	125.7488	117.5641	114.0961	98.10637	93.19309	94.26516
西藏	185.5379	221.5907	310.3643	306.8826	268.1288	266.7699

（续）

省 份	第二次	第三次	第四次	第五次	第六次	第七次
陕 西	56. 25361	54. 97173	54. 58973	49. 08008	48. 3288	49. 25441
甘 肃	92. 71933	84. 82531	77. 8205	77. 11014	79. 50014	80. 94231
青 海	88. 1964	111. 086	99. 29453	100. 3178	103. 5039	109. 1924
宁 夏	28. 48089	19. 12125	42. 19767	33. 63563	26. 8157	31. 66924
新 疆	178. 6763	122. 4449	144. 437	139. 311	155. 1471	147. 8851

从表5-12的数据课题绘制出单位面积蓄积的比较(图5-6)。从这个图中可以清楚地看出西藏和新疆的森林资源单位面积蓄积是最高的，主要是由于西藏拥有目前还没有开发的大量原始林资源，这些资源是自然在特殊地区遗留的十分宝贵的财富。新疆存在一定数量的高山原始林，由于经济发展状况的原因，也没有进行开发，基本情况大致相同。

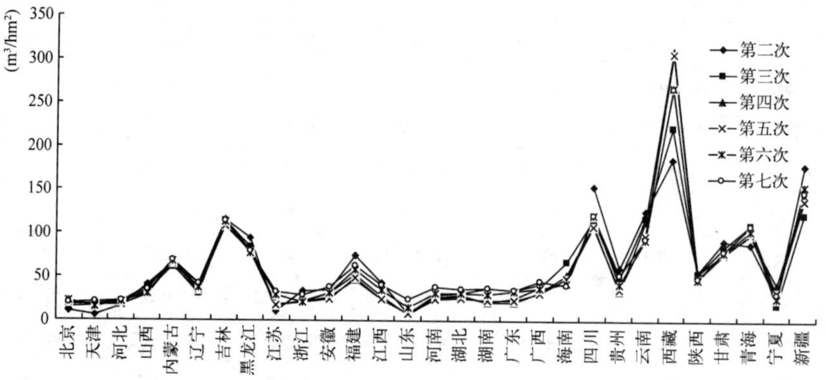

图5-6 第二至第七次森林资源清查各省森林资源单位面积蓄积

除了由于自然地理原因，西藏和新疆保留有部分天然原始林资源以外，四川、云南、吉林是重要的天然林区，由于实施了天然林资源保护工程和加强了对森林资源的管理，森林的单位面积蓄积也比较高。作为最重要的国有林区，黑龙江和内蒙古虽然也拥有大量天然林资源，但由于多年的大量采伐，实施天保工程以后，依然在限伐的情况下每年采伐约600万m^3的天然林资源，这不能不说是十分遗憾的事情。在其他传统林区，福建省森林资源的单位面积蓄积一直处于较好的状态，主要源于对于森林资源保护和经营工作的努力。

5.2 天然林和人工林资源时间序列与空间分布变化

虽然对于森林资源的分类有很多方法，但天然林资源，特别是天然原始林是自然生态系统长期演化的结果，是自然生态系统中最重要的组成部分，具有重要的自然属性。而人工林则是为了满足人类社会和即将在生产系统特定目的而营造的林木资源，具有重要的社会经济属性。因此，尽管森林资源总量的相应指标能够在一定程度上反映林业发展的基本状态，但分别研究天然林和人工林的时空变化能够更加全面地提供社会经济发展与森林资源的关系已经林业发展比较深层次的信息。

5.2.1 基于第七次森林资源清查的天然林和人工林空间分布

5.2.1.1 天然森林资源

天然林是我国森林资源的主体，是森林生态系统的主要组成部分。随着20世纪90年代末天然林资源保护工程的全面实施，停止了长江上游、黄河中上游天然林资源保护工程区内天然林商品性采伐，调减了东北、内蒙古等重点国有林区的木材产量，天然林资源得到了有效的保护，逐步进入休养生息的良性发展阶段。

天然林面积净增393.05万hm^2，天然林蓄积净增6.76亿m^3。天然乔木林中，面积排名前10位的优势树种(组)是栎类、桦木、马尾松、落叶松、云南松、云杉、冷杉、杉木、杨树和柏木，面积合计6134.01万hm^2，占天然乔木林面积的53.07%；蓄积合计623633.96万m^3，占天然乔木林蓄积的54.69%，如图5-7。

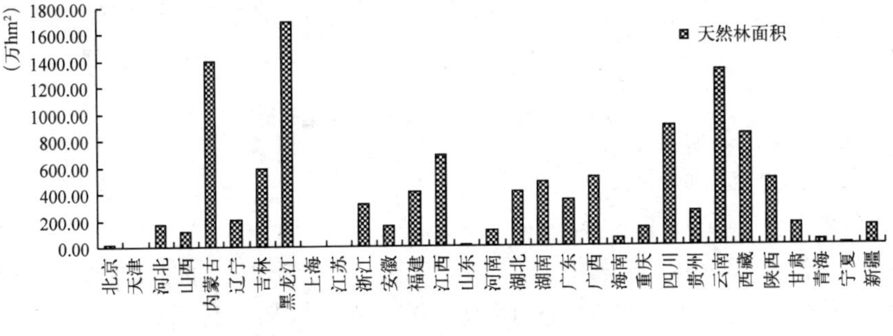

图5-7 第七次森林资源清查天然林面积

天然林面积在200万hm^2以上的省(自治区)有16个，16省(自治区)面积合计10862.15万hm^2，占全国的90.75%。蓄积合计1055205.01万m^3，占全国的92.55%。黑龙江、内蒙古、云南、四川、西藏等省(自治区)天然林面积合计6146.13万hm^2，占全国的51.35%；蓄积合计767503.53万m^3，占全国的67.31%，如图5-8。

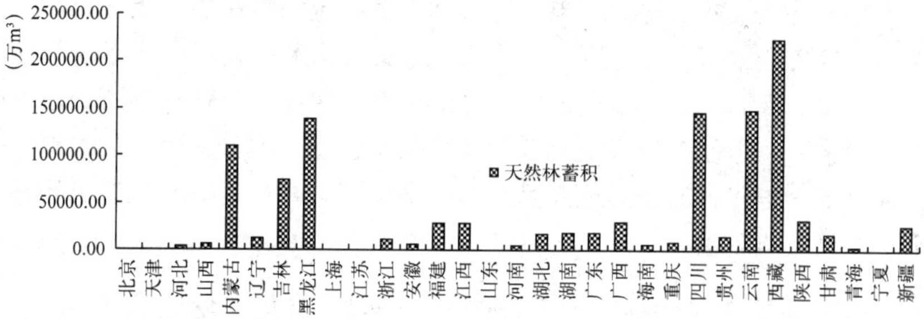

图5-8 第七次森林资源清查天然林蓄积

5.2.1.2 人工林森林资源

根据国家林业局发布的《中国森林资源报告——第七次全国森林资源清查》(2009)，全国人工林面积6168.84万hm^2，占有林地面积的34.01%；蓄积196052.28万m^3，占森林蓄积的14.67%。与第六次森林资源清查相比较，人工林面积净增843.11万hm^2，人工林蓄积净增4.47亿m^3，如图5-9。

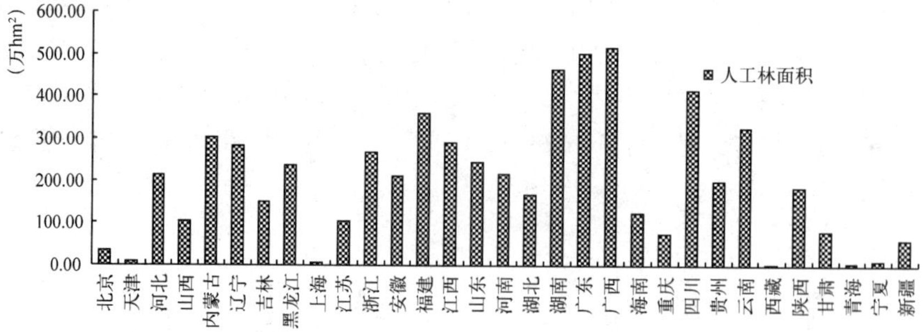

图5-9 第七次森林资源清查人工林面积

人工林平均郁闭度为0.52，平均胸径为11.7cm，每公顷株数901株。人工乔木林中，人工纯林占86.80%，混交林占13.20%。人工乔木林以中幼龄林为主，面积占75.78%，蓄积占60.21%。人工乔木林中，面积排名前10位的优势树种(组)是杉木、杨树、马尾松、落叶松、桉树、油松、湿地松、柏木、华山松、云南松，面积合计2977.86万hm^2，占人工乔木林面积的74.44%；蓄积合计151966.59万m^3，占人工乔木林蓄积的77.52%。人工林面积在150

万 hm²以上的省（自治区）有18个，18省（自治区）面积合计5400.32万hm²，占全国的87.54%；蓄积合计169926.64万m³，占全国的86.67%。广西、广东、湖南、四川、福建等省（自治区）人工林较多，5省（自治区）面积合计2257.57万hm²，占全国的36.60%；蓄积合计77629.38万m³，占全国的39.60%，如图5-10。

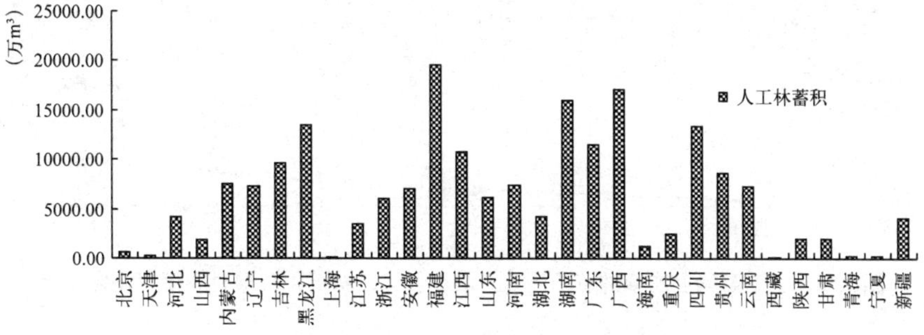

图5-10 第七次森林资源清查人工林蓄积

5.2.1.3 天然林和人工林面积和蓄积比较

（1）面积的比较。中国的森林从面积的变化来看，呈现稳步增长的趋势，虽然在20世纪后期实施林业六大重点工程之前，中国的森林采伐特别是对于天然林的采伐强度还比较大，但由于用于商业采伐成过熟林的数量已经很少，尽管限制采伐的措施并不严厉，但自然资源的储备限制了对于森林资源的继续破坏。另外，由于国家不断增加林业生产的投入力度，造林面积不断增加，在加上林区执行了比较严格的采伐限额制度，采伐导致的森林面积减少小于多年来森林保护和造林面积的增加，因此，中国的森林面积仍然能够保持不断增长的趋势，如图5-11。

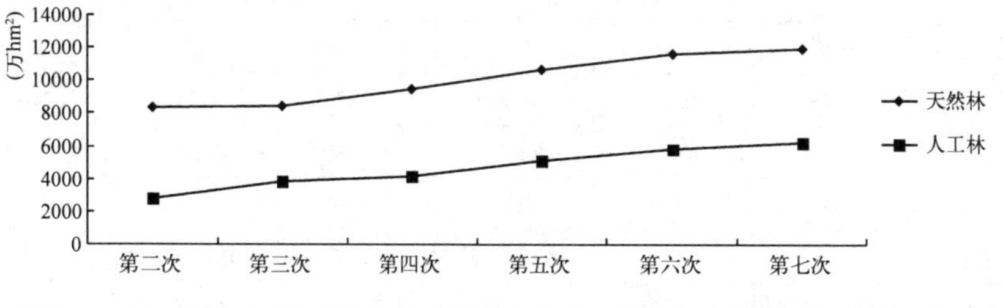

图5-11 第二至第七次森林资源清查天然林和人工林面积总量时间序列变化情况

（2）蓄积的比较。中国的天然林资源从第二至第七次森林资源清查数据来看，第三次清查以后经历了数年略微下降和停滞的状态，进入20世纪90年代以后，天然林资源缓慢恢复，到90年代后期，天然林资源开始呈现明显的增加态势，实际上，中国的天保工程在90年代中后期已经在局部地区开始实施，全面的天保工程是在部分地区天保工程的基础上全面铺开。因此，实施天保工程对于中国天然林资源的恢复具有十分重要的意义，如图5-12。

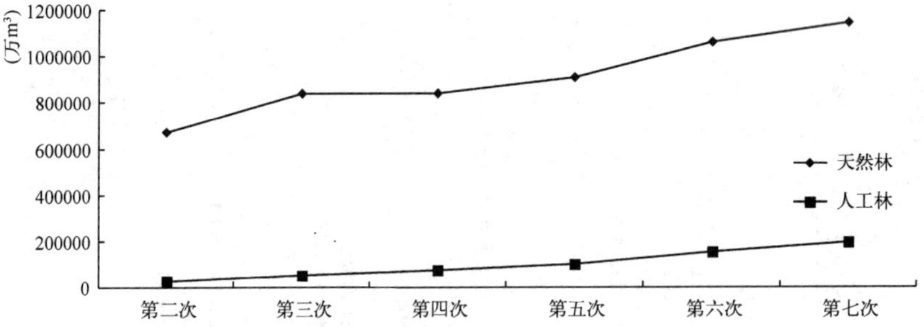

图5-12 第二至第七次森林资源清查天然林和人工林蓄积总量时间序列变化情况

5.2.2 天然林资源的时间序列和空间分布变化

5.2.2.1 各省天然林面积时间序列变化

从第二到第七次森林资源清查的数据来看，中国的天然林资源主要分布在内蒙古、西藏、黑龙江、四川、云南等省(自治区)。其次是福建、江西和陕西等省。内蒙古的大兴安岭林区的森林资源变动比较小，是我国最重要的天然森林资源之一。在实施天保工程以后，西藏、黑龙江、四川、云南、福建、江西、陕西等省(自治区)的天然林面积都有很大幅度的增加，见表5-13和图5-13。

表5-13 第二至第七次森林资源清查各省天然林面积 单位：万 hm^2

省 份	第二次	第三次	第四次	第五次	第六次	第七次
北 京	6.67	8.48	9.71	10.77	10.72	16.32
天 津	0.16	0.06	0.49	0.37	0.36	0.44
河 北	82.43	72.83	103.92	136.4	132.31	167.02
山 西	64.07	56.3	77.89	100.56	107.11	115.21
内蒙古	1202.25	1175.58	1257.75	1289.62	1374.85	1397.13
辽 宁	137.51	116.78	219.51	239.3	196.5	200.55
吉 林	528.6	466.28	532.2	568.6	571.26	586.79
黑龙江	1461.8	1238.27	1466.64	1567.93	1624.87	1691.29
江 苏	0.85	0.07	2.38	2.56	3.24	3.36

（续）

省 份	第二次	第三次	第四次	第五次	第六次	第七次
浙 江	181.4	203.92	249.91	278.84	298.29	316.98
安 徽	113.32	77.2	107.74	145.67	146.36	150.08
福 建	307.45	239.16	356.26	387.1	407.96	407.47
江 西	396.06	388.12	499.12	619.66	655.5	681.76
山 东	10.19	1.88	8	9.44	10.24	10.08
河 南	80.27	83.79	95.83	99.31	109.19	119.2
湖 北	253.62	266.4	294.95	349.72	351.33	411.49
湖 南	303.26	383.98	426.27	484.56	469.76	483.49
广 东	330.53	228.96	315.62	374.13	385.69	346.84
广 西	323.62	362.79	369.79	445.32	532.29	517.88
海 南		55.78	35.61	52.28	57.56	50.97
四 川	609.08	823.98	889.12	1005.68	890.95	897.77
贵 州	179.58	142.6	178.56	224.19	236.65	259.39
云 南	847.92	814.69	832.44	1105.48	1250.05	1321.56
西 藏	311.01	631.63	396.37	408.04	842.38	838.38
陕 西	393.72	386.67	430.15	458.63	467.59	503.38
甘 肃	146.96	111.51	141.64	153.12	152.86	158.46
青 海	14.52	20.58	22.61	27.84	30.35	31.42
宁 夏	3.9	3.27	3.24	4.24	4.84	5.16
新 疆	89.12	93.45	102.75	147.18	134.83	141.79

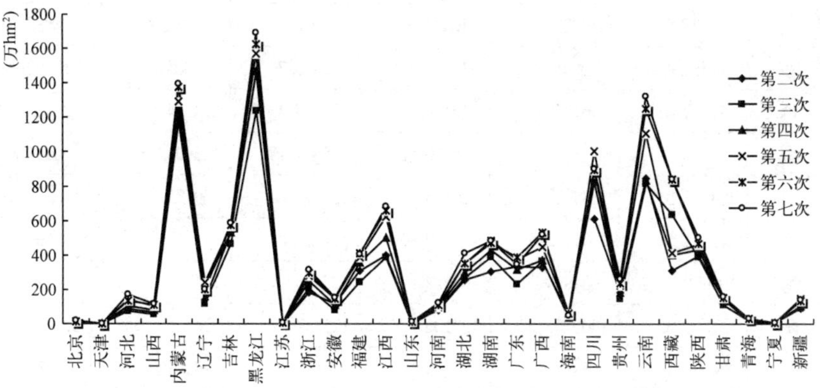

图 5-13 第二至第七次森林资源清查各省天然林面积时间序列变化情况

5.2.2.2 各省天然林蓄积时间序列变化

从历次森林资源清查数据来看，见表5-14和图5-14，森林蓄积呈现普遍增长的势态也比较明显，除了内蒙古、西藏、黑龙江、四川、云南等传统天然林区省份的蓄积有不同程度的增长以外，浙江、江西、福建、广东、广西等省（自治区）的天然林蓄积增长明显。

表5-14 第二至第七次森林资源清查各省天然林蓄积 单位：万 m^3

省 份	第二次	第三次	第四次	第五次	第六次	第七次
北 京	121.16	142.23	243.82	340.78	398.47	466.96
天 津	11.06	10.72	5.27	5.43	7.29	12.06
河 北	2169.23	2387.13	2744.78	3142.52	3294.18	4135.48
山 西	3224.18	3529.85	3982.57	4814.67	4953.34	5804.72
内蒙古	83409.3	84563.3	86629.5	93951.5	103895	110146.6
辽 宁	8194.57	8212.58	9254.29	10334.2	11166.1	12927.51
吉 林	66939.6	67088.1	71163.5	72103.1	72583	74817.39
黑龙江	141271	126556	129881	133592	128052	138585.3
江 苏	44.07	49.78	52.93	57.14	67.22	93.92
浙 江	7112.57	7204.96	7393.62	8297.56	8051.35	11214.86
安 徽	4644.13	4142.33	3614.12	4693.57	5347.94	6732.19
福 建	26760	19884.5	22283	23326.3	26315.8	28834.73
江 西	22856.63	14479	14736.8	17159.7	22670.3	28794.82
山 东	25.16	29.41	42.13	46.33	68.57	136.43
河 南	2817.04	3230.15	3582.75	3606.32	4367.27	5456
湖 北	9132.03	9103.98	9723.37	10441.1	11970.5	16734.7
湖 南	13275.8	10825.8	10474.3	13082.2	15056.7	18888.34
广 东	17383.45	9605.39	11533.1	12996.7	17503.7	18662.94
广 西	17912.08	16724.8	16117.3	20130.4	24384	29747.2
海 南		5582.16	5070.85	5541.15	5908.26	6043.84
四 川	104165.8	124432	126333	137421	139183	146211.3
贵 州	11383.5	9171.86	7389.97	11023.8	12348	15289.58
云 南	109090	108487	108652	125306	134727	148120.2
西 藏	57778.35	140052	123106	125337	226362	224440.2
陕 西	24936.2	25475.4	27310	29179	29355.3	31789.41

（续）

省 份	第二次	第三次	第四次	第五次	第六次	第七次
甘 肃	16250. 11	16699. 7	15764. 1	16112. 3	16194. 9	17341. 45
青 海	1641. 46	2890. 34	2856. 09	3141. 44	3338. 87	3621. 46
宁 夏	209. 5	267. 61	210. 46	269. 79	282. 65	306. 02
新 疆	19837. 86	17608. 4	17368. 3	21811. 9	24843. 9	26028

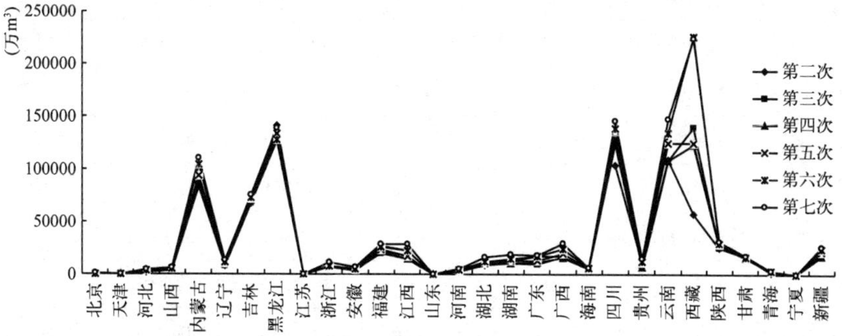

图 5-14 第二至第七次森林资源清查各省天然林蓄积时间序列变化情况（万 m^3）

5.2.2.3 各省天然林单位面积蓄积

从森林资源统计的数据来看，各省之间天然林资源的单为面积蓄积虽然有一定的差异，除了西藏、四川、吉林等省（自治区）较高以外，这样的差异在南北和东西地域之间并没有表现出明显的差异性。同时各省内部的天然林单位面积蓄在 35 年间没有明显的差异，这与对天保工程主要以实施封山育林措施为主，较少人为干预，以自然生长为基本恢复过程有关，见表 5-15 和图 5-15。

表 5-15 第二至七次森林资源清查各省天然林单位面积蓄积 单位：m^3/hm^2

省 份	第二次	第三次	第四次	第五次	第六次	第七次
北 京	18. 16492	16. 77241	25. 1102	31. 6416	37. 17071	28. 61275
天 津	69. 125	178. 6667	10. 7551	14. 67568	20. 25	27. 40909
河 北	26. 31603	32. 77674	26. 41243	23. 039	24. 89744	24. 76039
山 西	50. 32277	62. 69716	51. 1307	47. 87858	46. 24536	50. 38382
内蒙古	69. 37767	71. 93326	68. 87657	72. 85208	75. 56824	78. 83773
辽 宁	59. 59254	70. 32523	42. 15885	43. 18512	56. 82494	64. 46028
吉 林	126. 6356	143. 8794	133. 7157	126. 8081	127. 0577	127. 5028
黑龙江	96. 64181	102. 2039	88. 55684	85. 20278	78. 80754	81. 94059

（续）

省 份	第二次	第三次	第四次	第五次	第六次	第七次
江 苏	51.84706	711.1429	22.2395	22.32031	20.74691	27.95238
浙 江	39.20932	35.33229	29.58513	29.75742	26.99169	35.38034
安 徽	40.98244	53.65712	33.54483	32.22057	36.53963	44.85734
福 建	87.03854	83.14308	62.54702	60.25911	64.50583	70.76528
江 西	57.71002	37.30547	29.52556	27.69212	34.58474	42.23601
山 东	2.469087	15.64362	5.26625	4.907839	6.696289	13.53472
河 南	35.09456	38.55054	37.38652	36.31376	39.99698	45.77181
湖 北	36.00674	34.1741	32.96616	29.8556	34.07196	40.66855
湖 南	43.77696	28.19366	24.57198	26.9981	32.0519	39.06666
广 东	52.59265	41.95226	36.54109	34.73846	45.38282	53.8085
广 西	55.34911	46.1005	43.58501	45.20435	45.80962	57.44033
海 南		100.0746	142.3996	105.9899	102.6452	118.5764
四 川	171.0215	151.0134	142.0877	136.6449	156.2186	162.8605
贵 州	63.38958	64.31879	41.38648	49.17168	52.17832	58.94437
云 南	128.656	133.1635	130.5223	113.3499	107.7773	112.0798
西 藏	185.7765	221.7311	310.5835	307.1684	268.7172	267.707
陕 西	63.33486	65.88409	63.48948	63.62209	62.78	63.15191
甘 肃	110.5751	149.7597	111.297	105.2266	105.946	109.4374
青 海	113.0482	140.4441	126.3198	112.8391	110.0122	115.2597
宁 夏	53.71795	81.83792	64.95679	63.62972	58.39876	59.3062
新 疆	222.5972	188.4259	169.0345	148.1988	184.2609	183.5672

在重点国有林区，多年以来成过熟林资源早已枯竭，在实施天保工程以前，各重点林区执行了《中华人民共和国森林法》中采伐量不高于生长量的相应规定，大规模的天然林商业采伐活动已经受到资源的限制。恢复森林植被的工作早在天保工程实施以前就已经开始，对于采伐迹地的资源恢复主要采用了封山育林的措施，天然林次生林占很大比重，恢复过程比较漫长，单位面积蓄积的变动不大。

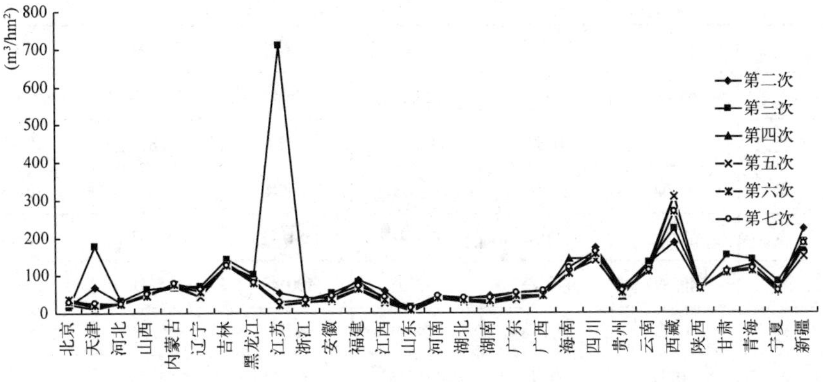

图 5-15 第二至第七次森林资源清查各省天然林单位面积蓄积时间序列变化情况(m^3/hm^2)

5.2.3 人工林资源时间序列和空间分布变化

进入 21 世纪以后，中国的植树造林在政府和社会各界的支持下飞速发展，特别是人工林的发展都取得了举世瞩目的成绩。实际上，南方集体林区的林业发展从 20 世纪的 80 年代中后期就实行了林业“三定”，随后林业的“三定”在 90 年代后中后期逐步从进一步明细集体林区产权和产权流转以及进入 21 实际以后林业产权制度的进一步改革，集体林区的森林资源培育和林业产业得到进一步发展。

5.2.3.1 各省人工林面积时间序列变化情况

在六大林业重点工程中影响最大的是开始于 20 世纪 90 年代中后期的退耕还林工程，对于大面积用于农业开荒的林业用地恢复造林，导致从第五次森林资源清查以后的森林面积大幅度增加，见表 5-16 和图 5-16。

表 5-16 第二至第七次森林资源清查各省人工林面积 单位：万 hm^2

省 份	第二次	第三次	第四次	第五次	第六次	第七次
北 京	7.71	13.05	19.29	24.2	27.08	35.65
天 津	2.83	6.26	9.05	8.77	8.99	8.88
河 北	85.25	128.25	156.44	206.45	179.48	212.27
山 西	16.93	43.04	59.77	91.39	99.19	102.74
内蒙古	86.35	208.06	190.94	220.95	241.29	303.91
辽 宁	103.53	277.11	188.93	225.96	267.6	283.03
吉 林	74.3	156.85	122.53	156.58	148.22	148.94

（续）

省　份	第二次	第三次	第四次	第五次	第六次	第七次
黑龙江	64.46	323.25	223.54	226.95	172.63	235.68
上　海	0.66	0.88	0.31	2.18	1.89	5.97
江　苏	31.62	38.54	40.68	45.94	74.17	104.15
浙　江	50.55	199.8	198.31	251.12	255.63	267.44
安　徽	48.88	148.85	130.05	190.42	185.51	209.87
福　建	87.2	261.18	328.1	360.54	356.98	359.18
江　西	150.71	211.12	229.77	291.24	275.25	291.87
山　东	46.85	157.76	166.24	185.28	194.4	244.38
河　南	29.92	73.32	87.02	116.16	161.11	217.39
湖　北	63.39	118.97	114.87	172.16	145.9	167.01
湖　南	92.23	291.39	310.56	383.28	390.39	464.04
广　东	257.33	257.45	479.25	458.16	440.83	503.18
广　西	199.1	159.93	283.76	445.8	449.62	515.52
海　南		30.86	72.7	83.49	109.1	125.29
四　川	72	263.23	287.47	331.88	343.29	415.65
贵　州	27.11	79.46	96.27	164.9	183.5	199.86
云　南	24.48	118.05	136.29	202.95	251.45	326.77
西　藏	0.4	0.4	0.28	0.38	2.76	3.36
陕　西	53.42	84.14	81.27	158.03	169.21	183.27
甘　肃	29.94	91.36	70.39	69.96	67.32	80.77
青　海	4.93	6.05	7.2	4.76	4.36	4.44
宁　夏	6.83	25.1	10.52	13.16	9.81	10.38
新　疆	22.97	56.22	32.69	35.16	45.9	61.75

在黑龙江、吉林、辽宁、甘肃、青海、陕西和内蒙古的中东部农牧交错区等地的森林面积有大幅度增加。在集体林区，林业管理制度的改革促进了森林资源的增长，浙江、福建、安徽、江西、广东、广西、湖南等省（自治区）的人工林资源面积增加明显。

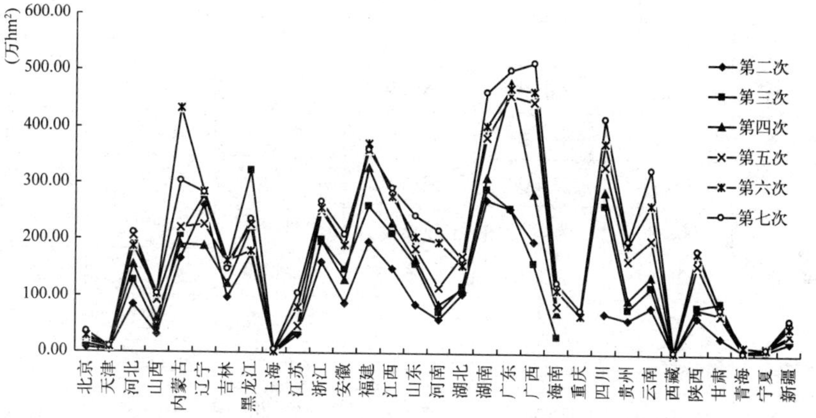

图 5-16 第二至第七次森林资源清查各省人工林面积时间序列变化情况

5.2.3.2 各省人工林蓄积时间序列变化情况

随着社会经济的发展，中国的人工林蓄积量也在快速增加，特别是在 20 世纪 70～80 年代以后，随着天然林可采资源接近枯竭，社会经济发展对于木材的需求不断增加，天然林资源的培育提供了较大的木材供给，见表 5-17 和图 5-17。实施天保工程以后，木材供给主要由进口木材和人工林提供。

森林培育和相关的林业科学技术工作者为了提高森林的木材产出率，运用先进技术，在品种选育、造林技术、森林经营等各个方面做了很多努力来提高人工林的蓄积和木材产出量。

表 5-17 第二至第七次森林资源清查各省人工林蓄积 单位：万 m^3

省 份	第二次	第三次	第四次	第五次	第六次	第七次
北 京	25.43	235.44	202.44	345.04	442.23	571.62
天 津	7.64	104.17	153.39	154.82	133.06	186.83
河 北	480.28	1942.04	2499.45	2805.67	3215.74	4238.6
山 西	109.71	261.25	499.31	829.3	1246.59	1838.95
内蒙古	1368.32	1949.71	3046.43	4211.98	6257.83	7573.95
辽 宁	1844.78	3892.49	4263.75	5802.68	6310.48	7299.34
吉 林	2346.3	3946.74	4670.72	6553.75	9062.56	9594.9
黑龙江	2391.77	5131.09	4877.89	7477.36	9450.14	13519.66
上 海		7.17	10.62	23.93	33.24	100.95
江 苏	278.57	637.7	759.56	808.63	2218.05	3407.83
浙 江	805.76	1606.72	2067.77	2824.44	3484.5	6008.28

（续）

省份	第二次	第三次	第四次	第五次	第六次	第七次
安徽	1121.27	3005.34	2636.86	3602.2	5023.96	7023.22
福建	2855.8	6497.87	9885.91	13164.68	18041.56	19601.55
江西	776.17	2371.39	3352.51	5148.69	9834.95	10734.82
山东	458.58	1026.55	1458.15	1434.66	3133.08	6202.1
河南	371.47	813.07	1236.16	1652.18	4037.37	7480.12
湖北	728.38	1604.11	2233.59	2782.75	3436.16	4207.79
湖南	1645.24	3240.58	4673.57	6808.25	11477.75	16018.33
广东	2957.16	3153.15	4715.12	6730.04	10861.97	11520.43
广西	4154.1	3683.17	5241.96	7569.56	12093.24	17127.98
海南		232.12	624.71	1071.88	1286.9	1230.39
四川	714.63	2868.82	4197.75	7200.63	10360.23	13361.09
贵州	1077	1629.17	2001.21	3026.35	5447.69	8718.38
云南	613.21	1169.72	1876.36	3059.32	5202.43	7259.87
西藏			0.07	0.07	244.36	110.74
陕西	217.04	405.84	608.28	1086.72	1420.48	2031.13
甘肃	151.94	508.81	736.18	1089.43	1309.44	2022.38
青海	73.96	67.88	103.88	128.92	253.75	294.18
宁夏	96.1	274.86	370.18	315.47	110.2	186.12
新疆	189.97	717.93	2194.25	3590.07	3195.83	4072.54

各种人造板和木质产品产业也根据木材供应的特殊变化在工艺和技术上进行了改进，从以前加工大径级木材向中小径级的加工利用改进，各种细木工板、拼接实木板成为家具、装修产业的主要原材料。

这种木材利用和加工业的改进也促进了人工林培育的发展。在很多天然林资源贫乏的省份，如江苏、河北、山东出现了大量区域性人造板加工产业集群，在南方集体林区这种以加工利用中小径级木材原料为主的产业也为林木培育打开了市场，进一步促进了林木培育的发展。在当前的中国林业行业，建立在小径级木材资源基础上的人工林培育与相应的木材加工产业链已经开始形成并发挥经济和资源相互促进的积极作用。

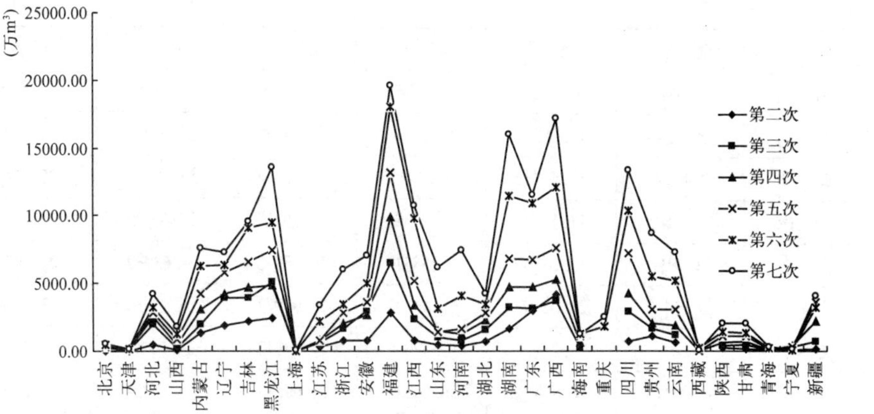

图 5-17　第二至第七次森林资源清查各省人工林蓄积

5.2.3.3　各省人工林单位面积蓄积时间序列变化情况

从第二次森林资源清查外，第七次中国人工林单位面积蓄积的变化见表 5-18 和图 5-18。

表 5-18　第二至第七次森林资源清查各省人工林单位面积蓄积　　单位：m^3/hm^2

省　份	第二次	第三次	第四次	第五次	第六次	第七次
北　京	3.298314	18.04138	10.49456	14.25785	16.3305	16.03422
天　津	2.699647	16.64058	16.94917	17.65336	14.80089	21.03941
河　北	5.633783	15.14261	15.97705	13.59007	17.91698	19.96797
山　西	6.480213	6.069935	8.353856	9.074297	12.5677	17.89907
内蒙古	15.84621	9.370903	15.95491	19.06305	25.93489	24.92169
辽　宁	17.8188	14.04673	22.56788	25.68012	23.58176	25.78999
吉　林	31.57873	25.16251	38.11899	41.8556	61.14263	64.42124
黑龙江	37.10472	15.87344	21.82111	32.94717	54.74217	57.36448
上　海		8.147727	34.25806	10.97706	17.5873	16.90955
江　苏	8.80993	16.54645	18.67158	17.60187	29.90495	32.7204
浙　江	15.93986	8.041642	10.42696	11.24737	13.63103	22.4659
安　徽	22.93924	20.19039	20.27574	18.91713	27.08188	33.46462
福　建	32.75	24.8789	30.13078	36.51378	50.53941	54.57306
江　西	5.15009	11.23243	14.59072	17.67851	35.73097	36.77946

（续）

省 份	第二次	第三次	第四次	第五次	第六次	第七次
山 东	9.78826	6.507036	8.771355	7.743199	16.11667	25.37892
河 南	12.41544	11.08933	14.20547	14.22331	25.05971	34.40876
湖 北	11.49046	13.48332	19.4445	16.16374	23.55147	25.19484
湖 南	17.83845	11.12111	15.04885	17.76312	29.40073	34.51929
广 东	11.4917	12.24762	9.838539	14.68928	24.63982	22.89525
广 西	20.86439	23.02989	18.47322	16.97972	26.89658	33.22467
海 南		7.521711	8.592985	12.83842	11.7956	9.820337
四 川	9.925417	10.89853	14.60239	21.69649	30.17924	32.14505
贵 州	39.72704	20.50302	20.78747	18.35264	29.68768	43.62244
云 南	25.04943	9.908683	13.76741	15.07425	20.68972	22.21706
西 藏			0.25	0.184211	88.53623	32.95833
陕 西	4.062898	4.82339	7.484681	6.876669	8.394776	11.08272
甘 肃	5.074816	5.569286	10.45859	15.57218	19.45098	25.03875
青 海	15.00203	11.21983	14.42778	27.08403	58.19954	66.25676
宁 夏	14.07028	10.9506	35.18821	23.97188	11.23344	17.93064
新 疆	8.270353	12.77001	67.12297	102.1067	69.62593	65.95206

从全国人工林单位面积蓄积的变化来看，天然林富集地区的人工林经营和集体林区的人工林单位面积蓄积较高。

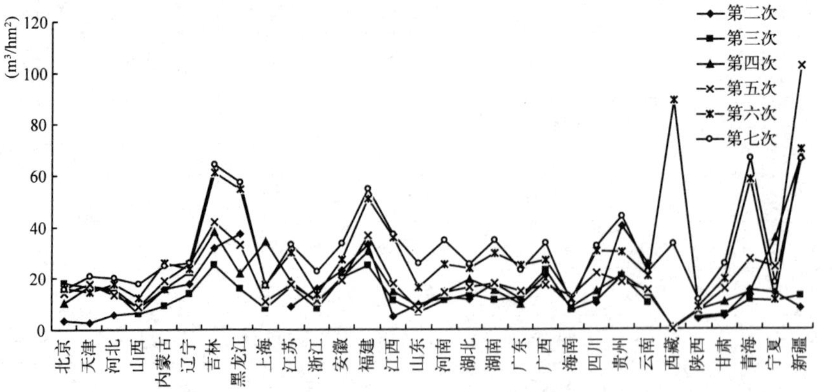

图 5-18 第二至第七次森林资源清查各省人工林单位面积蓄积（m^3/hm^2）

5.3 中国森林碳库的时空变化研究

生态学界对于森林碳库的研究从探讨“未知汇”问题开始至少已经有50年的时间，从理论、数据、方法等各方面产生了丰硕的成果。

在本书的研究之初，曾经试图用目前被广泛接受的方法计算全国，乃至各区域的森林碳库时间和空间分布状况，但现实的森林资源清查数据难以满足这中研究和计算工作的需要，更提不到提供准确反映森林碳库的详尽信息。因此，只能将相关的信息作为生态足迹方法研究化石能源用地占用和承载力的参考。

5.3.1 研究的理论基础的基本方法

5.3.1.1 研究的理论基础

(1)森林碳库估算方法的研究。早在20世纪50年代，日本、英国等国科学家的研究表明，对于某一类森林类型，森林的生产力与生物量与森林自身的生物学特性(蓄积量、林龄等)有密切的关系(Kauppi P E，Mielikinen K，Kunsela K. 1992)。对森林固碳量估算方法主要采用生物量估算方法，有平均生物量法、生物量转换因子法、生物量转换因子连续函数法(Birdsey R A，Plantinga AG，Heath LS. 1993)。区域尺度上，李意德和方精云(1998)对海南尖峰岭热带山地雨林生态系统碳平衡进行了研究。赵敏和周广胜(2005)对中国北方森林的碳汇进行了估算。在国家尺度上，方精云等(2001；2007)(国家自然科学基金：90211016，40638039，40228001，40021101和教育部重大科研项目：306019)利用野外实测数据及50年来的森林资源清查资料，采用改进的生物量换算因子法，研究了1949～1998年中国森林植被CO_2汇/源功能的动态变化。赵敏、周广胜等人在国家重点基础研究发展项目(G1999043407)和国家自然科学基金资助项目(30028001，49905005，40231018)等课题的支持下，研究了基于森林资源清查资料的生物量估算方法。

由于森林郁闭度标准的改变，森林面积、单位面积、单位面积的森林碳密度以及伴随的森林碳汇都会发生较大的变化(方精云，2007)。在对我国森林生态系统碳贮量估计时，由于不同研究者所利用的森林资源清查数据和估计方法不相同，因此，所获得的森林碳贮量的结果存在较大差异(毛子军，2002；赵敏，2004)。但由于森林生物量是一个非常复杂的概念(Pacala SW，Hurtt GC，Baker D，2001)，要建立在准确、大范围和长期的观测和大量复杂的数据计算基础上。目前国际专业技术人员已经通过建立全球观测网络研究碳通量和碳循环问题。在探索森林碳与大气碳交换的过程及其科学原理等科学问题中具有重要的理论价值。早在20世纪50年代，日本、英国等国的科学家就对生物量国内主要森林系统的生物量的测定方法进行了研究。研究表明，对于某一类森林类型，森林的生产力与生物量与森林自身的生物学特性(蓄积量、林龄等)有密切的关系(Kauppi P E，Mielikinen K，Kunsela K. 1992)。由于森林标准的改变，森林面积、单位面积、单位面积的森林碳密度以及相伴随的森林碳汇都会发生较大的变化(方精云，2007)。

从生态学的理论来看，植被与大气间的碳交换通量是从微观角度研究全球碳循环的重要尺度。国际林学专业技术人员在研究森林碳通量和碳循环问题主要是应用生态学植被与大气间的碳交换通量观测技术与方法(Schimel，House，Hibbard，2001；Schimel H P，2002)。获得植被与大气之间交换的通量，揭示植被在缓解由于温室气体排放产生的环境问题中的中的重要作用需要准确、大范围和长期的观测，相关研究的逐步深入和产生成果需要漫长的基础研究和观测，难以满足较当前林业管理和制定政策的需要。

现行的估算方法建立在碳通量基础上，根据森林生物量估算森林碳贮量，再通过碳贮量换算碳汇/源状态(赵敏，2004)。在评价森林碳汇/源的估算方法中，计算森林生物量是核心，也是最复杂和困难的部分。

(2) 中国森林碳库时空变化的研究状况。王效科等的研究表明，从中国各地区森林植被碳储量和碳密度的空间分布状况看，中国森林植被碳储量和碳密度区域差异显著，自然植被碳密度格局与中国植被生物量的空间分布基本是一致的(2001)。王效科等以省份区划为基础，对中国森林生态系统碳密度空间分布进行研究，发现中国森林植物碳密度较高的省份为黑龙江、吉林、西藏和海南，植物碳密度较小的省份包括广东、广西、湖北、湖南、江西、浙江、江苏、安徽和山东。他们认为中国森林的植被碳密度有从东南向东北增加的趋势。

徐新良等认为中国森林植被碳库主要集中于东北和西南地区，这两个地区占中国森林植被碳库总量的一半以上。而人口密度较大的华东和中南地区以及干旱、半干旱的西北和华北地区森林碳库相对较小。徐新良等还对各地区森林植被碳储量变化进行研究，结果表明东北、西南地区碳储量变化较大，均呈现先降低后增长的趋势，从20世纪70年代初到80年代初(第一次与第二次清查期间)东北、西南地区碳储量分别减少了0.2481 PgC与0.3014 PgC。从80年代初到2003年(第三次与第六次清查期间)各地区森林碳储量均呈现明显的增长趋势，其中西南地区森林碳储量增长最突出。从各地区碳密度的变化看，从70

年代初到80年代初(第一次与第二次清查期间)除了西南地区森林碳密度呈下降趋势外，其他各地区森林碳密度均呈明显的上升趋势，其中华北地区森林碳密度增长最显著。从80年代初到2003年(第三次与第六次清查期间)各地区森林碳密度变化幅度不大，其中西南地区森林碳密度增长最显著，而东北地区森林碳密度下降最显著。

王绍强等则认为不同类型植被碳密度分布总体上表现出东部地区植被碳密度随纬度增加而降低的趋势，但东北地区的寒温带、温带山地针叶林植被碳密度很高。在北部地区，随水分的递减由东向西，从湿润温带森林，向西到松嫩草原、内蒙古草原，以至草被稀疏矮小的干草原和干旱少雨的漠境，植被覆盖率递减，植被碳密度也是逐渐降低的，即中国北部地区植被碳密度具有随经度减小而递减的趋势(王绍强等，1999)。

目前对于碳密度的研究仍存在许多不确定性和争论之处(Suzi K.，S. G. Liu，R. F. Hughes，et al.，2001)，许多研究选取的地点及方法是否具有代表性仍值得置疑，还有一些影响碳沉降的因子及机制尚不是很清楚，包括对不同地区的碳密度估算采用的特定模型是否准确有效也未有定论(Melillo，J. M.，1996)。在土壤碳蓄积量估算、土地利用和覆盖变化以及碳密度估算建模等方面还存在许多需要深入研究的问题。碳密度研究的空间还应该继续拓宽外延，加强其与碳循环和碳通量等其他研究的连接。

中国50年的森林清查资料为验证森林的源汇功能和模型的预测精度提供了有效数据。研究结果表明，最近20多年来，中国森林碳汇主要来自人工林的贡献，而且随着时间的变化，中国森林起着碳汇的作用，平均每年吸收0.022 Pg C的CO_2。有关研究表明，幼龄林、中龄林植被碳储量和碳密度都有进一步上升的趋势，幼龄林、中龄林将发挥越来越大的固碳能力，中国森林的碳汇功能将进一步增强。这都印证了《京都议定书》所提出的用造林/再造林来缓解大气C浓度增加的方案的合理性(林清山，洪伟，2009)。

5.3.1.2 森林碳储量的计算方法

目前，无论是从森林生态系统的角度，还是从区域与国家尺度上，对于森林碳储量的评估的基本思路都是通过一定的方法测定森林生物量，再以生物量结果为依据，利用森林生物量的碳含量系数转化为森林碳储量。因此，森林碳含量的测算基础是生物量核算。

森林群落或者某一区域森林总碳量的基本算法为：

$$C_{total} = \sum_i c_i \cdot B_{i,total}$$

其中：C_{total}为某一森林群落或者某一区域的森林总含碳量；c_i为第i种树种的含碳系数，一般取值在0.45～0.5之间(2004年，IPCC全球指导的缺省值为0.5，2006年调整为0.47。树种不同，含碳系数会稍有不同，比如马钦彦计算的我国乔木树种平均含碳系数为0.45，其中阔叶树平均含碳系数大多小于0.5)；$B_{i,total}$为第i种树种的总生物量。

5.3.2 森林碳库空间分布

从目前生态学对于森林碳库研究的文献来看，衡量和评价森林碳库状况的主要指标是森林的碳总储量(t)和碳密度(t/hm^2)。天然林的碳储量反映的是森林生物总量的含碳总量，而碳密度则反映了单位面积生物量的含碳量，

5.3.2.1 全国森林碳库总量

从表5-19可以看出，从1981年到2008年，我国森林植被碳库总量从40.9亿t增长到78.95亿t，增长率为93.11%，年平均增长率为约为3.32%，其中1998~2003年增长最快，达到23.69%(表5-19)。这与我国从1998年之后，致力于环境恢复、植被保护的政策有关。

中国的森林碳库分为天然林和人工林两个部分，2003~2008年，天然林碳库增长了34.43%，但人工林碳库呈现明显的负增长现象，这主要是由于以天保工程为代表的天然林保护政策是的天然林蓄积量和生物量呈快速增长趋势，同时，经济的持续增长所引致的木材和其他林产品的需求使得人工林短周期砍伐量上升(表5-20)。

表5-19 天然林和人工林的碳库总量及其份额

	1977~1981	1984~1988	1989~1993	1994~1998	1999~2003	2004~2008
天然林(亿t)	38.91	37.02	37.32	38.73	48.40	65.06
人工林(亿t)	1.97	3.35	10.24	13.76	16.53	13.89
总量(亿t)	40.9	40.4	47.6	52.5	64.9	78.95
天然林份额	0.95	0.92	0.78	0.74	0.75	0.82
人工林份额	0.05	0.08	0.22	0.26	0.25	0.18

表5-20 天然林、人工林碳库及碳库总量的增长率 单位:%

区间	1981~1988	1988~1993	1993~1998	1998~2003	2004~2008
总量增长率	-1.27	17.81	10.39	23.69	21.60
天然林增长率	-4.87	0.81	3.79	24.96	34.43
人工林增长率	69.92	205.6	34.47	20.11	-15.99

从构成比例来看，人工林碳储量在森林植被碳储量中所占份额2003年以前呈递增趋势，尤其是从1988年至1993年，人工林碳储量份额从0.08%增长

到0.22%，但从2003年达到峰值后，人工林份额呈明显下降趋势，这跟1998年之后的林业政策有关，一方面，出于生态环境建设的需要，社会需要大量新造林；另一方面，人工林经营的管理没有跟上，小径级木材具有较大的需求。目前的林业政策对于人工林大径级木材培育的管理缺乏完整、系统的相关政策和支持。

从历次森林资源清查中可以看出，天然林碳库贡献率在1977～1981年最高达0.95，之后呈递减趋势，2003年以后，这种趋势得以扭转，截至2008年，天然林碳库贡献率重新回升到0.82。这表明，天然林的在森林植被碳汇效益中占据越来越重要的地位。

5.3.2.2 各省区森林碳库的碳储量和碳密度

(1)碳储量。从数据表5-21和图5-19中可以明显看出，黑龙江、内蒙古、四川、西藏、云南等省份的森林碳库在中国森林碳库中具有十分重要的地位和作用。黑龙江、云南、西藏、四川、内蒙古、吉林是中国天然林资源最丰富的省份；其次是福建、陕西、广西、广东、江西、湖南、辽宁、新疆、河南、湖北、贵州、甘肃、山东、浙江、安徽、重庆、河北等地。

表5-21 第二至七次森林资源清查各省森林资源碳储量 单位：(tC)

省 份	第二次	第三次	第四次	第五次	第六次	第七次
北 京	1285583	4110467	4583598	7104965	8744033	10847512
天 津	119253	798839.8	1206272	1218067	1059854	1497175
河 北	19601785	24649772	36997117	41915180	46112543	59485208
山 西	20404470	21960443	28821957	37797609	44035473	56553150
内蒙古	4.53E+08	4.52E+08	4.81E+08	5.31E+08	6.03E+08	6.49E+08
辽 宁	64720136	74173736	86381741	1.04E+08	1.13E+08	1.3E+08
吉 林	4.16E+08	3.95E+08	4.39E+08	4.55E+08	4.73E+08	4.89E+08
黑龙江	7.64E+08	7.35E+08	7.35E+08	7.7E+08	7.52E+08	8.34E+08
江 苏	5100997	4182168	8937139	9522477	25217486	38650016
浙 江	42293341	49941552	52514752	61950044	64562745	96839417
安 徽	37754959	55748995	43389876	57629188	72283652	96024617
福 建	1.41E+08	1.09E+08	1.41E+08	1.59E+08	1.92E+08	2.1E+08
江 西	1.24E+08	87471061	94698668	1.16E+08	1.68E+08	2.05E+08
山 东	3857770	11613456	14300220	14137056	30424015	60235503
河 南	29187024	25818829	39626657	44380131	76176877	1.22E+08
湖 北	48770403	51950364	59346889	65837788	76831352	1.04E+08

（续）

省份	第二次	第三次	第四次	第五次	第六次	第七次
湖南	91026721	91288656	97128227	1.28E+08	1.72E+08	2.27E+08
广东	1.4E+08	81958423	1.07E+08	1.29E+08	1.84E+08	1.96E+08
广西	1.5E+08	1.46E+08	1.45E+08	1.85E+08	2.37E+08	3E+08
海南		29443913	29026465	33862466	36899107	37271928
四川	3.9E+08	4.86E+08	4.95E+08	5.54E+08	5.79E+08	6.22E+08
贵州	84059162	77426469	62948099	94087173	1.15E+08	1.51E+08
云南	4.65E+08	5.02E+08	4.87E+08	5.65E+08	6.16E+08	6.84E+08
西藏	2.13E+08	80365174	2.6E+08	2.65E+08	4.78E+08	4.74E+08
陕西	1.86E+08	2.19E+08	2.26E+08	2.48E+08	2.55E+08	2.85E+08
甘肃	86556076	1.24E+08	1.11E+08	1.21E+08	1.27E+08	1.5E+08
青海	7678244	81550914	48973837	54739319	65126298	71766329
宁夏	4231801	12236214	9665865	10739203	8963728	10398514
新疆	89234448	3329039	75764541	1.1E+08	1.09E+08	1.27E+08

总体上来看，传统的国有林区和南方9省集体林区在中国森林碳库中具有十分重要的贡献。河南、山东、安徽、福建、辽宁、贵州、河北等省的人工林发展提高了对于森林碳库总量的贡献率。

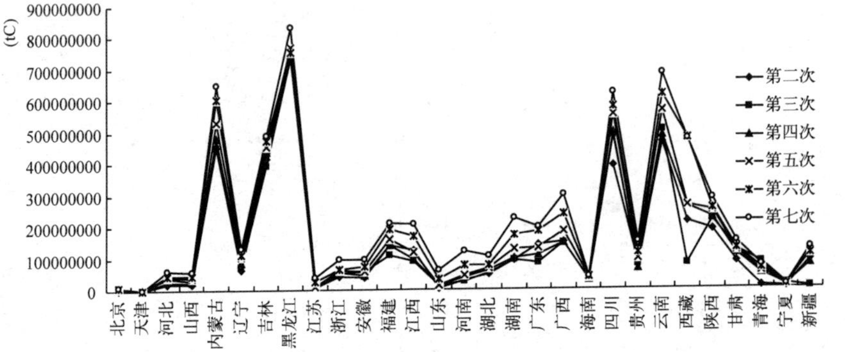

图5-19　第二至七次森林资源清查各省森林资源碳储量

(2)碳密度。从计算出的全国碳密度均值变化情况来看，虽然还存在一定的空间和时间差异，但总体上来看，全国森林的碳密度均值保持了一定的稳定性(表5-22和图5-20)。

表 5-22 第二至七次森林资源清查各省森林资源碳密度 单位：(tC/ hm²)

省 份	第二次	第三次	第四次	第五次	第六次	第七次
北 京	8.940076	19.09181	15.80551	20.31732	23.13236	20.87264
天 津	3.988393	12.63987	12.64436	13.32677	11.33533	16.06411
河 北	11.69	12.25869	14.20998	12.22552	14.78962	15.68331
山 西	25.1907	22.10634	20.93706	19.69138	21.34536	25.94776
内蒙古	35.16316	32.65845	33.17612	35.12389	37.32126	38.15963
辽 宁	26.85037	18.83108	21.14919	22.34134	24.26315	26.9492
吉 林	69.08249	63.3995	67.00577	62.76044	65.6778	66.40527
黑龙江	50.0314	47.07074	43.45852	42.92622	41.8584	43.29676
江 苏	15.70988	10.83183	20.75508	19.63397	32.57652	35.95016
浙 江	18.23382	12.37034	11.71629	11.68957	11.65561	16.57018
安 徽	23.27679	24.66224	18.24714	17.14695	21.78071	26.67721
福 建	35.72597	21.69474	20.58229	21.25759	25.13931	27.39543
江 西	22.68144	14.597	12.99218	12.76245	18.06775	21.07061
山 东	6.763271	7.274778	8.207197	7.260197	14.86709	23.67189
河 南	26.48791	16.4336	21.67167	20.5969	28.18234	36.24649
湖 北	15.3845	13.48065	14.48121	12.6155	15.45187	18.00128
湖 南	23.01619	13.51684	13.1819	14.73644	19.98019	23.91119
广 东	23.76732	16.84966	13.43091	15.47608	22.29371	23.07003
广 西	28.71408	27.86054	22.14407	20.78852	24.16165	29.01723
海 南		33.9842	26.79943	24.94105	22.14035	21.14599
四 川	57.26576	44.65754	42.06989	41.40224	46.89095	47.38805
贵 州	40.6692	34.86736	22.90438	24.18134	27.29979	32.86906
云 南	53.25055	53.83797	50.26251	43.20515	41.01658	41.47048
西 藏	68.5359	12.71541	65.58262	64.84691	56.59679	56.34295
陕 西	41.63702	46.51158	44.09566	40.26032	40.08383	41.45936
甘 肃	48.92938	60.9922	52.212	54.23836	57.50144	62.70455
青 海	39.47683	306.237	164.2866	167.912	187.6298	200.1292
宁 夏	39.43897	43.13082	70.24611	61.71956	61.18585	66.91451
新 疆	79.60964	2.224253	55.93956	60.22552	60.52075	62.5552

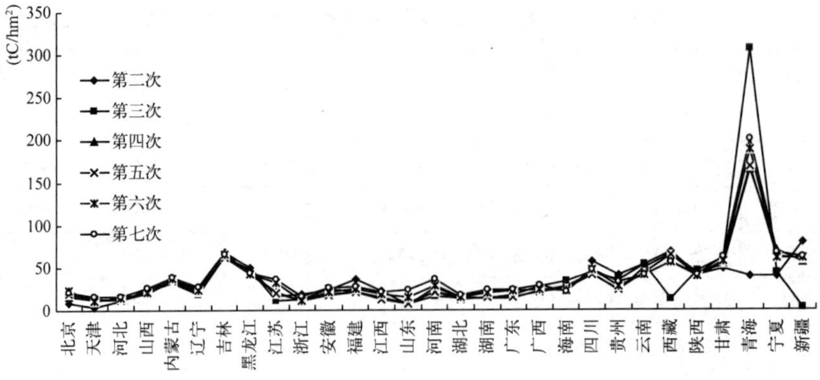

图 5-20　第二至七次森林资源清查各省森林资源碳密度

5. 3. 2. 2　各省区天然林和人工林碳储量

天然林和人工林的起源不同，在社会经济迅速发展的今天，天然林由于物种多样化的特性自然属性，在生态环境和物种多样性保护中的作用越来越重要。而人工林的培育和发展为了满足木材生产和经营者追求经济收益的要求越来越具有工厂化生产的特征（纯林、短周期和较多的人工经营措施与认为干预①）。

（1）天然林碳储量。从图 5-21 可以表出，内蒙古、黑龙江、四川、云南、西藏是我国最重要的天然森林碳库，作为中国天然林资源的大省，从第七次森林资源清查的数据来看，其天然林碳库占全国天然林碳库总量的 63. 4%。

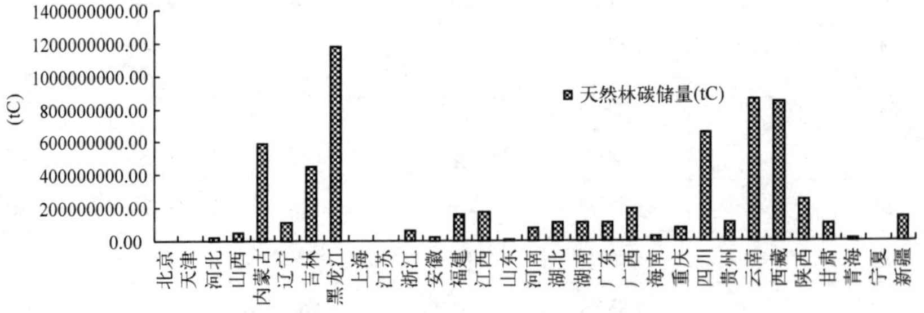

图 5-21　第七次森林资源清查天然林碳储量

其中黑龙江省是我国各省中最大的天然林碳库，占全国天然林碳库总量的 18. 15%；黑龙江的大小兴安岭、内蒙古的大兴安岭和吉林的长白山林区以及

① 尽管现代林业技术一直在学习德国近自然林业的理论和经验，在人工林经营过程中追求多树种和混交，但在中国的人工林经营实践中，近自然林业的思想和观念还远没有被人们所认识和接受。

四川的山地森林以及云南和西藏的热带雨林以及山地森林在中国的森林碳库中贡献最大，保护这些地区的天然森林资源对于发挥森林碳汇效益具有十分重要的意义。

天然林碳库在实施天保工程前后有明显的变化，在天保工程之前由于森工企业解决发展的需要，持续对于天然林进行采伐生产活动，导致天然林资源不断减少，森林碳库，包括碳储量和碳密度两个指标在20世纪90年代中期均以前出现明显的持续下降趋势。到90年代后期，随着可采资源日益枯竭和实施天保工程，我国的天然林资源得以休养生息，大量采伐以后的天然次生林得以恢复。

从我国各省天然林碳储量的时间序列变化来看，第六次和第七次森林资源清查期间，各省的天然林碳库均有较大幅度的增加，证明天保工程取得了明显的成效(表5-23)。

表5-23　第二至第七次森林资源清查各省天然林碳储量　　单位：tC

省　份	第二次	第三次	第四次	第五次	第六次	第七次
北　京	992621	1525181.375	2306048.487	3223095.74	3768727.506	4416505.625
天　津	56509.285	51371.715	26090.38979	26882.50789	36090.88075	59705.90149
河　北	14687605.16	13770638.66	17209201.03	19702948.29	20653825.02	25928601.44
山　西	18814229.48	18908300.77	22286541.54	26942989.82	27718989.92	32483329.47
内蒙古	438485466.7	432654604	449320075.7	487296995.7	538870814.9	571295698
辽　宁	50419479.33	48404693.91	55742107.99	62246816.59	67257666.66	77867308.94
吉　林	402738256.9	372152353.5	411455298.2	416887906.2	419662606.7	432581471.1
黑龙江	750039659	701726423.2	704865212.4	725004838.7	694939215	752103517.3
江　苏	642451.3	277997.41	533600.3975	576042.4469	677661.4155	946830.7073
浙　江	37523690.09	40224900.22	40142300.27	45050076.29	43713324.36	60889020.21
安　徽	32277903.29	27157770.52	24406904.96	31696655.59	36115752.47	45463880.97
福　建	128507294.2	83981942.73	100559876.2	105268134.4	118759304.8	130126862.5
江　西	119397222.1	78781023.04	78582511.02	91502382.76	120887105.7	153545495.6
山　东	113275.28	677837.43	580341.8586	638196.9692	944553.5544	1879326.84
河　南	23883453.27	19515709.26	26010663.71	26181781.24	31706256.73	39610405.74
湖　北	44447039.35	43854627.5	47081732.76	50557068.17	57962607.82	81031440.05
湖　南	79138792.2	70803784.36	65471778.5	81772996.83	94115017.45	118065475.8
广　东	121458827.2	63589521.74	78466770.06	88424540.71	119088432.7	126975455.1
广　西	131818565.1	129463469.8	121685675.1	151984595.1	184099291	224591471

（续）

省　份	第二次	第三次	第四次	第五次	第六次	第七次
海　南		28165375.23	25585506.86	27958454.96	29810747.06	30494830.21
四　川	386866474.4	464782109.5	470538576.1	511836825.4	518399552.2	544577010.7
贵　州	79299438.92	69883482.58	53893239.55	80393870.9	90050936.88	111503158.7
云　南	462088982.7	497030351.5	479009987.3	552431851	593965859.5	653012044.9
西　藏	213377971.2	74665408.67	260133443.5	264847736.2	478322149.6	474261159.4
陕　西	178949299	218888335.3	215317925.6	230053524.4	231443511.5	250634559.4
甘　肃	82572834.08	113385277.4	93568054.48	95634800.86	96125074.41	102930439.3
青　海	7225166.815	73887308.52	42791662.93	47066948.72	50024964.06	54258897.87
宁　夏	2416822.415	11719760.52	5822410.123	7463784.22	7819558.211	8466093.061
新　疆	82966386.17	1779274.62	37196572.41	46713145.09	53206584.72	55742495.63

从计算结果也可以看出，天然林保护工程对于资源恢复和增长所产生的影响是十分明显的，西藏、黑龙江、云南、四川、内蒙古等5省(自治区)的天然林碳库在天然林资源保护工程以后出现了明显和巨大的增长(图5-22)。

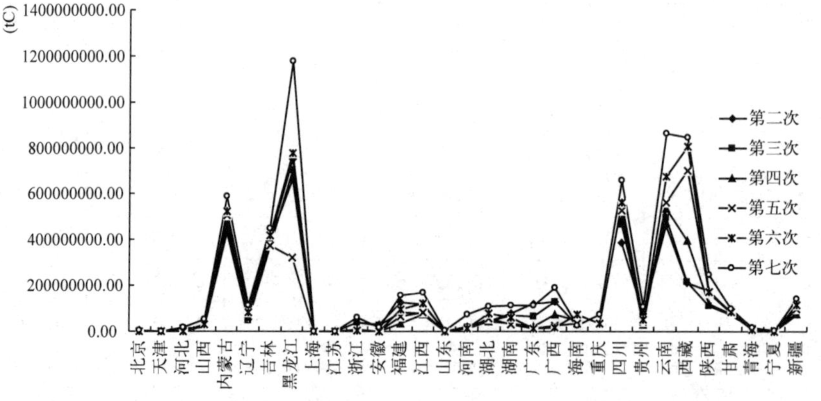

图5-22　第二至七次森林资源清查各省天然林碳储量时间序列变化情况

(2)人工林碳储量。随着社会经济的不断发展，人工林不仅能够提供大量的木材产品，而且具有重要的生态环境效益，其中森林碳汇效益是十分重要的效益。经过几十年的努力，中国的人工林事业取得了举世瞩目的成就，虽然人工林仅占森林碳库总量的37%。由于天然林主要分布在偏远山区，虽然在全球生态系统中具有十分重要的作用，但人工林是社会在生产过程中重要的组成部分，除了生产木材以外，人工林具有重要的生态效益，其生态效益对于人类的生产生活的影响也是最直接的。发展人工林也是人类能够运用政策、科技和解决投入，主动投资自然，能够控制和按照人的意志安排，缓解温室气体排放的诸多努力之一。

从第七次森林资源清查的数据来看，中国人工林碳储量最大的省份依此是福建、广东、山东、湖南、黑龙江、广西、辽宁、四川、安徽和河北；其次是江西、浙江、吉林、陕西、内蒙古、江苏和湖北。在这些省份中，出现了江苏和河北两个非传统林业大省，可以看出这两个省的林业正处在高速发展的时期(图5-23)。

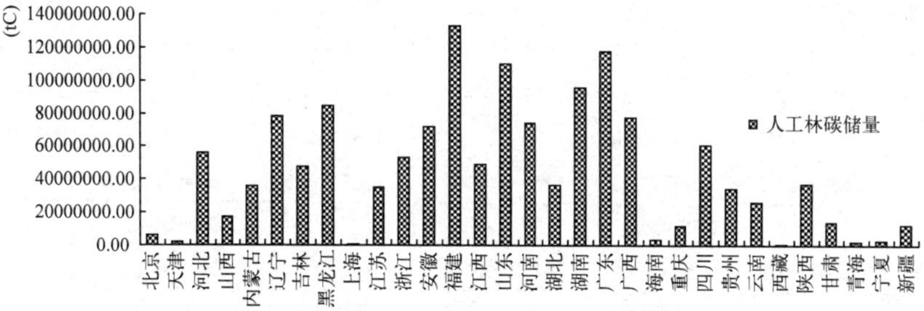

图5-23 第七次森林资源清查人工林碳储量

从第二次到第七次森林资源清查期间，人工林的经营面积、蓄积总量基本上处于上升趋势(表5-24)。

表5-24 第二至第七次森林资源清查各省人工林碳储量 单位：tC

省 份	第二次	第三次	第四次	第五次	第六次	第七次
北 京	292961.93	2585285.73	2277549.59	3881869.74	4975305.1	6431006.21
天 津	62743.67	747468.115	1180181.63	1191184.04	1023762.7	1437468.76
河 北	4914179.81	10879133.2	19787915.7	22212231.2	25458718	33556606.2
山 西	1590240.645	3052141.82	6535415.31	10854619.2	16316483	24069820.3
内蒙古	14627041.23	19220714.2	31299057.9	43273932.4	64293020	77814852
辽 宁	14300656.77	25769042.6	30639633.2	41698501.7	45347591	52453614.8
吉 林	13760104.62	22908934.9	27251591.9	38238241.7	52876042	55982011.1
黑龙江	13569547.57	33292645.4	29662081	45469262	57465588	82212032.3
上 海	10180399.85	40511.595	60004.6219	135208.155	187811.08	570382.917
江 苏	4458545.66	3904170.65	8403538.78	8946434.2	24539825	37703185.5
浙 江	4769650.9	9716651.3	12372451.3	16899967.8	20849421	35950396.7
安 徽	5477055.74	28591224.6	18982970.9	25932532.6	36167899	50560735.5

（续）

省份	第二次	第三次	第四次	第五次	第六次	第七次
福建	12485227.75	24565516.5	40297112.4	53662089.7	73541310	79900167.3
江西	4618094.16	8690038.39	16116156.6	24750737.4	47278485	51604332.5
山东	3744494.58	10935618.6	13719878.4	13498858.7	29479461	58356175.9
河南	5303570.985	6303119.61	13615993.2	18198349.4	44470621	82391650.5
湖北	4323364.04	8095736.57	12265156.2	15280720	18868745	23105942.3
湖南	11887928.32	20484871.8	31656448.9	46115714.2	77744595	108500235
广东	18259713.09	18368901.1	28291469.7	40381310.1	65173547	69124411.8
广西	18275660.22	16169126.9	23036920.2	33266058.9	53146343	75272590.6
海南		1278537.73	3440958.57	5904010.93	7088360.3	6777098.19
四川	3159138.214	20739113.6	24451488.7	41942974.9	60347340	77827059.9
贵州	4759723.567	7542986.88	9054859.41	13693302.4	24649121	39447986.6
云南	2468780.87	5137917.39	7898002.04	12877334.6	21898145	30558351.3
西藏	49663.51	5699765.71				
陕西	7226479.98	92817.04	10196085.8	18215773	23810311	34046123.1
甘肃	3983242.125	10349600.9	17137050.4	25360125	30481593	47077654.9
青海	453077.43	7663605.58	6182173.84	7672370.54	15101334	17507430.7
宁夏	1814978.945	516453.61	3843454.39	3275418.87	1144169.5	1932421.34
新疆	6268062.23	1549764.77	38567968.2	63102064.7	56172574	71582359.9

从增量的角度来观察我国人工林碳库的增量份额（图 5-24），呈现明显的“东强西弱”状态，既在我国的东部和中部各省，人工林碳库在全国总碳库中的份额比较大，而随着地理位置向西部移动，份额逐步降低，这也反映出地理和气候条件和社会经济发展状况在人工林培育和经营过程中的差异性。

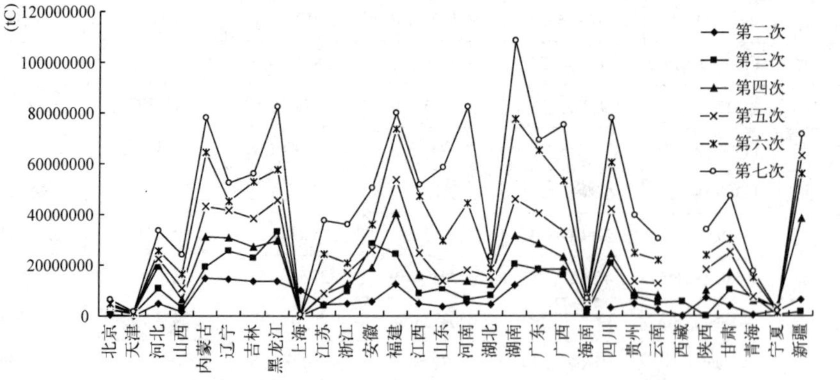

图 5-24　第二至七次森林资源清查各省人工林碳储量

5.4 中国森林资源增长潜力研究

5.4.1 研究基础

2011年9月，胡锦涛主席在首届亚太经合组织林业部长级会议上强调，中国将继续加快林业发展，力争到2020年森林面积比2005年增加4000万hm^2、森林蓄积量比2005年增加13亿m^3，为绿色增长和可持续发展做出新的贡献。当前，在我国林业面临历史性发展机遇时，如何准确地选择发展区域，进一步加大森林培育力度，通过创新技术和管理模式，提升森林资源数量和质量，实现2020年森林面积和森林蓄积量的“双增”目标就成为十分重要的问题。

经过数十年坚持不懈的植树造林和十多年天保工程建设，一般认为，国有林区和南方集体林区的可造林林业用地已十分有限，而中国的西部还有大量的荒山荒地，应重视中国西部的林业发展。

作为林业发展的物质基础，森林资源的数量和质量是体现林业服务功能的关键指标，森林资源的丰富程度决定着一个国家或地区生态环境的优劣和经济发展的潜力(粟峰、2002)。森林资源具有再生性、长期性、多效益性、不可替代性、分布的广袤性、多元弹性等属性(邢美华、2009)，大量文献对森林资源分布进行的研究中发现我国森林资源分布极不均匀，存在地区之间、地区内部的不均匀性(杨茂，1995；姚永慧，2003；张文华，2005；闫海冰，2005；叶金盛，2010)，森林覆盖率与森林分布呈反向演进，学者们强调在重视森林资源数量增长的同时，应重视地域上的均衡分布。关于林业潜力的文献较少。

从相关文献来看，专家、学者运用不同的森林资源评价指标体系采用了层次分析法、主成分法和因子分析等多种研究方法来评价我国的森林发展现状。现有的森林资源评价指标体系虽然从一个或多个方面反映了森林资源质量和数量，但缺乏对全国的森林资源数量、质量和产出进行综合性的评价，不利于认识我国的森林资源潜力，调整森林资源管理政策，从而进一步保护和开发利用森林资源。

森林资源的增长主要表现为面积和蓄积的增长。尽管从第三次全国森林资源清查开始，中国森林资源一直保持面积和蓄积的双增长，但森林资源整体质量却在下降(周洁敏，2001)。自然地理状况、区域社会经济的发展状况、林业产业发展状况均对森林资源增长和变化有影响，并不能简单地从是否存在大量土地资源来简单判定林业的发展潜力。故仅以森林资源数量增长如覆盖率和森林面积等数量指标考核林业工作的政绩是不科学的，应该引入森林资源分布评价指标，将改善森林资源分布相对均衡性要求纳入我国林业战略规划，促使林业部门更加重视地区间森林资源的均衡配置(聂华，2007)。

本书基于对我国27个省的森林资源数量、质量和产出进行比较研究，作为森林资源增长和开发利用转型的新视角，充分发挥森林在经济、社会、生态、文化等方面的多种效益。

5.4.2 各省林业发展排名实证分析

5.4.2.1 研究方法、数据来源和指标体系

应用因子分析法对全国27个省做实证分析，在因子分析的基础上，根据相关因子得到的不同省份排名状况，结合森林资源清查数据建立指标体系，进一步计算森林资源增长的潜力

森林资源数据来源于七次森林资源统计数据。林业发展的经济技术指标来源于《中国林业统计年鉴2008》。考虑到直辖市的森林资源数据对于全国的森林资源变化不具有关键影响。而且北京、上海、天津的林业产业主要依靠外来的木材供给，重庆建立直辖市较晚，缺乏完整的数据，计算结果对于森林资源的变化影响不大，不影响主要地区的排名，故忽略了4个直辖市，选择27个省作为研究对象。

为评价我国林业发展潜力，抓住评价中的主要问题，更全面、客观、真实地反映我国林业的发展潜力。在对文献的研究基础上，经过认真分析比较，本文选择了如下指标：x_1林地面积/全部土地面积(%)，x_2森林面积/林地面积(%)，x_3森林蓄积/森林面积(%)，x_4天然林蓄积/天然林面积(%)，x_5人工林蓄积/人工林面积(%)，x_6第七次森林资源面积年均增长率(%)，x_7第七次森林资源蓄积年均增长率(%)，x_8林业产值/GDP(%)，x_9第二次林业总产值/林业总产值，x_{10}第三次林业总产值/林业总产值(%)。从林地质量、数量和产出等角度来分析不同地区的林业潜力，对其进行评价。

5.4.2.2 特征值的选择

应用SPSS18.0软件对数据进行因子分析，根据特征根大于1的原则决定特征值，因子的方差贡献率为78.84%，可靠性小于85%，不能很好地解释变量。故选择因子的固定数为5来进行因子分析，得到各方差贡献率的具体数值如下(表5-26，其中$n=5$)：

表 5-25 特征根及方差贡献率($n=5$)

成分	初始特征值			提取平方和载入			旋转平方和载入		
	合计	方差的%	累积%	合计	方差的%	累积%	合计	方差的%	累积%
1	2.905	29.053	29.053	2.905	29.053	29.053	2.558	25.576	25.576
2	2.576	25.762	54.814	2.576	25.762	54.814	2.280	22.802	48.378
3	1.382	13.822	68.636	1.382	13.822	68.636	1.694	16.942	65.320
4	1.020	10.204	78.840	1.020	10.204	78.840	1.226	12.265	77.585
5	0.898	8.981	87.820	0.898	8.981	87.820	1.024	10.235	87.820
6	0.447	4.470	92.290						
7	0.271	2.713	95.003						
8	0.250	2.503	97.505						
9	0.198	1.984	99.489						
10	0.051	0.511	100.000						

从表 5-25 可知，前五个主因子包含的信息总量已达 87.82%，这说明用前五个主因子代表原来反映林业发展潜力的 10 个指标已有相当大的体现，基本上代表了原始数据的信息。

5.4.2.3 主成分对原指标的反映程度

考察特征根对应的特征向量，可以得到前 5 个因子对原指标的反映程度(表 5-26)：

表 5-26 因子对原始指标的反映

	成分				
	1	2	3	4	5
X_1	0.838	-0.101	-0.192	-0.376	0.052
X_2	0.705	0.292	0.415	0.326	-0.095
X_3	0.142	0.907	0.076	0.117	0.152
X_4	-0.227	0.898	-0.250	0.154	-0.002
X_5	-0.013	0.163	-0.161	0.928	0.115
X_6	0.052	-0.063	0.913	-0.169	-0.003
X_7	-0.115	-0.633	0.664	0.025	0.004
X_8	0.853	0.118	-0.102	-0.020	0.095
X_9	0.732	-0.315	0.326	0.201	0.013
X_{10}	0.069	0.102	-0.003	0.096	0.983

主因子的实践意义由线性组合中权数较大的几个指标的综合意义来确定。

第一主因子中林地面积/全部土地面积、森林面积/林地面积、林业产值/GDP、第二次林业总产值/林业总产值这四个指标的系数远大于其他成分的系数，反映了林地资源和产出情况，是林业资源指标的体现，根据我国林业发展的现状(林业发展落后，产值主要依赖资源的多少)，可以解释为林业资源占有和经营因子。第二主因子中森林蓄积/森林面积、天然林蓄积/天然林面积这两个指标的系数较大，主要是森林质量的体现，代表不同地区对林业资源的质量和管理能力，因此可界定为林业资源质量和管理因子。第三主因子主要是第七次森林资源面积年均增长率和第七次森林资源蓄积年均增长率(%)，标志着自然因素对林业潜力的影响，以气候、温度和地理等自然环境作用于林业潜力，为自然因子。第四个主因子是人工林蓄积/人工林面积，体现了人工培育对林业潜力的影响，为培育因子。第五主因子是第三次林业总产值/林业总产值，体现了服务行业如旅游业的发展和地区林业经济的转型对林业潜力的影响，为人文转型因子。

这五个综合因子从林业资源占有和经营潜力、林业资源质量和管理潜力、自然潜力、培育潜力和人文转型潜力五个方面来评价不同地区林业发展潜力，具有87.8%的可靠性，能很好地解释变量。

5.4.2.4 林业发展潜力的评判和排序

林业发展潜力的综合得分公式为：

$F=F_1*$主因子1得分$+(F_2*$主因子2得分$)+(F_3*$主因子3得分$)+(F_4*$主因子4得分$)+F_5*$主因子5得分

从上面的公式中 $F_i(i=1, 2, 3, 4, 5)$是各综合因子的权数，根据主因子的贡献率的大小来确定。利用主因子的贡献率和主因子得分可以得到各地区林业潜力的综合得分，按这个得分的大小排序，即可排列出各个地区林业潜力的排名(因子得分及排名见表5-27)。

表5-27 林业发展潜力排名表

省份	F_1	排名	F_2	排名	F_3	排名	F_4	排名	F_5	排名	F	排名
河北	-0.407	17	-0.686	23	0.801	5	-0.745	22	-0.589	18	-0.315	21
山西	-1.197	24	-0.584	20	-0.732	23	-1.546	26	-0.312	14	-0.894	26
内蒙古	-0.569	19	-0.170	12	-1.030	25	-0.469	20	1.184	5	-0.335	22
辽宁	0.027	13	-0.115	10	-0.322	19	-0.260	17	-0.520	16	-0.182	20
吉林	0.992	6	1.142	4	-0.184	15	1.762	2	0.704	8	0.879	1

（续）

省份	F_1	排名	F_2	排名	F_3	排名	F_4	排名	F_5	排名	F	排名
黑龙江	0.597	8	0.485	7	0.205	10	1.258	4	0.793	7	0.608	2
江　苏	−0.444	18	−0.500	18	2.559	1	0.709	6	−0.236	13	0.306	7
浙　江	0.965	7	−0.842	25	0.482	7	−0.214	16	−0.081	11	0.116	12
安　徽	0.075	12	−0.454	16	0.575	6	0.574	7	−0.361	15	0.053	14
福　建	2.101	1	−0.117	11	−0.975	24	1.118	5	−1.140	26	0.415	6
江　西	1.326	3	−0.275	13	−0.195	17	0.072	11	1.484	3	0.462	5
山　东	−0.701	20	−1.174	26	2.101	2	0.314	8	−0.785	21	−0.152	18
河　南	−0.706	21	−0.616	22	0.867	3	0.299	9	−0.162	12	−0.176	19
湖　北	−0.064	15	−0.446	15	0.842	4	−0.411	18	0.185	10	−0.008	16
湖　南	0.549	9	−0.606	21	0.253	9	−0.022	13	1.290	4	0.200	10
广　东	1.035	5	−0.460	17	−0.528	21	−0.071	15	−1.278	27	−0.080	17
广　西	1.109	4	−0.338	14	−0.194	16	0.057	12	−0.998	23	0.088	13
海　南	1.628	2	0.761	6	−0.606	22	−1.404	25	−1.051	25	0.235	8
四　川	0.102	11	1.376	2	0.049	14	−0.432	19	2.239	1	0.599	4
贵　州	−0.002	14	−0.506	19	0.079	13	0.297	10	1.982	2	0.158	11
云　南	0.457	10	1.180	3	0.100	11	−1.239	24	−0.687	20	0.205	9
西　藏	−1.089	23	3.492	1	0.463	8	−0.040	14	−0.608	19	0.601	3
陕　西	−0.396	16	0.272	9	−0.305	18	−1.774	27	−0.829	22	−0.449	23
甘　肃	−1.361	25	0.293	8	−0.441	20	−0.698	21	0.325	9	−0.465	24
青　海	−1.689	27	−0.795	24	−2.497	27	2.231	1	−1.040	24	−0.991	27
宁　夏	−0.865	22	−1.287	27	−1.449	26	−0.905	23	1.024	6	−0.872	25
新　疆	−1.471	26	0.971	5	0.084	12	1.539	3	−0.532	17	−0.008	15

5.4.3　结论与分析

5.4.3.1　林业发展潜力的评判和排序

在表5-28的得分中，某些地区的得分是负数，并不是发展就为负，这里仅表示该地区与平均水平的位置关系。按主因子综合得分计算出27个省的林业发展潜力综合排名中，排在前4名的是吉林、黑龙江、西藏和四川，排在后四位的是甘肃、宁夏、山西和青海。

第一，表5-28中的发展潜力F得分均值为0，故$F=0$代表发展潜力的平均水平，据此各地区发展潜力状况大致如下：高于和低于平均水平的公司分别是14家和13家，其中排在首位的吉林潜力显著，远高于第二、第三名的黑龙江和西藏。第二十七名的青海远低于平均水平。第十五、十六名的新疆和湖北与平均水平很接近。

第二，由表5-28可知，资源占有和经营能力是影响潜力最重要的因素，其次分别是林业资源质量和管理因子、自然因子、培育因子和人文转型因子。从影响发展潜力的第一、第三因子得分看，福建和海南在第一主因子(资源占有和经营能力)排名明显高于其他地区，而新疆和青海受林业资源和经营开发能力的限制，相对落后；江苏和山东排在第三主因子(自然因素)前列，内蒙古、青海和宁夏明显落后于其他地区。可见，从第一和第三主因子来看，南方各省具有很大的林业发展潜力。从第二主因子来看，主要是现实的土地面积和蓄积因素。西藏、四川和云南排名居前，而山东和宁夏靠后。从第四和第五个主因子来看，第四主因子(人工培育因子)上青海、吉林和新疆居前，吉林、贵州和黑龙江落后于其他地区，可见我国在人工林培育上的力度在西北的支持大，而对南方各地区的影响小，与现实一致。第五主因子上(人文转型因子)上四川和贵州居前，陕西和海南明显落后。

第三，表5-28中各主因子的排名与总排名差别较大，说明综合潜力取决于五个主因子的综合影响。同时这种排名差别也说明，我国各地区在资源拥有和开发能力、人工培育和管理能力、自然发展影响能力、人文转型能力上等方面普遍发展不均衡。通过对各地区采取不同的措施，可以解放生产力，发挥林业潜力。

5.4.3.2 研究结论

通过林业用地面积减去现有森林面积作为计算林业用地面积的发展潜力，可以计算得到28个省森林面积发展潜力合计为8684.98万hm^2。在这个面积上造林按照全国平均单位面积蓄积计算，可增加森林蓄积609685.596万m^3。

利用现实蓄积与世界平均单位面积蓄积的差异来计算森林蓄积发展潜力和现实蓄积与全国平均单位蓄积差异来计算森林蓄积发展潜力两种方法来计算，可分别得到的数值为498947.38万m^3和404796.22万m^3。在第二种方法中，南方集体林区可以增加蓄积为213279.31万m^3，可见，在南方集体林区蓄积的增加量足以支撑我国的13亿的蓄积量增长量；国有林区增加的蓄积为117574.23万m^3，集中在内蒙古、山西、甘肃、新疆和青海等省份。

5.4.3.3 建议

通过以上分析，研究者认为我国进一步提高林业发展的潜力的对策如下：

第一，提高南方集体林区森林活立木蓄积量，是我国实现蓄积量增加目标实现的有力途径。南方集体林区可加快造林速度、开展封山育林，来加强森林资源培育。在林木良种基地建设、中幼林抚育、低产低效林改造、更新造林、经济林建设、退耕还林等方面加大投入力度，来增加森林面积和森林活立木蓄积量。集体林区在林权改革后的发展过程中，存在超计划超规格采伐、林地流失、资源培育质量不高等问题，而且采伐限额制度、集体林承包期限短、农村集体组织对集体管理不规范限制了效益的发挥。可从经营、制度、企业和社区管理等角度对集体林区森林资源管理进行改革，实行科学、灵活的森林资源采伐限额管理。

第二，重视森林资源社区管理。充分利用森林资源社区管理的管理成本低、有效避免机会主义等优势，以及村规民约在森林资源管理的重要作用，避免行政干预、政绩行为等，真正实现社区居民的自主、自治的管理等(王文烂、2005)。

第三，林业政策应保持相对长期稳定，通过微调激励村民育、抚、护、用森林的积极性，鼓励村民种植与间伐结合，有效扩大森林面积(王厚俊，2008)。并建立有林地保护的制约和奖惩机制，建立有林地损失补偿制度，实施林地质量管理体系，并制定各层次的林地资源利用规划建立林地资源优化配置与管理机制。

第四，计划经济体制下形成的以木材生产为主的国有森林资源管理体制，存在政企不分和育林基金在经营实体外循环。存在近期利益与长远利益的矛盾、经营权的使用问题、林木采伐权的问题、国有资产流失等问题(王丹、2007)。伊春林改后，森林生态效益没有减少，森林资源蓄积的变化量不是很大，森林资源管护的效果明显，但林分的选择与森林分类经营的区划发生了冲突(朱洪革，2010)。可从建立国家森林资源垂直管理体制、继续完善天然林保护等生态保护与建设配套政策、在大小兴安岭林区开展建立生态补偿机制试点、建立符合地区资源特点和条件的合作体制来深化国有森林资源改革。

5.5 研究结论

5.5.1 比较分析

5.5.1.1 天然林资源的变化基本呈线性增长，但存在微弱的倒 U 形变化

天然林资源基本呈现先行增长，在由于个别年份的增长变化呈现微弱的倒 U 形曲线。我国森林资源的面积和蓄积均以第六次森林资源清查为拐点，以前出现了微弱的倒 U 形曲线，这种微弱的倒 U 形曲线主要是受到了天保工程的影响，在此之前呈现一定程度的下降，天保工程以后又逐年上升，可以认为天保工程产生了明显的效果。

碳储量反映的是森林的生物总量，从我国天然林第二次到第七次森林资源清查的数据来看，呈现的微弱倒 U 形曲线，符合库茨涅茨有关经济发展与环境

U形曲线。也就是在社会经济发展的初期，经济发展遂于自然资源和环境的开发利用和会导致自然资源和环境的破坏，造成资源日益枯竭和生态环境恶化。而随着经济的进一步发展，社会经济会增加资源和环境保护的投入，自然资源获得休养生息的机会，环境状况想好的方面转化。

从我国天然林资源碳库的变化来看，第四次和第五次森林资源清查时期，我国的天然林资源恶化的情况在第六次森林资源清查期间开始出现拐点，在这个时期，我国大多数国有林区，也就是主要的天然林资源分布地区的可采资源已经开始枯竭，进一步的大规模采伐成本太高，已经无法。实际上在这一阶段，国家、社会和林业主管部门已经认识到对天然林资源采伐所造成资源枯竭的严重后果，并在采伐过程中实行封山育林和人工造林等措施，恢复森林。进入90年代中后期，也就是第六次森林资源清查时期，前期封山育林和人工造林形成的天然次生林和人工中幼林资源已经形成可观的森林生物量。从20世纪90年代后期，各大国有林区开始进行天保工程试点，1998年以后，计划中的天保工程开始全面在2000年全面实施，中国的天然林资源在前期已经恢复的天然次生林和部分人工造林资源的基础上，进入迅速生长后资源恢复时期，天然林资源的回复和增长出现看了可喜的变化，天然林资源的拐点开始向好的方面转化。

5.5.1.2 天保工程取得了明显成效，人工林增长平稳

从时间序列来看，从1973～2008年35年间，我国森林资源的变化来看，虽然在1970～1980年，由于对天然林可采资源的超量采伐和木材市场开发导致森林资源的总量有所下降，但从总的趋势来看，中国的森林资源呈现不断增长的趋势。特别是在进入21世纪，实施六大林业重点工程以后，中国的森林资源总量出现了大幅度的稳定增长。

从空间序列来看，中国的天然林资源主要集中在黑龙江、内蒙古、吉林、四川、西藏和云南等省(自治区)。人工林资源主要还是集中在南方九省集体林区，同时辽宁、河北等省的人工林资源也得到了发展。

我国的人工林碳储量总量从1988年之后迅速上升。其主要原因是20世纪80年代中期，我国开始对于集体林区实行林业“三定”，同时对于森林资源的管理吸取了80年代中期第一次南方林木市场放开以后，忽略林业特点和对于资源的保护与管理，造成资源破坏的问题，制定了采伐限额和比较严格的“山上管死，山下搞活”政策。在一定的时期内人工林资源得以恢复和发展。从各省天然林和人工林在各自省份中的比重来看，黑龙江、云南、西藏、四川、内蒙古、吉林、青海、海南、甘肃、陕西、重庆等省份的森林碳库中，天然林是森林碳库最主要的部分，而人工林碳库的比重不大，这表明，虽然人工林在上

述地区也有了一定的发展，但人工林在发挥森林碳汇效益中的作用远不如天然林碳库的作用明显。

在辽宁、福建、湖南、宁夏、浙江、河南、广东等省份，天然林和人工林碳库在总碳库中的比重几乎相等，表明在林业发展的过程中，人工林在发挥森林碳汇效益方面已经开始超过天然林。

在林业非传统林业大省的河北、江苏、山东、北京、上海、天津等省(直辖市)人工林碳库的比重远远大于天然林碳库的比重。社会经济的发展对于生态环境提出了新的要求，促使植树造林事业和产业不断发展。

2006年以后，在南方集体林区，江西省率先进行了“集体林权制度改革”（以下简称‘林改’），在林改的推动下，南方集体林区在以前林业“三定”的基础上进一步明确产权，将大量林地和森林资源直接分林到户，进一步激发了林农从事林业生产的积极性。

5.5.1.3 天然林蓄积和碳储量在中国森林资源中占有重要地位

我国的人工林碳储量与人工林的构成有密切关系，从我国人工造林的实践来看，大量的人工造林基本上是纯林，在部分南方省份，营造竹林人工林能够在短期内为林木经营者创造可观的经济收益，因此，虽然造林面积和蓄积在不断增加，但实行集体林权制度改革和林区木材加工业的发展，导致林木的流转加快。目前很多木材加工业所生产的板材主要有：细木工板、拼接实木板、密度板和胶合板等，从销售价格来看，细木工板、拼接实木板的价格高于一般胶合板，因此，再造林树种上，林农大量营造杨树和杉木，间伐材和中小径级木材有很大的市场需求。木材工业对于造林树种的要求直接影响造林树种和培育的过程，大径级木材生产量不大，从历次森林资源清产的数据来看，我国的人工林中，中幼林的比重很大，森林的生物量增加并不多，因此，人工林的碳储量波动较大。

5.5.2 本章小结

森林资源增长不仅包括面积的增加，还包括蓄积的增加，单位面积蓄积表示了林业生产和管理过程所获得的木材产出效率。同时也在一定程度上反映了地上部分的生物量变化。近年来中国森林资源蓄积和生物量(碳储量是反映生物量的重要指标，从目前的主要计算方法来看，生物量基本上是从相应的蓄积数据计算而来)。

获得满意的森林资源蓄积和生物量是经营和管理森林资源目的。在一定程度上，较大森林面积而单位面积蓄积和生物量较小的林地仅仅能够发挥有限的防风固沙、保持水土等生态效益。获得森林资源具有的经济效益和多种生态效益必须建立在面积、蓄积、生物量的协调增长上。

森林资源在面积、蓄积、生物量的协调增长需要一个过程，特别是蓄积量和生物量的增长更需要一个漫长的过程。在这个过程中自然、社会经济、管理、政策等多重因素都会发挥作用。从20世纪后期到21世纪开始，中国的林业在政府的积极倡导与支持和社会各界的努力下，森林面积有了很大的增加，但森林蓄积的增加主要是通过天然林蓄积的增加获得的。

从我国森林资源的林龄结构来看，中幼林资源的比重过大，成熟林和过熟林等构成的可采资源比例相对较小。随着近年来木材工业的转型，大量中小径级的木材资源可以通过木材技术的改进用于生产拼接板、木工板和大芯板等，人造板和造纸工业对于大径级木材原料的需求逐步降低，但林业生产毕竟不同于农业生产，在培育大径级木材资源的过程中，由于林木的生长所产生的附加生态环境效益还是十分重要的，另外，大径级木材培育和生产过程所产生的生态环境，以及随之而来的生物多样性森林环境是社会经济发展的重要基础，也是林区社会和谐发展，开发多种森林经济产品和服务的基础，这样的环境条件不仅是解决发展的需要也是社会和谐发展和富民工程的需要。

因此，当前需要重新考察林业建设在建立了一定的总量基础以后的质量提升，实施近自然林业，提高森林的蓄积和生物量以及生物多样性，充分发挥森林的经济和多种生态环境效益。另外，在实施六大林业重点工程的激励下，森林面积有了很大的增长，但我国森林蓄积的增长还需要一定的时间才能出现。在公共财政支持下的林业生态环境建设工作虽然你能够在短期大幅度提高森林面积和森林覆盖率，但仍有大量的森林资源资源需要抚育和管理，而这样的抚育和管理过程需要改革森林资源管理的体制和机制，充分发挥市场解决机制的积极作用才能够实现。

在退耕还林(以及退牧还草)、京津风沙源工程进行了大量封山育林和飞播作业，很多造林的目的是由政府公共投入进行的工程造林和生态环境建设工程造林。目的在于恢复植被，这样的工程型造林所产生的效果是在较大面积上实现了植被对地面的覆盖，新造林地还处于幼林阶段，由于部分新造林还没有进入抚育阶段，部分达到抚育阶段的新造林地还没有进行必要的抚育措施，因此，虽然森林面积大量增加，但森林生物量还没有达到大幅度增加的阶段，从这个意义上来看，中国林业的发展已经开始进入从增加总量到提高质量的重要阶段，具体地说就是，逐步从增加造林面积总量转移到“两手抓”。一方面要在还没有造林的荒山荒地上继续加大造林力度，另一方面还需要在已经造林的林地上通过完善政策、管理和技术措施，增加森林抚育和经营的力度，提高森林生物量。

6　我国林产工业的空间分布研究

《林业发展“十二五”和中长期规划》提出了构筑十大国土生态安全屏障和培育十大主导产业的战略布局。为贯彻落实国家林业局《关于开展林业重大问题调研工作的通知》，本部分研究在充分考虑各区域林业产业发展历史和现状，区域社会经济发展状况和特点，以及资源、市场、需求等客观条件的前提下，为区域产业结构优化和调整，构建具有高附加值和产业带动效应的林业产业体系和区域协作的林产工业重点产业区域建设布局提供政策建议和措施依据。研究有助于优化和调整区域产业结构，优化资源配置，提升区域竞争优势，促进区域平衡发展，对于经济布局的合理化，林业产业的可持续发展，林业产业体系的完善具有积极的意义。

6.1　林业产业发展概况

6.1.1　林业产业飞速发展的10年

由于森林资源是可再生资源，因此，林业产业具有极大的发展潜力，可依据人类的力量，持续发展森林资源，壮大林业产业，满足人类社会的需求。新中国成立以来，特别是改革开放以来，我国林业建设取得了巨大成就，进入21世纪以来，我国林业产业进入了快速发展期。近5年连续出台了20多部(项)支持林业产业的政策，其数量之多超过前30年的总和。

近10年来，我国林业产业总产值(按现价计算，下同)在统计口径并不完善的情况下均以两位数的增幅增长。2010年我国林业产业总产值首次突破2万亿元，达到2.28万亿元，比2009年增长30.21%，占我国GDP总量的5.73%。目前，我国林业产业已成为世界林产品生产、加工、消费和进出口大国，林产品进出口贸易总额居世界第一位，为促进我国林农就业增收、保障世界林产品供给发挥了重要作用。

从产业结构来看，林业三大产业比例不断调整，2001~2010年间，林业产业第一产业所占比例逐渐减少，第二产业所占比重大幅增加，第三产业所占比重小幅增长。其中，2010年第二产业产值11876.95亿元，占全部林业产业总产值的52.14%，同比增长36.24%，林业第二产业发展迅速，已逐渐取代第一产业成为林业产业的支柱性产业。“十五”末期林业三产业的比例为52∶41∶7，“十一五”末期调整为39∶52∶9，林业三大产业的产值结构逐步调整，不断优化，林业工业化进程明显加快。

到2011年，我国林业产业主要林产品（人造板、松香、木地板、家具、经济林等）产量均处于世界首位；产业规模也大幅扩大，现有全国涉林企业25万多家，从事林业产业人员4500多万人，涉林上市公司45家；产品种类更加丰富，除了传统的产业类型外，森林食品、花卉竹藤、森林旅游、沙产业、油茶等木本粮油、野生动植物繁育利用等产业快速发展，林业生物质能源、生物质材料、生物制药和林产品展会经济、金融咨询服务业等蓬勃兴起，渗透到社会生活的各个方面。

6.1.2 不断扩张的林产品国际贸易

2010年全国林产品进出口贸易总额为962.7亿美元，比2009年增长37.1%，与我国进出口贸易总额34.7%的增幅相比，高出2.4%。其中，出口额487.8亿美元，比2009年增长34.3%；进口额474.9亿美元，比2009年增长40.1%。

6.1.2.1 林产品进口

从进口林产品结构看，推动我国林产品进口额大幅攀升的进口林产品主要是原木、锯材、纸及纸板纸制品、纸浆、废纸、天然橡胶和棕榈油等，上述林产品进口额达到391.1亿美元，占林产品进口总额的82.3%。

2010年，原木累计进口量3434.8万m^3，金额60.7亿美元，分别比2009年增长22.4%和48.6%；锯材累计进口量1481.2万m^3，金额38.8亿美元，分别比2009年增长49.1%和66.6%；纸及纸板纸制品累计进口量353.65万t，金额46.1亿美元，分别比2009年增长1.2%和18.8%；纸浆累计进口量1137.0万t，金额88.2亿美元，分别比2009年减少16.9%和增长28.8%；废纸累计进口量2435.2万t，金额53.5亿美元，分别比2009年减少11.5%和增长41.0%；天然橡胶累计进口量186.1万t，金额56.7亿美元，分别比2009年增长8.8%和101.4%；棕榈油累计进口量569.6万t，金额47.11亿美元，分别比2009年减少11.6%和增长11.7%。

6.1.2.2 林产品出口

2010年，我国林产品出口主要产品为木家具、纸及纸板纸制品、木制品和胶合板等，上述林产品出口额达到329.5亿美元，占出口额的67.5%。木质家具累计出口量3.0亿件，金额161.6亿美元，分别比2009年增长20.6%和

34.3%；纸及纸板纸制品累计出口量661.28万t，金额95.6亿美元，分别比2009年增长10.1%和26.4%；木制品累计出口金额38.3亿美元，比2009年增长22.9%；胶合板累计出口量754.7万m^3，金额34.0亿美元，分别比2009年增长33.7%和34.8%。

到2011年底，中国林产品进出口已经从改革开放之初单纯进口性林产品国际贸易发展到进出口基本平衡。成为林产品进出口世界第一的林产品国际贸易大国。林业加工业的发展促进了林业产业的整体升级，在推进人工林资源生产和旅游业发展中发挥了促进作用。

6.1.3 主要林产品产量

进入21世纪以来，中国林产工业发展迅速，主要产品产量逐年提升，人造板、松香、木地板、家具产品产量均位列世界第一，成为世界林产品生产、消费和贸易大国。

2010年我国林产工业主要产品产量较2009年均有大幅上涨。其中，木材产量8089.62万m^3，比2009年增长14.45%；竹材产量143007.81万根，比2009年增长5.42%；锯材产量3722.63万m^3，比2009年增长15.26；人造板产量15360.83万m^3，比2009年增长33.03%；木竹地板产量47917.15万m^3，比2009年增长26.92%。林产化工类产品中，松香类产品产量133.28万t，比2009年增长19.32%。松节油类产品产量15.84万t，樟脑产量1.16万t，冰片963 t，栲胶类产品10925 t，紫胶类产品产量3804 t。

6.1.3.1 木材产量

2010年木材产量为8089.62万m^3，比2009年增长14.45%。在全部木材产量中，原木产量7513.21万m^3，比2009年增长16.01%；薪材产量576.41万m^3，比2009年减少2.64%。木材产量按生产单位分，林业系统内国有企业单位生产的木材为1385.99万m^3；系统内国有林场、事业单位生产木材1293.30万m^3；系统外企、事业单位采伐自营林地的木材266.02万m^3；乡(镇)集体企业及单位生产木材产量423.69万m^3；村及村以下各级组织和农民个人生产的木材4720.62万m^3。2010年农民自用材采伐量823.37万m^3。

6.1.3.2 锯材与木片、木粒加工产品

2010年全部锯材产品产量3722.63万m^3，是2001年的4.87倍，2001～2010年，锯材产品产量不断上升。2010年木片、木粒加工产品1873.51万实积m^3，是2001年的5.26倍，2001～2010年，木材、木粒加工产品产量波动上升，在2004年达到一个峰值。

6.1.3.3 人造板

2010年我国人造板产量是近5年来增长速度最快的一年，达到15360.83万 m^3，比2009年增长33.03%。在全部人造板产量中，胶合板占46.48%；纤维板占28.35%；刨花板占8.23%；其他人造板占16.94%。

2001~2010年，人造板产量大幅增长，2010年产量是2001年的7.28倍。其中，胶合板增长速度最快，10年间平均增速为28.3%，纤维板平均增速为26%，刨花板略低，平均增速为17.6%。

6.1.3.4 林产化工产品

2010年，全国松香类产品产量133.28万t，松节油类产品产量15.84万t，樟脑产量1.16万t，冰片963 t，栲胶类产品10925 t，紫胶类产品产量3804 t。2001~2010年，林产化工类产品产量年均增长值都在两位数以上，其中，紫胶类产品增长速度最快，年均增长率为37.2%，松香类、松节油类、樟脑、栲胶类产品年均增长率分别为：14%、13%、18.9%、17%，冰片产品增长最慢，且时有波动，年均增长率为11%。

6.2 中国林业产业省域聚集状况

国外学者对产业集聚理论研究较早，其中区位商法广泛用于测度林产工业产业聚集度。本研究计算了全国31个省、自治区、直辖市(未包括台湾省、香港特别行政区、澳门特别行政区)的区位商值。数据资料均来源于1998~2009年的《中国统计年鉴》《中国林业统计年鉴》《全国林业统计分析报告》。数据资料均以当年统计年鉴资料为准，原始数据均按当年价格计算。

从区域角度研究我国林产工业分布情况时，采用了国务院发展研究中心(2005)在《地区协调发展的战略和政策》报告中提出的四大区域分类方法，即将全国划分为东部、中部、西部和东北四大区域。东部地区包括：北京、天津、河北、上海、江苏、浙江、福建、山东、广东、海南10个省(直辖市)；中部地区包括：山西、安徽、江西、河南、湖北、湖南6个省；西部地区包括：内蒙古、广西、重庆、四川、贵州、云南、西藏、陕西、甘肃、青海、宁夏、新疆12个省(自治区、直辖市)；东北地区包括：辽宁、吉林、黑龙江3个省。

6.2.1 研究方法

在文献综述的基础上，本书选用区位商法作为分析区域产业分布和测算产业集聚程度的研究方法。区位商(LQ)又称专门化率，是产业效率与效益分析的定量工具，一种较为普遍的产业集聚识别方法，哈盖特(P. Haggett，1996)首先将其运用于区位分析中。区位商在空间经济分析中常用来衡量某一个地理区域中某部门或行业在更高层地理区域中的地位和作用，或某部门、行业在区域经济内分布强度的相对指标或专业化程度。其计算公式为：

$$LQ_{ij} = \frac{F_{ij}/\sum_{j} E_{ij}}{\sum_{i} E_{ij}/\sum_{i}\sum_{j} E_{ij}} \tag{6-1}$$

式中：LQ_{ij}——地区 i 产业 j 的区位商；

E_{ij}——地区 i 产业 j 的产值（增加值、就业人数）；

$\sum_{j} E_{ij}$ ——地区 i 全部产业的产值（增加值、就业人数）。

$\sum_{j} E_{ij}$ 的总产值（增加值、就业人数）；$\sum_{i}\sum_{j} E_{ij}$ 表示整个区域生产的总产值（增加值、就业人数）。

当 $LQ_{ij}>1$，表明该产业在该地区的专业化程度较高，超过全国水平，具有相对规模优势，发展较快。LQ_{ij} 值越大，专业化程度越高，比较优势越大。当 $LQ_{ij}<1$，则表明该产业专业化程度低于全国平均水平，其规模具有比较弱势。LQ_{ij} 值越小，比较弱势越明显。

分别将 1998 ~ 2009 年的相关统计数据代入区位商计算公式，可计算这一时间截面中所有年份的区位商值。另外，按如下公式计算 1998 年至 2009 年间产业集聚增长指数 p 值：

$$p = \frac{LQ_{i1} - LQ_{i0}}{LQ_{i0}} \times 100\% \tag{6-2}$$

式中：LQ_{i1}——第 i 个区域 2004 ~ 2009 年的区位商平均值；

LQ_{i0}——第 i 个区域 1998 ~ 2003 年的区位商平均值。

产业集聚增长指数 p 值可以反映出某个时间段内产业集聚变动的趋势，若其为正值，则该区域产业的集聚程度正在加大，产业集群竞争优势正在加强；若其为负值则效果相反。

6.2.2 四大经济区域的产业聚集度

东北地区林产工业集聚程度最高，竞争优势最大。根据 1998 ~ 2009 年林产工业区位商的计算结果发现，东北地区林产工业区位商平均值最高，其林产工业专业化程度最高，比较优势最大。东部地区次之。而中部和西部地区林产工业竞争力较弱，专业化程度不高。若只从 2009 年的截面数据来看，结果不发生变化。

东北和西部地区林产工业竞争优势不断减弱，东部和中部地区不断增强。

东部地区的区位商值先是不断增长，后在2003年开始不断振荡，并在2006年达到最大值，产业集聚变化基本稳定。中部地区区位商值不断增长，并在2009年达到最大值，竞争优势大幅增加。东北地区区位商值在2003~2007年均小于1，其林产工业优势地位大幅降低。而西部地区区位商值先是不断下降，在2003~2009年开始小幅波动，林产工业产业集聚程度变化不大。

从10年期间的变化，我们可以得到以下基本信息：中部地区的林产工业发展状况与其社会经济发展状况相比较变化不大；相对来说西部和东北部地区的林产工业与与其社会经济发展状况相比较重要性在下降，特别是东北地区，这种状况比较明显。而在东部地区林产工业呈现随经济和社会发展稳步上升的趋势。由于东北地区具有雄厚的林产工业基础，其技术、产业和劳动力基础都是最雄厚的。但如果从动态的角度来看，情况有所不同。也可以认为近10年来，我国的林产工业的动态变化上出现了一种“东强西弱”的发展状态，这与西部的人工林资源和林产工业发展的基础较薄弱有很大的关系。同时东北地区是我国面积最大、资源分布最集中的重点林区，森林工业是东北老工业基地的重要组成部分，但在天然林保护工程以后，后续资源难以接续，林产工业的发展面临资源约束的问题。

人工林资源的约束是目前林业产业发展面临的主要约束，而我国南方集体林区有大量人工商用速生林资源，在广东、江苏、浙江、福建、广西等省份也有林产工业经营的传统和开放的社会环境，林产工业在近10年得到了飞速发展。

6.2.3 31个省市区产业聚集度

由表6-1可以看出，我国林产工业产业集聚情况分布并不均衡，具有明显的空间分布特征。可将我国各省市区林产工业的产业集聚情况分为四种类型：优势型、实力型、潜力型、劣势型。下面进行具体分析：根据表6-1，可以得到图6-1。

表6-1 我国各省市区林产工业产业集聚情况分析表

象限	第1象限	第2象限	第3象限	第4象限
类型	优势型	潜力型	劣势型	实力型
省 份	吉林、广东、湖南、福建、安徽、江苏、广西、四川	辽宁、上海、山东、河南、湖北、重庆、贵州、宁夏	北京、天津、河北、山西、云南、西藏、陕西、甘肃、青海、新疆	海南、黑龙江、浙江、江西、内蒙古

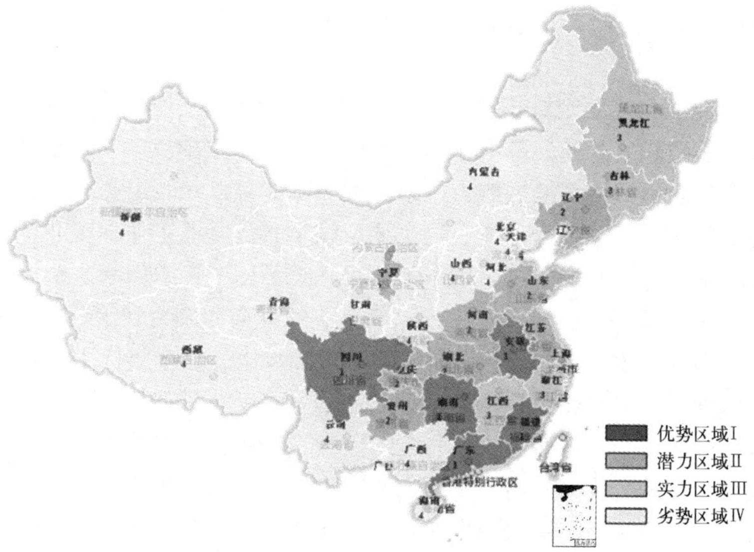

图 6-1 全国各省份林产工业产业集聚情况空间分布图

6.2.4 各省林产工业经济效益状况

6.2.1.1 研究方法

为了更科学全面地反映全国各省林业经济效益，涵盖效益评价中的主要问题，同时考虑到森林资源的特殊性，经综合比较分析，对评价指标进行了一定的探讨。结合文献研究和数据获取的可行性，选取了如下指标①。x_1在岗职工平均工资增长率(%)，x_2固定资产投资销售率(%)，x_3市场份额率(%)，x_4产品销售率(%)，x_5价值劳动生产率(万元/人·年)，x_6每百元固定资产提供的产值(元)，x_7单位面积森林蓄积年增加率(%)。其中：x_1 =(在岗职工平均工资－上一年在岗职工平均工资)/上一年在岗职工平均工资；x_2 =木材等工业加工业产品销售收入/固定资产投资额；x_3 =各省木材等工业加工业产品销售收入/全国木材等工业加工业产品销售收入；x_4 =各省木材等工业加工业产品销售收入/全国林业总产值；x_5 =各省林业产业总产值/各省全部在岗职工平均

① 数据说明：由于森林资源清查是每 4 年统计一次，所以在计算单位面积森林蓄积年增长率时，假定每年的增长率是一致的，在数据上采用的是第七次和第六次的统计数据；由于 2009 年中国林业经济统计年鉴中没有统计各省的林业工业销售收入数据，本文用各地区木材、木材加工及林产化学主要工业产品销售收入替代各地区林业工业加工业销售收入。

人数；x_6 = 各省林业产业总产值/各省固定资产投资额；x_7 =（第 7 次蓄积①/第 7 次面积 – 第 6 次蓄积/第 6 次面积）/（第 6 次蓄积/第 6 次面积）/5，经济效益见表 6-2。

第一主成分在固定资产投资销售率、市场份额率、产品销售率、价值劳动生产率上承担较大载荷，基本达到了 70% 左右，这集中反映了各省林业加工业企业的利润创造及市场拓展能力。第二主成分在每百元固定资产提供的产值上占了绝对的比重，达到 78.7%，这主要反映了各省林业工业加工业企业的资产管理及增值能力。第三主成分集中于在岗职工平均工资增长率这个指标上，高达 88%，反映了职工的工资水平，以及企业的资金和人力利用效率水平。第四个主成分主要集中在单位面积森林蓄积年增加率上，这个指标主要考虑了林业行业的特殊性，单位面积森林蓄积年增加率主要反映了森林资源受到破坏的程度较低，也从另一个方面表明了一定的资源管理和利用能力。

这四个主成分从盈利能力、资产管理及增值能力、资金及员工利用能力以及原材料的管理能力，用它们来评价各省林业加工业发展经济效益情况有接近 90% 的可靠性。应用 SPSS18.0 软件对数据进行主成分分析，根据累计方差贡献率大于 85% 的原则分别得出特征值、主成分方差贡献率。数据来源于《中国林业统计年鉴》(2009) 和《中国林业统计年鉴》(2008)。

表 6-2 各省份林业工业加工业经济效益排名表

省 份	第一主成分排名	第二主成分排名	第三主成分排名	第四主成分排名	综合排名
北 京	27	11	24	25	24
天 津	11	2	2	10	3
河 北	10	24	28	11	18
山 西	26	19	27	18	28
内蒙古	14	29	29	15	26
辽 宁	15	25	20	7	19
吉 林	25	22	21	17	25
黑龙江	23	27	26	13	29
上 海	7	1	31	31	10
江 苏	5	14	9	23	5
浙 江	1	4	16	3	1

① 森林资源清查次数。

（续）

省 份	第一主成分排名	第二主成分排名	第三主成分排名	第四主成分排名	综合排名
安 徽	6	17	7	20	8
福 建	8	5	17	4	6
江 西	3	31	14	12	4
山 东	2	13	11	30	2
河 南	9	8	12	28	13
湖 北	16	6	4	29	16
湖 南	13	12	3	26	14
广 东	12	16	6	5	9
广 西	4	30	18	14	11
海 南	18	3	15	2	7
重 庆	20	15	22	19	22
四 川	22	26	25	9	23
贵 州	17	10	19	27	20
云 南	19	18	13	22	21
西 藏	24	9	5	1	12
陕 西	30	28	30	6	31
甘 肃	29	20	23	16	30
青 海	28	21	1	21	15
宁 夏	21	7	8	24	17
新 疆	31	23	10	8	27

综合排名靠前的省份主要有浙江、山东、天津、江西、江苏、福建、海南、安徽、广东等，排名靠后的省份主要有陕西、甘肃、黑龙江、山西、新疆、内蒙古、吉林、北京、四川等。所谓综合排名表现的是其经营管理、资产增值能力、人员劳动生产率和资源变化状况。

从国有林区和集体林区的角度分析，我国南方集体林区包括湖南、湖北、江西、安徽、浙江、福建、广东、广西、海南、贵州 10 省份，这 10 个省份整体的排名比较靠前，效益最好的是浙江，最差的是贵州，虽然同为集体林区，但是由于集体林权改革推进的速度不同，地方经济发展水平的差异，导致南方集体林区中存在排名第一的浙江和排名第二十的贵州。由于第一主成分的权重占45.92%，综合得分的结果在很大程度上取决于各省林业工业加工业企业的利润创造及市场拓展能力。该项主成分也基本反映了目前我国各省林产工业的经营管理水平。

在国有林区，从排名结果清楚的显示了国有林区的林业加工业经济效益排名靠后，国有林区中排名最好的四川，最差的是陕西。以内蒙古为例，虽然其在第一主成分的排名是14，但是由于在第二、三主成分的排名都为29，严重地影响了内蒙古的综合排名，因此内蒙古应该提高管理能力，加强资产管理及增值能力、资金利用率及员工劳动生产率等方面水平。

整体比较而言，南方沿海等省份林业加工业的效益相对好一些，有浙江、安徽、江西等林业资源相对比较丰富的，也有山东、天津、江苏等经济比较发达的，而像黑龙江、内蒙古、吉林这样的林业资源大省的排名反而很靠后，说明了林业加工业这个资源依赖性的发展对于区域性森林资源的依赖性越来越低。在社会经济发展水平比较高的省份，林业加工业的经济效益相对较高，说明林业加工业的发展需要一个良好的市场经营环境。

国有森林资源集中的各省份在第四主成分整体上的排名都相对靠前，如西藏、新疆、陕西等，说明这些地区大量的森林资源还没有被开发利用，受到了良好的保护。这样的结果一方面是受到当地社会经济发展的条件，资源还没有被利用(如新疆和西藏)；另外，也表明部分地区的资源受到了良好的保护。而在黑龙江黑龙江、内蒙古、吉林等重点国有林区，均不如南方集体林区的福建、浙江、广东等林业大省，这也说明，国有林区的改革还需要不断深化，建立适应市场经济体制的经营和管理环境，更好地促进其林业加工业的健康发展。

6.3 人造板子产业聚集状况

人造板是将木质材料(含非木质的竹材、农作物秸秆等植物纤维材料)加工成单板、纤维、刨花等基本单元材料后，借助胶粘剂的作用，在一定的温度、压力下重新组合而成的板状材料的总称。它的产品种类繁多，目前主要有胶合板、纤维板、刨花板等。人造板是木材工业的主导产品，是木材工业中投资最大、技术最密集、用途最广泛、工业化规模最大、最具发展潜力的产品。

6.3.1 人造板产业发展概况

进入21世纪，在国家整体政策的指引下(《关于加快林业发展的决定》、《林业产业政策要点》)我国人造板产业在加大投资力度和科技含量，扩大人造板原料，实行林板一体化，引进国外的先进生产工艺、设备与管理等方面都有了突飞猛进的快速发展。

到2007年底，中国已有人造板企业6000多家，生产规模超过8800万 m^3，成为世界人造板生产和消费第一大国。根据《中国林业统计年鉴》提供的最新数据，2010年，我国人造板产量15361万 m^3。其中，胶合板7140万 m^3，纤维板4355万 m^3，刨花板1264万 m^3，其他人造板2602万 m^3(细木工板占63.5%)，同年还生产单板2724万 m^3，人造板表面装饰板2.95亿 m^2。2010年中国人造板制造行业总产值达2663.95亿元，经专家预测，2012年中国人造板行业总产值将接近4000亿元左右的规模。

从板种(产业)结构来说，2010年与2001年相比有了一定的调整和优化。胶合板、纤维板、刨花板和其他人造板产量占全部人造板产量的比重(%)，从2001年的43:27:16:14调整优化为2010年的46:28:8:18。“三板”产量占全部人造板产量的比重(%)，也从2001年的86.16%降为2010年的83.06%。

6.3.2 我国人造板产业的区域分布状况

目前，除青海、宁夏和西藏自治区，全国其他省区都有人造板生产企业。近万家人造板生产企业主要分布在我国华东、中南地区，拥有产业工人110万。2010年，产量超过700万 m^3的8个省区共计生产人造板11922万 m^3，占全国总产量的77.6%。其中山东突破3000万 m^3，江苏突破2000万 m^3，广西、河北和河南分别超过1000万 m^3。经过计算得到表6-3和图6-2。

表6-3 我国各省市区人造板产业集聚情况分析表

象限	第1象限	第2象限	第3象限	第4象限
集聚特征	$LQ>1$，$P>0$	$LQ<1$，$P>0$	$LQ<1$，$P<0$	$LQ>1$，$P<0$
类型	优势型	潜力型	劣势型	实力型
省份	吉林、江苏、安徽、福建、江西、广西	天津、辽宁、黑龙江、上海、河南、湖南、广东、海南、重庆、四川、贵州、云南、西藏、陕西、新疆	青海、宁夏、北京、山西、内蒙古、浙江、山东、湖北、甘肃	河北

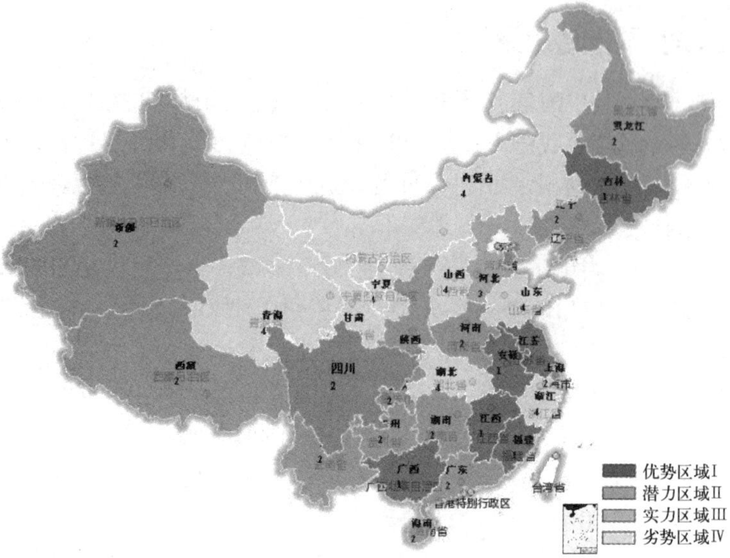

图 6-2　全国各省市区人造板产业集聚情况空间分布图

6.3.2　我国木竹地板生产状况

2010 年木竹地板产量达到 4.79 亿 m^2。其中，实木木地板 1.12 亿 m^2，占全部木竹地板产量的 23.32%；复合木地板 2.68 亿 m^2，占全部木竹地板产量的 55.97%；其他木地板 5980 万 m^2；竹地板 3940 万 m^2。2001 ~ 2010 年间，木地板产量大幅增长，年均增长速度为 30.9%，尤其在 2003 ~ 2007 年这 5 年间增长速度最快，平均增速达到 47.7%。

目前在我国的很多省份都有人造板生产，各类人造板生产企业从利用农业作物秸秆、林区枝丫材、芦苇等资源到经营商用人工林的木材(竹材)，生产各种人造板和在此基础上的加工的木质产品，如地板、家居、深加工人造板和装饰板等。

我国的上市公司，一般具有企业规模大、效益好、具有良好的品牌和社会声誉。目前，在上交所和深交所上市的各类与人造板有关的上市公司有：兔宝宝(002043)、中福实业(0005921)、大亚科技(000910)、升达科技(002259)、威华股份(002249)、科冕木业(002354)、德尔家居(002631)、吉林森工(600189)、国栋建设(600321)、上海机电(600835)、丰林集团(601996)。

从上市公司所处的地区来看，除了吉林森工在吉林省以外，集中在江苏、浙江、广东、广西、上海等省份。在珠江三角洲和长江的江苏、上海、浙江已经形成了具有全国，乃至世界知名的百亿元企业和知名品牌。

【大亚人造板集团有限公司】是大亚科技集团目前最大的投资板块，大亚科技集团是中国500强企业，国家高新技术企业，农业产业化国家级重点龙头企业，是上市公司“大亚科技股份有限公司”(深圳证券交易所上市代码000910)和“圣象集团”的控股股东。旗下拥有“DAREGLOBAL”“圣象地板”“宏耐地板”“圣象康树”“大亚铝业”“大亚科技”等国内外知名品牌。

大亚人造板集团目前在中国拥有8个生产基地，其中包括四条年产30万立方和一条年产20万立方中/高密度纤维板连续压机生产线(欧洲进口)、两条年产10万立方的多层压机生产线、一条亚洲规模最大的年产超过60万立方的均质刨花板连续压机生产线(欧洲进口)，年生产总规模达220万立方，居国内行业规模第一、世界前十。

【德华兔宝宝装饰新材股份有限公司】创建于1993年，是我国装饰贴面板行业产销规模最大企业。公司股票于2005年5月10日在深圳证券交易所上市交易(股票简称：兔宝宝；股票代码：002043)。公司以浙江为主要产业基地，不断优化配置资源，持续稳健对外扩张，在江苏、江西、湖北等地已形成一定规模的产业集群。主要产品为中高档装饰贴面板、胶合板，是国内装饰贴面板行业生产规模最大、产品种类最多的企业，其中环保型薄木装饰贴面板产量和销售收入居国内第一。利用一般速生人工林木材加工而成的各种正规木材的“科技木(或重组木)”具有较高的科技含量和鲜明特色。经过十多年不懈努力和创新发展，公司已经发展成为一家室内装饰材料综合供应商，形成了从林木资源的种植抚育和全球采购，到生产装饰贴面板、多层胶合板、防火胶合板、细木工板、科技木、集成材、密度板、刨花板、实木复合地板、工艺木门、纸面石膏板、油漆涂料胶粘剂等十二大产品系列的完整产业链。产品销售网络覆盖全国各地，并销往美洲、欧洲、大洋洲、中东等全球各地。

公司目前已全面通过ISO9001、ISO14001国际质量、环境管理体系认证，中国环境标志产品认证，FSC森林认证，JAS认证、CE认证，CARB认证，荣获中国驰名商标、中国名牌产品称号。公司在环保型装饰材料的研发和市场推广上一直处于国内领先地位，产品达到苛刻的欧洲E0、E1级环保标准。十多年来不断的资源优化组合，使公司的品牌、规模、研发能力、人力资源、原木采购和产品营销网络等在国内同行业中形成明显的领先优势，从而确保了公司业绩的稳步提升。

【大自然地板(中国)有限公司】成立于1995年，以生产、研发、销售大自然实木地板、实木复合地板、生态地板、强化地板为主营业务。“大自然”已经成为中国名牌，中国驰名商标，亚洲500最具价值品牌。自2000年以来，已成为亚洲最大的木地板骨干企业之一，大自然地板(中国)有限公司随着全球化战略的推进，大自然地板在全球共拥有5大原材料供应基地和20多个联营工厂。

6.4 我国家具子产业区域分布

家具行业是历史非常悠久的行业，它伴随着人们的衣食住行基本需要，并随着人们生活水平的提高而不断发展。近些年随着工业的进步，在传统手工作业基础上，各种新工艺、新材料不断应用于家具生产中，中国家具行业展现出崭新的活力和面貌。

6.4.1 家具子产业发展概况

改革开放以来，中国家具行业获得了快速的发展。1978年，中国家具行业产值仅为13亿元，1998年达到870亿元，2010年达到8100亿元。1978～2010年的32年间年复合增长率达到22.27%。1998年到2010年期间12年的年复合增长率达到20.43%(数据来源中国家具协会、中国轻工业信息中心)。

2006～2010年，是我国家具业大发展也是大调整的5年。经过这5年的发展，我国家具业的总产值从2005年的3400亿元发展到2010年的近8100亿元，增长了1.38倍；出口从138亿美元增长到超过330亿美元，增长了1.39倍。随着我国家具企业技术水平和产能的不断提高。2005年，我国一举超过意大利，成为世界第一大家具出口国；2009年，我国超过美国，成为世界第一大家具生产国，产量占全国总产量的25%。

家具生产与人们的生活息息相关，也与地方文化和风俗有关联，是一个与人口聚集和经济发展程度和生产的传统有密切的关系的产业。改革开放前，中国家具业的中心是围绕中心城市逐步建立起来的以北京和天津为核心的京津地区、以上海为中心的长江三角洲地区(如上海、南京、无锡、苏州等地)、以广州为核心的两广地区等。由于家具业的技术门槛不高，拥有较大的需求，属于劳动密集型行业，因此，在全国各地都有分布。除了在上海、北京、广东、浙江等地近年来涌现出大批大型的知名企业和上市公司以外，南方的企业大多是私营企业，如广东的宜华，而北方的大型家具企业大多是由国有企业改制以后形成和发展起来的，东北的黑龙江、吉林、辽宁也有一些大型家具企业。这些大型家具企业均依托大中型城市，向周围辐射，并逐步发展成为现在的五大产业区，占全国家具生产总量的90%。

6.4.2 家具子产业的区域聚集

以广东、福建为中心的华南家具产业区，其中，“珠三角”家具产业区以广州及周边顺德、中山、深圳及东莞为中心。有完整的生产体系和发达的销售市场，并有健全的配套产业，形成完整的产业链。产品品种多样，且品质优良，是国内家具产业最早形成也是目前最大的家具生产区。有宜华、迪高乐实业(深圳)有限公司、高峰创建家私(深圳)有限公司、东莞欣鼎五金塑胶制品有限公司等上市公司，红苹果、皇朝、大富豪、健威、富运、运时通、芝华士等知名品牌。

广东省是中国最大的家具生产中心。广东的家具业经过近30年的发展，已形成深圳、东莞、顺德、中山、广州等五个发达地区和佛山、南海两个发展中地区，2010年其产值占全国的36%，出口则占一半以上。无论是企业的数量、生产总值，还是出口总量，都占据了全国的半壁江山，获得了“中国家具看广东”的美誉。这一地区既有完整生产体系，又有发达的销售市场，还有健全的配套产业，包括木工机械、五金配件、油漆涂料、木材、皮革、布艺等原辅材料，成为一个完整的产业链。

顺德是珠三角家具企业最密集的地区之一，有2000多家生产企业，家具从业人员20多万人。东莞家具企业以外向型为主，是我国出口家具的主产地之一。正是由于顺德、东莞和中山等一批家具城市的存在，才造就了“珠三角”中国家具业的龙头地位。

以上海、浙江、江苏为中心的华东家具产业区具有文化积淀深厚，制造产业基础好，交通便利，投资环境优良，家具市场容量大，劳动力资源丰富且素质较高的特点。以浙江、上海、江苏为代表的“长三角”家具产业也在飞速发展。目前，“长三角”家具业增速已大大超过国内家具业整体增长水平。浙江家具的总产值已超过150亿元，每年增长速度在30%以上，是全国平均增幅的2倍。而且，“长三角”家具已形成了富有特色的产业群和明晰的产业分工，如绍兴的软体家具、杭州的办公家具、温州的套房家具、金华的红木和木雕家具、宁波的古旧家具、玉环的古典家具和安吉转椅等。

主要上市公司有江苏的华达利家具(中国)有限公司、上海的意特尔(上海)有限公司、浙江的海宁卡雷诺家私有限公司、海宁蒙努集团有限公司、顾家工艺沙发制造有限公司、台州永强工艺品有限公司。

华北的环渤海家具产业区以北京为中心辐射天津、河北、山东等地，依托环渤海经济圈的发展而发展。环渤海家具产业区有庞大的家具专业销售市场和销售企业集群，且家具制造历史久远，文化积淀深厚，积聚了大量的能工巧匠，有丰富的人力资源、土地资源和自然资源。在山东的宁津、菏泽及河北的胜芳、正定有相当规模的家具产业集群。由于其优越的地理位置，其产业链日趋完善，投资环境日趋看好，发展潜力和后劲也日益凸显。近年来在改革开放的进程中，通过合资、联营等方式也建立了很多涉外企业和引进了大量外资企业。主要知名企业有美克美家、曲美、天坛、标致、华日、意风、育强等。

以黑龙江、沈阳、大连为中心。依托东北工业基础以及自产木材、俄罗斯进口木材资源，该地区实木家具生产企业的规模和实力全国领先。东北是我国重要的家具生产基地，该地区原材料资源丰富，木材产量占全国四分之一，生产成本相对较低。其中以沈阳、大连为中心的东北家具工业区，家具产值占全国家具年产值的20%，出口额占全国家具出口总额的4%，是我国实木家具的最大产地之一，但这一地区家具市场发育程度不如南方，产品链的宽度和产业链的深度都不如南方的广东、浙江、江苏等地。主要企业有华丰、华鹤、双叶、光明等。

以成都、西安为中心的西部家具产业区。随着西部大开发，家具市场发育比较成熟，容量很大，企业发展空间也很大。由于西部开放不久，家具市场容量很大，企业发展的空间也很大，成都是四川省最大的板式家具生产基地，集中了省内主要的家具生产企业，仅武侯、新都两区注册企业就有1000余家，成华区仅专业沙发生产企业就达80余家。武侯、新都两区年产值均超过人民币10亿元，其他地区家具产值也超过人民币10亿元。从行业情况看，四川省家具企业中已经有了一批产值上千万，甚至上亿元的较大规模企业和一大批中小企业，其影响在中国家具行业中正在增强。

在家具子产业发展过程中，除了一般的板式家具以外，还形成了很多具有鲜明特色的家具生产区域，如广东中山市大涌镇的"中国红木家具生产专业镇"；浙江安吉县的"中国椅业之乡"；广东顺德乐从镇的"中国家具商贸之都"；山东宁津县的"中国桌椅之乡"；广东东莞大岭山镇的"中国家具出口第一镇"和"中国家具出口重镇"；四川成都武侯区的"中国西部家具商贸之都"；广东顺德龙江镇的"中国家具制造重镇"和"中国家具材料之都"；河北廊坊市胜芳镇的"中国金属玻璃家具产业基地"；浙江玉环县的"中国欧式古典家具生产基地"；辽宁庄河市的"中国实木家具产业基地"；河北廊坊市香河县的"中国北方家具商贸之都"。

在国内家具市场也表现出鲜明的区域集聚特色：主要分布在广东的乐从、江苏的鑫口、河北的香河及四川的成都武侯区家具市场等。此外，各大主要城市的销售市场发展迅猛，占据着全国家具消费相当大份额。根据对北京、上海、广州、杭州、南京、武汉、西安、重庆、沈阳、济南、青岛等全国12大城市的调查，目前共有家居销售场馆 1938 万 m^2，其中 10 万 m^2 以上的就有 58 个。

6.5　我国造纸子产业聚集状况

造纸产业是我国国民经济的基础产业之一，与社会经济发展和人民生活息息相关。造纸产业与各产业的发展和森林资源的关联度很大，涉及林业、农业、机械制造、化工、环保等产业，对上下游产业的经济有较大拉动作用。由于木浆造纸对于木材资源的要求比较高。一般来说多年生的针叶材，造纸的质量最好。因此，从木浆造纸和森林资源的发展来看，木浆造纸业的发展是评价和衡量一个国家林业发展水平的重要产业标志之一。

6.5.1　造纸子产业的发展概况

造纸产业是与国民经济许多部门配套的重要原材料工业，在我国，造纸产业产品总量中 80% 以上成为印刷工业重要的基础物资，同时又是主要的各类包装材料，以及建材、化工、电子、能源、交通等工业部门和国防军工技术配套用的重要产品。在世界造纸产品的消费结构中，包装材料、信息传递材料、工农业生产用纸和生活消费用纸所占比重分别为 35%、43%、15% 和 7%。目前，我国造纸产品的消费结构虽然没有达到这种水平，但随着经济水平的提高，以及文化和信息产业的飞速发展，我国纸品的消费结构会逐步向国际化靠拢。造纸产业在国民经济建设和人民生活中的地位会越来越重要。

随着国民经济的快速发展、人民生活水平的不断提高、市场需求的不断扩大，造纸产业在我国国民经济中的地位日益突出。近年来，特别是中国加入 WTO 以后，中国造纸产业的发展突飞猛进，2001 年，中国造纸业产值仅为 77 亿元，2010 年达到 2919 亿元，2001 年到 2010 年期间年复合增长率为 49.68%。

2009 年中国纸及纸板生产企业约有 3700 家，全国纸及纸板生产量 8640 万 t，较上年 7980 万 t 增长 8.27%。消费量 8569 万 t，较上年 7935 万 t 增长 7.99%，人均年消费量为 64 千克(13.35 亿人)，比上年增长 4 千克。同时，中国造纸业的原材料来源中，草浆占比重较大，而高质量的木浆原料纸比重较小。在纸业中的大型企业是轻工业行业的企业，林业行业的企业较少。

6.5.2　造纸子产业的区域分布

目前，全国北京、天津、山西、西藏、陕西、甘肃、青海、新疆等地区没有造纸产业，造纸生产企业主要分布在我国华东、华南地区和四川省。

2010 年，我国造纸业产值排名前十的省份有：广东、福建、上海、江苏、广西、湖南、山东、湖北、四川、海南。前十省的造纸业产值共占全国的 92.63%。其中，广东省产值占全国造纸业产值的 46%。

中国造纸企业和国家企业整体相比，企业规模明显偏小，营业收入不高。根据 2007 年发布的中国企业 500 强企业数据统计，100 强企业的营业收入合计 113827.74 亿元，平均收入为 1138.28 亿元。中国造纸行业 100 强营业收入合计为 1297.96 亿元，平均收入为 12.98 亿元，中国企业百强收入水平是造纸企业百强的 87.7 倍，而且造纸行业没有一家企业进入中国企业百强。但这也表明，中国造纸产业正处于成长发展阶段，具有更大的发展空间，具有良好的发展前景。

华泰股份(600308)公司主要从事新闻纸、文化纸的生产和销售，总产能达 120 万 t，其中新闻纸现有产能 80 万 t，是国内最大、市场占有率最高的新闻纸生产企业。太阳纸业(002078)公司是国内最大的高档涂布包装纸板生产基地，主要产品有高档涂布包装纸板、高档工业用原纸、高级文化办公用纸等三大系列 150 多个品种规格。公司目前造纸产能为 130 万 t。晨鸣纸业(000488)公司是集制浆、造纸、能源生产、纸机制造于一体的大型企业集团，是国内造纸行业唯一拥有 A、B 两种股票和可转债的上市公司。还有岳阳纸业(600963)和青山纸业(600103)等著名企业。

6.6 林业产业发展的机遇与途径

林业曾经被认为是一种具有特殊性的行业，除了森林培育具有周期长的特点以外，多年以前林产工业规模较小，经济效益不高是公认的现象。随着中国改革开放的进程，中国的林业产业在规模和增长速度上不断创造世界第一，而且在经营管理水平上也在缩短与国家级木业企业的差距。

6.6.1 林工商一体化经营方式开始形成

林业产业是一个以森林资源(主要是可再生的人工林)为基础的可持续经营产业体系。林产工业的发展过程中虽然有家具、人造板、林产品等分类，但在中国市场经济体质不断完善和对外不断开放的条件下，大多数大、中型企业都已经开始和正在进行向森林经营或向消费领域延伸的发展战略。

大量人造板材专业生产企业开始进行装饰板材、家具、地板等的生产，家具生产厂也开始向板材加工延伸。很多加工企业已经开始注意森林资源培育和基地建设。

地处福建境内的青山纸业(600103)是造纸上市公司龙头之一。公司拥有13万t长纤维木浆生产能力，是国内最早的大型化学木浆生产线，本色长纤维木浆是生产包装用纸的最好原料之一，品质优良，可与国外优质木浆媲美。从2001年开始在国内率先实施“林纸一体化工程”，现已完成原料林建设，公司还参股金融，持有永安林业、惠泉啤酒、兴业银行以及兴业证券等公司股权。

美克股份(600337)公司是由家具制造业起家，向产业链上下游延伸，现有的三个业务单元：木业、家具制造业和家具零售业务，覆盖了完整的家具行业产业链。公司是亚洲最大的松木家具出口商，拥有规模化、专业化的加工生产基地、高效的企业管理平台、实力雄厚的研发机构及覆盖全球的销售网络。2009年1月公司成功收购了美国从事软体家具和实木家具设计、供应和销售，并在美国业界享有盛誉的Schnadig品牌在内的相关资产。产品远销美洲、欧洲、亚洲、大洋洲、非洲等世界各大洲，遍及美国、加拿大、日本、澳大利亚和欧洲等国家和地区，建立起了多层次、全方位国际营销网络，形成了新疆、天津两大家具生产基地，拥有十个家具制造工厂和新疆、内蒙古两个木材加工物流中心。

2002年1月公司投资成立了美克美家家具连锁有限公司(“美克美家”)，创立了自己的家具品牌——美克·美家，同时联手世界著名家具零售品牌“伊森艾伦”，共同将国际领先的家具零售模式带到中国。美克美家不仅在店面销售自己的品牌家具，还独家销售伊森艾伦的品牌家具，艺术风格与完善功能相结合的产品系列令国内家具市场耳目一新。

公司充分利用与俄罗斯相邻的地缘优势和其丰富的森林资源优势，在俄罗斯远东投资建成了木材供应基地，在新疆阿拉山口口岸和内蒙古二连浩特已建立了两个木材加工物流中心，初步形成了以俄罗斯为源头，阿拉山口和二连浩特为基地，以工厂和客户为终端的供应链体系。

宜华木业公司是业内同时拥有“中国驰名商标”“国家免检产品”“中国名牌”“中国出口名牌”“产品出口免检”五大品牌的唯一一家企业，是我国家具业中极少数在海外市场以自有品牌进行销售的企业，在美国各州的经销网点多达1000个，除美国市场外，还畅销于澳洲和欧洲等国家。2008年江西省遂川县林业局将商品林面积约20万亩(按实际面积计算)转让给此公司，林地、林木投资经营期限为25年左右。2009年在黑龙江的伊春与林管局签订了5万亩森林的经营协议，在俄罗斯建设林业基地，为公司持续发展，提供战略储备。

6.6.2 各种现代技术与管理手段发挥积极作用

目前，很多大中型林产工业企业，特别是上市公司多采用了木材加工先进技术，进行了大幅度的技术改造。宜华木业投资7000万元建立了企业自己的实验室。宜华和大自然均建立了自己的木材科学研究院，高薪聘请国际国内知名学者和研究人员加入公司进行科学研究和讲学。

各大上市公司先后实现了企业内部管理的信息化，大自然地板(中国)有限公司还建立了自己的电子商务网站。近年来吉林森工、大自然、兔宝宝等上市公司先后引进了ERP系统等信息管理技术。在森林认证、环境认证、节能减排和社会责任等各个方面都取得了很大的进展，使我国企业在走向国际市场方面步伐不断加快，目前已经有数十家国内企业在国外开设了分店，成为国外一定区域内的知名品牌。大自然成为国内首个国外产品贴牌经营的国内企业。一些公司还积极从国内外引进国外知名公司的经理人员增强自己的竞争力。

6.6.3 林业产业发展的外部机遇

近10年来世界木材需求处于长期增长的趋势。据预测，2030年全世界工业用材将达到24.6亿m^3，比1990年增加47%。这显示了国际市场对林产品的巨大需求。

2010年我国国内生产总值(GDP)为397983亿元，按可比价格计算，比上年增长10.3%，增速比上年加快1.1个百分点。全年社会消费品零售总额154554亿元，比上年增长18.4%，扣除价格因素实际增长14.8%，消费平稳较快增长。1998~2010年，我国GDP增长迅速，年均增长率为9.5%(图6-1)。目前，我国GDP排名为世界第二位，仅次于美国。随着国民收入的持续提高，人们生活不断改善，对林产品的消费量也将不断增长。

建筑和装修用材大都是林产工业产品。近年来，房产建筑业高速成长，逐渐成为国民经济的支柱之一，“十一五”期间房地产业和建筑业增加值对GDP的贡献率不断提高，2009年房地产业务和建筑业增加值对GDP的贡献率为12.1%，比2005年提高1.9个百分点。“十一五”期间房地产开发竣工房屋面积为33.2亿m^2，其中住房竣工面积为27亿m^2，分别比“十五”增加了13亿m^2和10.5亿m^2，“十一五”期间城镇居民居住条件有了很大的改善，到2009年底，城镇居民人均住房面积约30m^2，比2005年多了4m^2。商品房市场需求旺盛，2006~2009年住房竣工1889万套，而同期销售住房2491万套，销售比竣工多602万套。

当前正在全面推进“三农”政策，党的十七大、十七届三中、四中、五中全会以及中央经济工作会议、中央农村工作会议均对“三农”政策有重要指示。中国扩大消费的潜力在农村，通过“三农”政策的贯彻落实，农民就业岗位显著增加，农民收入显著增长，农民盖房、购买林产品也会随之增加，拉动消费。尤其是正在推进的集体林权制度改革，解放和发展了农村生产力，通过集体林地经营权和林木所有权落实到户，健全产权交易平台，极大地促进了农民增收致富，提高了农民的消费能力。

天保工程实施之后，木材和林产品的供需矛盾更趋紧张。在总结我国80年代初在南方发展人工用材林、80年代后期开始建设一亿亩速生丰产用材林基地、90年代初开始利用世行贷款实施大型速生丰产林建设项目的经验，以及借鉴国外林业先进国家的经验的基础上，大力发展人工林，是迅速增加森林后备资源，从根本上解决我国木材和林产品供需矛盾，满足新时期社会对林业多方面需求的一条重要途径。

根据2009年11月17日公布的第七次全国森林资源清查结果显示，人工林保存面积0.62亿hm^2，蓄积19.61亿m^3，居世界第一，其中林分面积排前三位的是杨树、杉木、马尾松，占人工林分面积的59.41%。

天然林面积和蓄积都是先减后增，呈现“U”形曲线趋势，在1981年和1988年处于低谷期，而之后不断增长；1976~2008年间，人工林面积和蓄积都在不断增长，其中2008年人工林面积是1976年的2.6倍，蓄积是11.93倍，增长十分迅速。

此外，森林资源结构也发生显著变化。1976年天然林与人工林面积比为80:20，蓄积比为98:2，经过近三十年的发展，2008年天然林与人工林面积比调整为66:34，蓄积比为85:15。

根据第七次全国森林资源普查数据，全国各省人工林分布并不均衡，这与各省自然资源状况、经济条件等多方面因素有关。我国人工林资源主要分布在南方集体林省(区)，其中广西、广东、湖南、福建、四川、云南6省(自治区)人工林面积所占比例均大于5%，合计为2584.34万m^2，占全国人工林面积的42%，蓄积合计84889.25万m^3，占全国人工林蓄积的43%。人工林面积所占比例大于等于3%小于5%的地区主要分布在我国的东北部和中部的部分地区，包括内蒙古、黑龙江、辽宁、河北、山东、河南、安徽、浙江、江西、贵州10省，这些地区人工林面积均在150万m^2以上，也是我国人工林分布重点区域，人工林面积合计为2465.7万m^2，占全国人工林面积的40%，蓄积合计78798.5万m^3，占全国人工林蓄积的40%。

此外，我国西部和部分中部地区人工林资源比较少，尤其是西藏、青海、宁夏、天津、上海5省(直辖市)，人工林面积所占比例均小于1%。木材资源是制约本地林业产业发展的重要因素之一。

随着各国对林业资源的重视以及造纸、地板等下游产业需求的提升，国际木材价格已出现持续上涨，这直接为林业资源股提供了巨大的投资机会，专门从事林业生产与经营的上市公司股票，如绿大地(002200)、吉林森工(600189)、景谷林业、永安林业(000663)、景谷林业(600265)、敦煌种业(600354)、升达林业(002259)、中福实业(000592)等，速生林培育已逐渐显现出效益。

6.6.4 林业产业发展的制约因素

我国林业产业的资源支撑较弱。森林资源总量不足。森林质量低，森林面积人均占有量低，而且与之相关的问题是森林资源利用率低，林地产出率低于世界平均水平。人工林发展现在还不能支撑林业产业的发展，不能在木材供给总量上发挥主体作用。森林资源供给不足，严重困扰林业产业的发展。

林业产业的整体素质不高。企业技术创新能力较弱，科技成果转化率低。资源培育业与加工利用业联系不够紧密。加工企业不能准确地把需求信息传达到资源培育者，难以引导资源培育的行为。

尽管部分上市公司在技术、管理、市场开拓和融资方面已经具有较强的竞争力，但从整体上来看，在数万家林产工业企业中，大多数企业的规模还较小、技术和管理能力还不强，缺乏竞争力。大量林产工业企业生产过程污染严重、资源利用率不高。我国的木材综合利用率仅为60%左右，与世界发达国家的差距也较大。我国的木浆造纸、刨花板、中密度纤维板和定向刨花板的企业平均规模分别仅为世界水平的33%、13%、35%、10%。我国的松香产量大，但主要以原料和初级加工产品为主。

随着木材加工业的兴起，我国以原木为中心的原始生产格局发生明显改观，但林业中木浆造纸这个具有标志性意义的主导产业建设严重滞后；林业产业存在粗放经营、木材采运能力过剩、深加工能力明显不足、附加值低、主导产业优势不突出等问题；大量企业生产经营水平低，林业经济效益水平较低，使得森林资源得不到充分和高效的利用，同时也给有限的森林资源更大的经济压力。

6.6.5 促进林业产业进一步发展的基本途径

从研究结果来看，改革开放以来，特别是近10多年来，中国的林产工业从规模小、竞争力弱、经济贫困、技术落后，在国际国内没有话语权，发展到今天，整体上已经具备了一定的规模，在珠三角和长三角等区域的一些企业已经具备国际竞争力。

从国内经济和社会发展的条件来看，市场经济体制不断完善，多年人工林培育为林业产业的发展积累了一定的资源基础，同时国际贸易业成为重要的原材料来源。

随着可持续发展思想日益深入人心，成为全球经济和社会发展的主导思想，林业产业利用人工林培育的可再生木材资源，为社会经济发展提供可持续的产品和各种环境服务成为新兴绿色经济发展的重要模式之一。

从目前中国林业产业内外部环境发展的状况来看，已经具备了进一步发展的条件和能力。能够在比较短的时间内(5～10年)将中国林业产业建设成具有世界性较高技术和管理水平、较大产业规模、较高产品质量和投入产出率、全行业覆盖齐全的产品和子产业类型组成的协调产业体系。

林业产业的发展一方面要继续发挥原有的优势产业的积极作用；另一方面要不断寻找新的经济增长点，拓展产业领域和应用范围。国家林业局、国家发展改革委、财政部等七部委的《林业产业政策要点》[林计发(2007)173号]中对林业产业发展重点与领域的界定，在林业产业链纵向延伸的同时，需要向新的关联领域进行横向拓展。林业产业是一条在上下游企业间形成贯穿原料供应(林木培育、种植)、生产制造(林产品加工)、销售(林产品营销)及最终用户的链条。这一链条的建立、升级是一个以企业为主体，不断完善技术和管理服务、要素市场建设，以及政策法律体系的过程。

产业经济带、产业链、产业园、企业组织等是构成完整林业产业体系的组成部分。这些部分在科学设计和有效管理的环境条件下将各种资源与国际国内市场紧密联系在一起。通过市场和政府宏观调控两个方面的作用，在行业产业协会等组织的协调下，通过建设产业园区，促进产业带的形成，将分散和规模较小的林业产业实体围绕核心领导企业聚集起来，形成资源、市场、技术和管理等各方面的集团优势，全面提高规模效益和技术水平，进一步优化产业结构。

7 基于生态足迹方法的森林碳汇贡献研究

近10年以来，国内学者对于生态足迹方法给予了很大的关注，在省域、城市、县域利用生态足迹方法对于资源占用和承载力问题进行了很多定量研究。尽管生态足迹方法还存在很多缺陷，计算的结果仅仅能够反映一些框架性的信息，但生态足迹方法由于在数据的可获得性、计算方法的简便性和结果的直观性方面具有独特的优势，是目前用于评价社会在生产系统和自然在生产系统关系方面被广泛接受的计量方法。

7.1 森林吸收 CO_2 排放贡献与化石能源用地相关问题的讨论

利用生态足迹方法评价化石能源消耗及其吸收 CO_2 排放所需要的林地与现实森林能够提供吸收 CO_2 排放的森林资源可以在一定程度上，结构性地显示在社会经济发展过程中，较为客观地反映森林碳汇与化石能源消耗差异性，为森林碳补偿市场的建设和运行提供依据。

7.1.1 生态足迹方法及其对于自然资源占用的研究

7.1.1.1 生态足迹的一般计算方法

1997年由加拿大生态经济学家 William Rees 和 Wackenagel 提出的生态足迹(ecological footprint，EF)方法，作为一种衡量人类对自然资源利用程度的方法引起了生态学界的关注。生态足迹方法将地区表面生态型土地分为6类：耕地、草地、林地、化石能源用地、建筑用成地和近海海域(Wachernagel，1997)。Wachernagel 的生态足迹理论认为，6类生态型土地之间相互排斥，也就是将土地作为一个固定量，将社会经济统计中涉及在资源利用的各种诸如能源消耗、食物、各种占用土地的基础设施(如房屋、交通等)、生物多样性(用于养护各种动植物及其生存环境，约为总土地面积的12%)的土地占用通过社会经济统计数据计算出来，折合成标准土地占用量，用以评价对资源占用状态。

在本文中之所以计算2008年的能源生态足迹，主要是要与第七次全国森林资源清查的数据对应进行分析。根据生态足迹理论，生态足迹计算的综合法如下：

生态足迹总的计算公式为：

$$Ef = \sum_j \sum_i r_j \frac{(P_i + I_i - E_i)}{(Y_i \times N)} \tag{7-1}$$

式中：Ef——人均生态足迹；

i——消费类型；

j——土地类型；

r_j——第 j 类土地的均衡因子；

P_i，I_i，E——分别为第 i 种消费项目的年生产量、进口量和出口量；

Y_i——第 i 种消费项目的单位面积平均产量（Kg/hm^2）；

N——人口数。

生态足迹考虑的是生态环境的需求方面，与之对应的是生态的供给方面即生态承载力。生态承载的计算公式为：

$$ec = a_j \times r_j \times y_j \tag{7-2}$$

式中：ec——人均生态承载力；

a_j——第 j 种土地的人均生物生产面积；

a_j——第 j 种土地的产量因子。生态足迹理论既是将生态足迹和生态承载相互比较，如果生态足迹大于生态承载即出现生态赤字，相反称为生态盈余。

7.1.1.2 运用生态足迹方法对于自然资源利用程度的研究

（1）近年来的主要研究成果。根据章鸣、张颖、张芳对于杭州（2004）、北京（2006）、上海（2006）等城市，符国基等对海南（2006）、翁伯琦等对福建（2006）生态足迹的研究和其他学者运用生态足迹方法的研究表明：能源消耗是最主要的生态足迹。在我国，多年以来化石能源消耗占全部能源消耗量的80%以上，而在大部分区域，能源足迹在全部生态足迹中的比重在60%以上。从目前对于北京（张颖，2006）、杭州（章鸣，2004）、上海（张芳，2006）、延边（胡小飞，2006）等城市生态足迹的研究表明：仅仅能源足迹一项就可以导致任何一个具有一定工业经济规模的区域和城市出现生态需求大于生态承载力的情况。

在包括上述文献和陈敏等人对于省域生态足迹的研究表明（2002），除西藏（没有能源消耗数据）、海南以外，全国各省（自治区、直辖市）的化石燃料（地）足迹均为负数。如果仅仅考察社会经济发展过程中对于能源消耗的程度，这样的研究是非常有价值的。

在相关的研究和计算中，基本上沿用了生态足迹理论与方法关于空间的互斥性观点，认为林地主要是用来生产木材，任何地区的化石能源用地承载力为0。因此，就出现了无论森林资源多么丰富，是否开发利用，开发利用的程度如何，所有地区域都处于生态赤字的状态。

(2)生态足迹方法关于承载力研究的不足。在此，我们深刻理解，生态足迹方法作为一种现实社会再生产系统对于自然资源占用的理论与方法，用科学方法论来警示社会对于资源占用和自然生态系统承载力关系的思路和方法是有十分积极意义的。生态足迹方法最初的设计所提供的主要是资源占用方面的基础数据，对于评价社会在再生产系统占用了自然资源的状况是一种非常简便和直观的方法，在这一方面提供了研究思路和具体计算方法，对于研究资源的占用具有重要的引导、框架和结构性的理论意义。

但生态足迹方法在评价自然生态系统承载力和社会再生产系统所能提供的保护自然和向自然投资解决生态环境问题，提高承载力方面几乎忽略了全部有益的努力，这与生态足迹方法本身的设计思路有关。

由于相关研究忽略了再生产系统在投资自然和经营与管理自然方面的积极作用，很多研究都基于社会再生产系统仅仅占用自然资源的假设。在计算中，全部化石能源消耗均需要林地来吸收。再加上将森林生态效益作为零处理，人类仅仅能够通过提高单位面积粮食、牧草、木材产量以满足对于物质产品的需要能够提高承载力。因此，大多数研究的结论表明，几乎所有国家或地区的社会经济发展是不可持续的。这样的研究虽然能够起到警示世人的作用，但计算的方法明显扩大了资源占用数量。

因此，有必要对于生态足迹方法中涉及化石能源消耗、化石能源用地的占用(需求)和林业生产部门提供的森林资源及其碳汇效益计量方法进行讨论，以便较为准确地反映森林碳汇与化石能源消耗差异性。

尽管如此，William Rees 和 Wackenagel 提出的生态足迹(ecological footprint，EF)方法，将土地作为评价的基础尺度，用均衡因子将社会经济发展能源消耗产生的 CO_2，转换为吸收这些 CO_2 所需要的森林土地面积的思路为直接将森林的碳汇效益与社会经济发展能源消耗产生的 CO_2 之间建立了直接的联系，能够在一定程度上揭示不同区域之间森林碳汇与化石能源消耗差异性，用于评价和衡量社会再生产系统对于自然资源的占用程度的研究。

7.1.2 化石能源用地占用和承载力的计量方法及其讨论

7.1.2.1 化石能源用地占用的计量方法

(1)国家化石能源消耗的基本计量方法。从国家的社会经济统计中可以获得有关化煤炭、石油、天然气消耗总量的数据，在相应的能源统计中划分了原煤、焦炭、原油、柴油、汽油、电力、水电等子项目的数据，可用于分析生产和能源消耗的结构型数据。

根据生态足迹的计算公式(7-1)以及特定项目人均生态足迹的计算方法①(Wachernagel，1997)，由于不同账户的热能值不同，需要用换算系数，折算成标准热能值，通常用标准煤计算。在不直接用各账户的统计数据进行计算的时候，化石能源生态足迹的计算公式如下：

$$FEF = \sum_{i} \lambda_i \sigma_i (P_i + I_i - E_i) \tag{7-3}$$

式中：FEF——化石能源生态足迹；

λ_i——转换系数；

σ——折算系数；

在计算区域化石能源消耗的过程中，化石能源的消费类型主要包括石油、煤炭、天然气及其制品，如汽油、柴油、煤油、焦炭和电力等统计数量。

各种石油、煤炭、天然气及其制品的产量虽然在实际生产过程中并没有完全消耗掉，但在中国的社会经济发展过程中，从统计年度的角度来看，作为战略型储存部分的化石能源数据难以获得，而且随着国民经济的发展，能源短缺已经是现实情况，虽然还有部分化石能源及其制品停留在生产和流通领域，大多是以月或天机算的。因此，从现实的情况和相关研究的文献来看，均将生产量作为消费量。

(2)化石能源原料供给及其贸易因素。化石能源作为当前社会经济发展最重要的屋子，在国家和区域社会经济发展中发挥着十分重要的作用。从区域的化石能源消耗来看，仅仅计算石油、煤炭、天然气作为化石能源的统计量就没有这样简单。

由于贸易的因素大型石化企业往往在特定的区域建立和运行，生产的产品通过市场由其他地区的经济部门消费，仅计算三种基本化石能源原料的统计方法并不能精确反映各区域之间的化石能源消耗程度。

---

① 杜斌，张坤民，温总过，宋国君．城市生态足迹计算方法与案例．清华大学学报(自然科学版)，2004，49(9)：1171～1175.

容易出现的结果之一是，虽然煤炭、石油、天然气资源丰富的省份，如山西、黑龙江、山东、新疆没有消费大量化石能源，是化石能源原料出口省份，但在计算化石能源消耗和相应的碳排放数据时，数据偏高。而拥有大量重工业和人口密集的省份，采购经过加工的化石能源产品，如汽油、煤油、柴油等用于交通运输和工业动力。电力部门用煤炭、石油产品作为燃料生产电能，提供电力供给。这些省份消耗了大量能源，但由于没有直接消耗煤炭、石油、天然气等基本化石能源原料，化石能源消耗和相应的碳排放数据往往偏低。

容易出现的结果之二是在部分产业中大量的石油、煤炭、天然气使用并不是作为能源消耗的，而是作为原材料使用的，如石化工业、塑料工业等。在很多区域，汽车、轮船、飞机等交通工具消耗化石能源主要是经过石化企业加工的各种燃油，因此，拥有大型石化企业的区域(如江苏、北京)，往往化石能源的消耗也具有较高水平，但实际情况是，其生产的产品同样通过贸易环节由其他省份的经济部门消耗掉了。

在不考虑贸易因素的情况下，化石能源生态足迹的计算公式(7-3)可改写为：

$$FEF = \sum_{i} \lambda_i \sigma_i (P_i) \tag{7-4}$$

而人均化石能源足迹可用公式(7-3)计算。

$$efe = \sum_{i} \lambda_i \sigma_i (p_i) \tag{7-5}$$

式中：efe——人均化石能源足迹；

p_i——人均化石能源消费量。

焦炭等是以煤炭为基本原料的产品，在石油消耗中已经进行和统计；柴油、汽油是以石油为基本原料经过化工生产过程生产出来的产品，属于石油消耗统计范畴之内。

火力发电相应的化石能源消耗已经在煤炭、石油、天然气消耗中做了统计。因此，在核算社会经济发展的化石能源的消耗中，仅计算煤炭、石油、天然气消耗总量的原始数据具有统计意义上的合理性。

7.1.2.2 化石能源用地承载力的估算

全球碳循环是碳在大气、海洋及包括植物和土壤的陆地生态系统3个主要贮存库之间的流动。

从现在获得的资料来看，海洋被公认为是最重要的碳库，约有30%～40%的碳由海洋吸收。地球陆地表面由陆生生物与其所处环境相互作用构成的陆地生态系统占地球表面总面积的1/3，以大气和土壤为介质，生境复杂，类型众多。按生境特点和植物群落生长类型可分为森林生态系统、草原生态系统、荒漠生态系统、湿地生态系统，以及受人工干预的农田生态系统。

虽然对于“未知汇”的研究，不同领域的学者有不同的认识和计算方法。一般研究认为森林、土壤是非常重要的碳汇，除了海洋具有近40%的碳汇效益外，土壤在吸收 CO_2 等温室气体中扮演了非常重要的角色，约为生态系统的30%（方精云等，2007），分别存在于森林土壤、农田、草原土壤及其荒地、山地、沙漠之中。

森林生态学者认为森林是剩余 CO_2 需要的主要吸收者（方精云、冯效科等）；根据方精云等人的研究，农作物虽然也具有光合作用，但其碳汇作用几乎等于零，可以忽略不计。草原学者认为草原也是重要的碳汇，但考虑到草原的生物量生产力与森林相比较，生物量生产力很低，约为1/30，与其广阔的土地面积联系在一起考虑，其生物量产生的碳汇效益与农业几乎相同。地质学家试图从岩石的风化（即岩溶作用）轨迹追踪碳的去向，认为石风化是重要的碳汇，实际上这样的碳汇属于土壤碳汇的范畴。湿地系统在全球面积中所占比重很小，除了在部分湿地占较大面积的国家或地区，在相对狭小的范围内，其碳汇效益计量具有一定意义以外，一般也可以忽略不计。

从这样的意义上来看，在中国这样的自然条件下，如果不是专门进行碳循环计量方法的研究，可以认为，包括植物和土壤的陆地生态系统所具有的吸收 CO_2 的碳汇作用主要表现为土壤和森林生态系统。在国家和省域范围这样的较大尺度考虑化石能源消耗所需要的林地面积应是全部 CO_2 排放的30%（海洋及其陆地水体吸收40%；土壤吸收剩余的省域总量的50%，也就是全部 CO_2 排放的30%；森林吸收了全部 CO_2 排放的30%）。尽管在不同的自然地理条件下，这样的比例并不一定能够精确地反映不同的区域的吸收状况，会存在一定的差异，但在国家、省域范围这样的比例有较充分的科学文献作为依据（方精云①、王效科等）。

从目前国内很多应用生态足迹研究资源占用和承载力的文献计算的过程和结果来看，都将化石能源消耗所排放的 CO_2 全部（也就是100%通过林地来吸收）无疑是扩大了化石能源的资源占用程度，没有考虑土地和海洋吸收 CO_2 排放的重要作用，张芳等人仅计算了海洋在吸收39% CO_2 排放的作用，而没有计算土壤具有吸收30% CO_2 排放%的作用。

根据生态学的相应研究，计算用于吸收 CO_2 排放所需要的化石能源用地应是全部排放量的30%作为化石能源用地的占用，而不是100%。

① Pacala 等估算美国森林土壤的碳汇上限值与森林植被的碳汇值相当，总体来说，美国的土壤碳汇是植被碳汇的2/3左右，在欧洲，土壤碳汇约占生态系统总碳汇的30%（方精云，2007）。

7.1.2.3 对于生态足迹理论中化石能源用地承载力的讨论

在生态足迹理论与方法中有3个部分直接涉及林地：第一是用于木材生产的伐木地(也就是六类土地占用中的森林用地)；第二是用于生物多样性保护需要的土地(12%的全部土地供给)；第三是化石能源用地，在William Rees和Wackernagel等人的生态足迹理论体系中，能源消费的生态足迹是指能源生产及其消费后吸收起所产生CO_2所需要的空间。

根据生态足迹理论，林地经营的目的主要是生产木材，几乎没有任何一个国家或地区预留专门的林业用地专门用于吸纳能源消耗所产生CO_2，因此，几乎所有相关的研究计算过程中均认为能够提供的化石能源用地为0。也就是说，森林对于人类的贡献仅仅局限与提供木材。

虽然从市场经济行为来看，私人林业生产行为不会提供专门的林地用于吸收CO_2所需要的土地空间。但是森林在其长期的生长过程中能够提供包括固碳在内的多种间接效益，并在达到一定的经济成熟期提供木材产品作为直接经济效益。

在生物库中，森林是碳的主要吸收者和主要贮存者，森林能够吸收30%的CO_2(方精云，2007)。森林也正是由于地球生态系统的这种功能，维护了包括人类在内的地球生态系统碳循环的平衡。

森林在没有被采伐以前，就能够提供间接效益，因此认为以获得木材收益为目的的森林就不能提供包括固碳作用在内的森林间接效益的认识是不正确的。即使森林最终被采伐，森林的固碳作用也不能忽视，因为在这个过程中，积聚在森林中的碳实际上只有少部分通过燃烧等方式重新回到大气圈中，而大部分的碳被长期固定下来。只要不毁林开荒，将森林烧掉，森林及其林业生产过程都具有吸收CO_2的效益。因此，无论是用于生态环境建设或木材生产的森林都具有碳汇功能，只不过经过采伐以后的森林转变为木材，并在木材使用(重要不是作为薪柴和废物烧掉，均不会向大气中释放CO_2，森林的固碳作用得以保留)过程中，将碳固定并保留。

20世纪90年后期以来，中国林业从以木材生产为中心转移到以生态环境建设为中心，森林在保护和改善生态方面的公益作用日益突出。特别是六大林业重点工程的建设在恢复天然林资源和扩大人工林资源方面取得了举世瞩目的成就，改善了生态环境。

在当今中国，全社会已经越来越明确地认识森林及其生态系统对于到社会经济发展的重要性，商用人工林已经越来越多地承担了木材生产的任务。通过天保工程，几乎全部长江中上游的天然林转换为生态环境用地，除了北方重点国有林区每年还有少量天然林限伐的木材生产任务以外，绝大部分的天然林也处于严格的保护范围之内。

在中国，根据第七次森林林资源清查数据，天然林占森林面积的66%，蓄积的85%。在人工林中也有月1/3列入生态公益林范围。也就是说，在全国有75%以上的全部森林面积、全部蓄积的90%属于严格禁伐(极少量限伐)范围。这些森林目前主要发挥的是包括森林固碳效益在内的生态环境效益。基于这样的现实，目前生态足迹理论与方法中，将全部森林作为以木材生产为主的经济用土地，忽略森林资源能够提供包括固碳效益在内的多种生态效益的计算观念和方法显然是不合理的。

任何科学的理论和方法都需要一个不断深化和精确化的过程。生态足迹方法的提出以后，引进、消化和吸收仅仅是最初阶段的学习过程，还需要专家学者进行深入研究和探讨，对于方法的合理性和存在的不协调与不合理成分进行改进，实现细化和精确。而不能一直停留在简单的模仿阶段，或者由于方法本身存在缺陷就彻底否定它。

7.1.2.4 基于森林光合作用的化石能源用地供给的计算方法

生态足迹对于生态的供给方面即生态承载力的计算公式为：

$$ec = a_j \times r_j \times y_j \tag{7-6}$$

式中：ec——人均生态承载力；

a_j——第j种土地的人均生物生产面积；

r_j——第j类土地的均衡因子；

y_j——第j种土地的产量因子。

(1)森林面积与人均生物生产面积。在生态足迹理论和方法中，均衡土地面积是评价资源数量的尺度。森林的土地面积占全部生态系统(海洋、土壤、森林)吸收化石能源的CO_2排放的30%左右。由于不同区域和不同自然环境条件下，不同森林生物量积累的速度、数量和结构不同，森林碳汇功能的大小存在差异。

在注重生态保护的今天，保守的估计，在全国森林面积中至少有75%用于发挥多种生态环境效益的目的，同时也发挥着森林吸收CO_2排放的化石能源用地效益。

从具体区域来考虑，在城市中，全部林业用地均是园林绿化用地，发挥着森林的生态效益，因此，北京、天津、上海、重庆等地的林业用地全部作为化石能源用地。

(2)土地的均衡因子与林地单位面积蓄积。土地的均衡因子是用当地土地的平均产出与国际相应各类土地的平均产出相比较得出的系数。由于自然条件，生产技术等多种原因，各地单位面积的产出并不完全相同。在生态足迹理论中用土地的均衡因子乘以实际的平均单位面积产出，计算出均衡单位面积产量。

在林业中，林地的产出表现为单位面积蓄积。七次清查结果显示，全国森林每公顷森林蓄积量波动较大(尤其是第一次至第五次清查之间)。

从中国近几期森林资源清查数据中单位面积蓄积的变化来看，与森林资源清查统计方法降低森林的郁闭度有关。由于界定森林的郁闭度从 0.2 下降到 0.16，单位面积蓄积有所变动是可以接受的。随着植树造林和绿化工程及其相关活动的开展，森林面积有很大的增加，但森林的蓄积和生物量指标亟待提高。

从 2004 年的《生命地球报告》，中国的林地产量因子取为 0.91。这样的数据是参考了全国第五、六次全国森林资源清查(1999 ~ 2003 年)资料。从表中可以看出，从第五、六、七次森林资源清查数据来看，虽然单位面积蓄积有所变动，但这样的下降幅度并不明显，我们取 0.91 作为林地均衡因子，用以计算林地的化石能源用地供给。

7.1.2.5 基于 NPP 的化石能源承载力

森林生长过程的光合作用吸收 CO_2，同时呼吸作用排放 CO_2，森林的碳汇效益表现为森林吸收 CO_2 并将其固定下来的生物量积累。单独用森林面积和均衡因子计算的林地承载力是一个累积的结果，而与特定年份社会再生产系统消耗的化石能源和排放的 CO_2 相对应的是，年净初级生产力(Net Promary productivity，NPP)。用生态足迹概念和计算方法，森林的年 NPP 应是每年新增加的林地面积。

7.1.3 中国区域化石能源用地占用和承载力计算结果

7.1.3.1 基于森林吸收 CO_2 过程的计算结果

依据上述数据来源和计算公式我们可以得到 2008 年全国各省份化石能源用地占用和基于光合作用，即只计算吸收 CO_2 过程的承载力计算表中的计算结果(表 7-1)。为了进行比较，计算结果中分别显示了化石能源消耗总量和终端消耗的计算结果。总量消耗中的数据现实了各地区自己的终端化石能源和为其他地区提供的能源(原材料和二次能源等)，终端消耗仅包括本地区煤炭(不包含煤炭发电消耗)、石油及其制品、天然气和电力消耗。

表 7-1 2008 年全国各省份化石能源用地占用和吸收 CO_2 过程承载力计算表① gha/cap

省 份	总消耗人均足迹 efe in total	终端消耗人均足迹 efe in final	生产力因子 Productivity Factor	林地承载力 Forestland Carryingcapacity	总消耗足迹盈亏 Efe belence in total	终端消耗盈亏 Efe belence in final
北 京	2.8916	2.4668	0.2899	0.0103	-0.8571	-0.7297
天 津	3.4148	2.5905	0.3095	0.0029	-1.0216	-0.7743
河 北	2.4368	1.7556	0.3202	0.0179	-0.7131	-0.5087
山 西	4.1721	2.2911	0.5087	0.0335	-1.2183	-0.6539
内蒙古	5.1442	3.1596	1.0038	0.7175	-0.8257	-0.2304
辽 宁	2.8199	2.0323	0.6067	0.07055	-0.7755	-0.5392
吉 林	1.8687	1.3607	1.6641	0.4605	-0.1001	0.0523
黑龙江	1.8881	1.2365	1.1449	0.5783	0.0119	0.2073
江 苏	2.8284	2.1497	0.4724	0.0071	-0.8417	-0.6381
浙 江	3.1109	2.4019	0.4274	0.0549	-0.8784	-0.6657
安 徽	1.2168	0.9137	0.5543	0.0324	-0.3327	-0.2418
福 建	2.1382	1.7717	0.9164	0.2014	-0.4400	-0.3301
江 西	0.9710	0.7204	0.5889	0.1348	-0.1565	-0.0814
山 东	2.5584	1.9162	0.3613	0.0101	-0.7574	-0.5648
河 南	1.3572	1.7294	0.5574	0.0194	-0.3878	-0.4994
湖 北	0.8144	0.6030	0.5251	0.0506	-0.1937	-0.1303
湖 南	1.3415	1.1156	0.5343	0.0760	-0.3265	-0.2587
广 东	2.4073	1.4779	0.5150	0.0567	-0.6655	-0.3867
广 西	1.0745	0.9038	0.6579	0.1400	-0.1824	-0.1312
海 南	1.1796	0.97810	0.5986	0.1335	-0.2204	-0.1599
四 川	1.1924	0.9434	1.7622	0.2714	-0.0864	-0.0117

① 本表的数据未包括台湾、香港、澳门等地，由于重庆为直辖市，化石能源统计数据不完善，西藏没有完整的化石能源统计数据，上海的森林资源与其化石能源消耗相比较几乎可以忽略不计。因此，论文的研究不包括上述地区。

（续）

省　份	总消耗 人均足迹 efe in total	终端消耗 人均足迹 efe in final	生产力因子 Productivity Factor	林地承载力 Forestland Carryingcapacity	总消耗足迹 盈亏 Efe belence in total	终端消耗盈亏 Efe belence in final
贵　州	1.5430	1.1119	0.7582	0.0900	-0.3729	-0.2436
云　南	1.4035	1.02324	1.3672	0.5151	0.0940	0.2081
陕　西	1.7309	1.18641	0.7144	0.1329	-0.3863	-0.2230
甘　肃	1.8192	1.41879	1.1740	0.1079	-0.4379	-0.3178
青　海	3.6409	3.12453	1.5837	0.1064	-0.9859	-0.8310
宁　夏	5.4052	3.84613	0.4593	0.0123	-1.6093	-1.1415
新　疆	2.1685	1.55244	2.1449	0.2257	-0.4248	-0.2400

根据表7-1的计算结果我们可以得到图7-1。从图7 1中不难发现用化石能源总消耗来计算，只有黑龙江和云南出现了化石能源生态占用(土地)的盈余其他各地区均有很大的亏损。而用化石能源的终端消耗计算得到的结果，黑龙江、云南和吉林都出现了盈余，四川处于平衡状态。

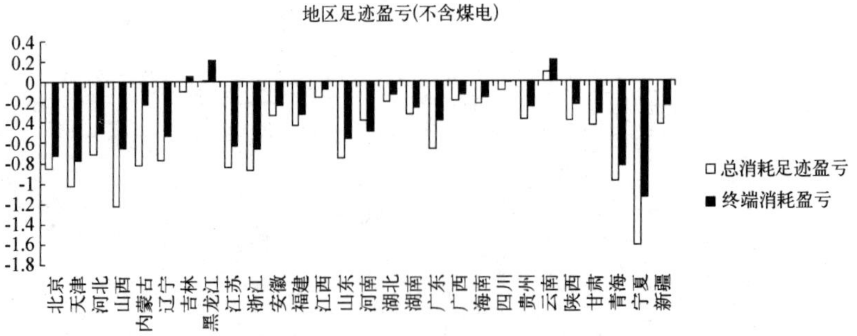

图7-1　2008年中国不同省份的总量和终端消耗人均化石能源足迹

7.1.3.2　基于简化NPP计算的森林资源提供化石能源用地承载力

在生态学中NPP是一个计算过程比较复杂的概念，依据生态足迹简化计算的原则，我们用每年新增的森林面积与单位面积(森林生产因子)的乘积以及均衡因子作为计算基于NPP的森林承载力基本模型，得到了表7-2的计算结果。

表 7-2 基于 NPP 计算的 2008 年中国各省森林资源提供化石能源用地承载力

（单位：万 hm^2）

省 份	六次清查面积	七次清查面积	5 年森林面积增量	年增长量 NPP	产量因子	基于 NPP 的森林承载力
北 京	37.80	51.97	14.17	2.83	0.29	0.74
天 津	9.35	9.32	-0.03	0.01	0.31	0.00
河 北	311.79	379.29	67.50	13.50	0.32	3.89
山 西	206.30	217.95	11.65	2.33	0.51	1.07
内蒙古	1616.14	1701.04	84.90	16.98	1.00	15.28
辽 宁	464.10	483.58	19.48	3.90	0.61	2.14
吉 林	719.48	735.73	16.25	3.25	1.66	4.86
黑龙江	1797.50	1926.97	129.47	25.89	1.14	26.56
江 苏	77.41	107.51	30.10	6.02	0.42	2.55
浙 江	553.92	584.42	30.50	6.10	0.43	2.36
安 徽	331.87	359.95	28.08	5.62	0.55	2.78
福 建	764.94	766.65	1.71	0.34	0.92	0.36
江 西	930.75	973.63	42.88	8.58	0.59	2.96
山 东	204.64	254.46	49.82	9.96	0.36	3.23
河 南	270.3	336.59	66.29	13.26	0.56	6.68
湖 北	497.23	578.5	81.27	16.25	0.53	7.75
湖 南	860.15	947.53	87.38	17.48	0.53	8.34
广 东	826.52	850.02	23.50	4.70	0.52	2.20
广 西	981.91	1033.40	51.49	10.30	0.66	6.12
海 南	166.66	176.26	9.60	1.92	0.60	1.04
四 川	1234.24	1313.42	79.18	15.84	1.76	25.09
贵 州	420.15	459.25	39.10	7.82	0.76	5.35
云 南	1501.5	1648.33	146.83	29.37	1.37	36.21
陕 西	636.8	686.65	49.85	9.97	0.13	1.17
甘 肃	220.18	239.23	19.05	3.85	0.11	0.38
青 海	34.71	35.86	1.15	0.23	0.11	0.02
宁 夏	14.65	15.54	0.89	0.18	0.01	0.00
新 疆	180.73	203.54	22.81	4.56	0.23	0.94

CFI = China Forest Inventory，FCC = forestland carrying capacity。由于中国的森林资源清查每 5 年进行一次，因此森林面积的年均增量为两次森林资源清查之差除以 5。

森林生长过程同时存在光合作用吸收 CO_2 和呼吸作用排放 CO_2。利用生态足迹理论计算的吸收 CO_2 林地面积仅考虑了森林光合作用吸收 CO_2 的作用。而森林的固碳效益应是新增加的林地面积(简化的 NPP)计算的承载力。通过表 7-2不难看出，森林资源的增量形成的化石能源用地承载力与表 7-1 中的化石能源消耗形成的生态足迹相比较，各自的化石能源承载力几乎是可以忽略不计。从计算简单的角度解释生态足迹理论的观点，认为人类并未留出用于吸收 CO_2 的土地，具有一定的道理，但依此就否定森林的生态效益则是一种误解。

7.1.4 研究论与讨论

7.1.4.1 研究结论

从表 7-1 所提供的数据和图 7-1 所显示的情况来看，用总消耗和终端能源消耗计算的结果有很大的差异，我国森林资源比较集中的省份，依据森林光合作用吸收 CO_2 排放的森林化石能源承载力较大，黑龙江、吉林、云南、四川出现了化石能源用地的盈余或基本平衡。不同省份的化石能源土地占用和供给差异与社会经济发展状况和森林资源的丰裕程度有密切关系。近年来我国经济得到了较快的发展，主要城市(北京、上海、天津)和经济发展水平较高的省份(山东、浙江、广东)均存在较大的化石能源生态占用赤字，其中上海的森林资源的数据几乎为0，化石能源生态占用处于全国最高水平。另外，西部的甘肃、青海、宁夏和新疆等地虽然化石能源消耗的总量不大，但人均消耗数值较高。在集体林区的福建、江西、湖南、湖北、广西等省(自治区)，由于拥有大量森林资源，虽然存在化石能源占用的赤字，但化石能源的生态占用状况情况稍好一些。

但依据简化 NPP 的计算结果，森林资源吸收 CO_2 和固碳作用等社会经济发展大量消耗化石能源和排放 CO_2 相比较，这里作用偏小。

7.1.4.2 讨论

生态足迹方法能够简便和直观的现实社会再生产系统的发展从获取和占用资源的程度，对于警示社会重视可持续发展具有十分重要的意义。在生态足迹计算中的耕地、草场、林地、建筑用地、化石能源土地和水域 6 种生物生产面积类型中，建筑用地一般被忽略，水域是固定值。而耕地和草场主要作为提供食物的土地，在将食物作为消费品，而不是工业原料的条件下，提供食物的土地占用在一个区域内的特定时间段内(食品结构不发生重大变化)是一个与其人口数量呈线性相关的常量。化石能源消耗形成的生态土地占用和森林吸收 CO_2排放的能力是与社会在生产系统关系最为密切和最重要的生态足迹。

在计算生态足迹时，化石能源消耗的计算是争议最多的问题。不仅化石能源贸易的问题一直没有解决，而且消耗总量的计算也不准确，各种计算的口径和数据的选择存在随意性。原来按照各能源账户进行合计的计算方法在考察较小区域的时候由于各种消耗大多属于终端消耗，而且不存在贸易和生产过程中的转移消耗问题，计算结果比较准确。但在计算各省份、全国、乃至世界等较大范围化石能源足迹的时候，贸易和原材料形成的转移消耗计算问题产生误差就比较大了。用消耗总量计算的结果来评价能源输出区域，例如，世界上的中东产油国家，中国的山西、内蒙古、黑龙江等地的可持续发展状况显然是不公平的。有关生态足迹的研究文献对于均衡因子的设置及其计算方法等细节问题进行了很多的讨论，从理论上进行讨论具有重要的意义。全球平均的角度来看，均衡因子的设置及其计算方法等细节问题不是生态足迹方法本身存在的主要缺陷。而在利用生态足迹方法计算化石能源消耗数据的时候，对于数据的选择是包括生态足迹和碳排放等化石能源消耗和生态环境、经济发展关系研究中存在的主要问题。实际上，国际通行的各种计算方法，均没有明确表明化石能源数据选择的要求。大部分省份(涉及国际间相关研究中的相应国家)的化石能源总量消耗和终端消耗之间存在巨大的差异，很多省份的终端消耗量仅为消耗总量的近1/3，这种总量消耗与终端消耗上的差异应引起特别的重视。

生态足迹认为人类并未留出用于吸收CO_2的土地，但事实上，目前中国有75%以上的森林面积、90%的蓄积的属于严格禁伐(仍有极少量的限伐)范围，可以被认定为用于化石能源消耗的CO_2排放的林地面积。即使以木材生产为主要目地的商品林，在其生长过程中也具有可观的碳汇效益。人类通过植树造林和保护天然森林资源，能够改善生态环境，能够提高生态承载力。即使在这个问题上存在争论，那么，在生态足迹方法的计算中，全部化石能源消耗均需要林地来吸收，这不符合生态学中有关海洋和土壤也是重要碳汇的相关研究结果。

7.2 基于化石能源足迹的化石能源与GDP关系研究

从世界各国社会经济发展的基本情况来看，国家的经济实力与对于化石能源的控制有十分密切的关系，化石能源已经成为当今世界作重要的战略资源，这是毫无异议的，但从中国国内的响应研究来看由于观察的视角和数据收集整理的方法等各方面还存在差异，从总体上看，社会经济的发展与化石能源的消耗存在一定的关联关系。

我国已经成为世界上能源消耗增长最快的国家，在能源消耗与经济发展关系研究中，张明慧在2004年的定量分析中认为能源每增长1%就可使经济增长1.43%，但二者并不存在严格的双向因果关系。杨文培则就能源与经济增长的互动关系进行了讨论，提出经济增长包含能源发展，其具有对能源发展的内在需求，并且能够为能源发展创造条件，而能源发展则是经济增长的源泉。张琳研究了中国各区域的能源消费与经济增长关系，认为区域能源消和经济增长在空间分布上有明显差异，同时，我国能源消费和能源分布有着明显的交叉不平衡现象，东西部能源消费都会促进GDP的增长，且对东部经济发展的贡献大于对中西部地区的贡献。蔡旭娜对1995~2005年我国八大经济地区能源消费和GDP进行了协整检验，认为在大西南、大西北、南部区域、东部经济区和北部经济区，二者存在协整关系。王旭辉和刘勇则研究了1978~2005年中国的能源消耗和GDP之间的关系，认为二者存在协整关系，且能源消费是GDP的格兰杰原因，但GDP不是能源消费的格兰杰原因。张丽峰等人则建立了面板数据模型，分析了包括北京、天津、河北、辽宁和山东在内的环渤海经济圈的人均生态足迹、能源足迹与GDP之间的关系，认为能源足迹与经济增长之间有正向关系，存在生态足迹、能源足迹对经济影响的地区差异性。从专家学者的相关研究来看，可以基本判定，经济的发展与化石能源消耗存在正相关关系。

7.2.1 研究方法

7.2.2.1 数据来源

研究的数据主要来源于《中国能源统计年鉴》和《中国统计年鉴》，包括1980~2009年中国化石能源消耗和GDP的数据。由于人均数据能够更好地表现一国或地区的效率水平，考虑到化石能源足迹数据具有一定的综合性，研究以人均化石能源足迹和人均GDP作为数据分析的对象，以更好地研究我国总体能源使用效率与经济效率之间的关系。

在化石能源消耗数据的基础上，计算了1980~2009年我国人均化石能源足迹。图7-2反映的是这三十年我国人均化石能源足迹(efe)和人均GDP的变化趋势，左侧纵坐标显示的是人均GDP数值(单位为元)，右侧纵坐标显示的是人均化石能源足迹的数值(单位为hm^2)。可以看出，总体上二者均呈现增长趋势，基本上保持着一致的变化情况，在经济增长的同时，2009年人均化石能源足迹比三十年前增加了将近三倍，尤其是从2002年开始，无论是人均GDP还是人均化石能源足迹的曲线斜率陡然上升，这表示二者的上升速度都有所提高。

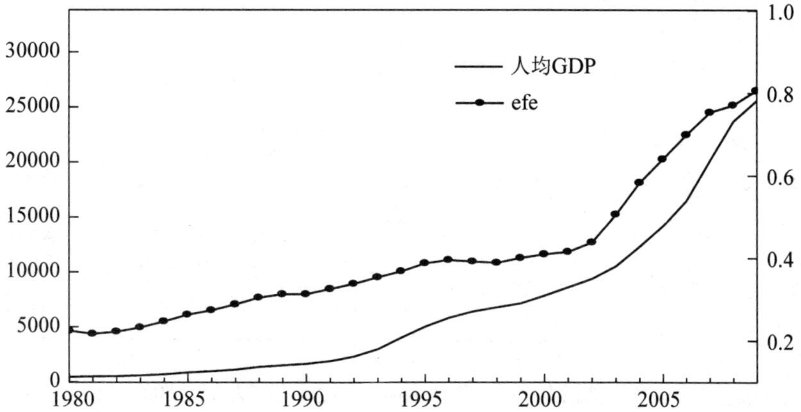

图 7-2 1980 ~ 2009 年我国人均化石能源足迹和人均 GDP 变化趋势

7.2.2.2 我国各地化石能源基于聚类分析

为了更进一步对我国不同地区的化石能源消耗情况和当地经济发展水平进行分析，本文利用 SPSS16.0 软件对 2000 年和 2009 年各省人均化石能源足迹和人均 GDP 进行了聚类分析，通过对比来揭示十年中各地区的能源消耗变化，但因缺少数据，西藏和港澳台地区并未进行计算。在分类过程中，本文首先将数据用range0 - 1方法进行标准化，再利用用欧氏距离平方(Squared Euclidean Distance)来计算变量之间的距离，最后用组间连接(Between - groups Linkage)方法进行分类，分类结果见表 7-3 和表 7-4。

表 7-3 2000 年聚类分析结果

类 别	地 区
第一类：人均化石能源足迹较高，人均 GDP 仅次于上海	北京、天津
第二类：人均化石能源足迹和人均 GDP 较高	山西、辽宁
第三类：人均化石能源足迹和人均 GDP 全国最高	上海
第四类：人均化石能源足迹较低，但人均 GDP 相差较多	河北、内蒙古、吉林、黑龙江、江苏、浙江、安徽、福建、江西、山东、河南、湖北、湖南、广东、广西、海南、重庆、四川、贵州、云南、陕西、甘肃、宁夏、新疆

表7-4 2009年聚类分析结果

类 别	地 区
第一类：人均化石能源足迹较高，人均GDP全国最高	北京、天津、上海
第二类：人均化石能源足迹全国最高	山西、内蒙古、宁夏
第三类：人均化石能源足迹相对较高，人均GDP也较高	河北、辽宁、江苏、浙江、福建、山东、广东、青海、新疆
第四类：人均化石能源足迹和人均GDP都较低	吉林、黑龙江、安徽、江西、河南、湖北、湖南、广西、海南、重庆、四川、贵州、云南、陕西、甘肃

上面的两个表已经将各地区在十年间的化石能源足迹和经济水平变化充分反映出来：虽然通过聚类分析，两个年份的30个省市都被分为了四个大类，但是可以看出，在2000年时，在人均化石能源足迹和人均GDP这两个指标上具有较为明显特征的仅是前三大类中的北京、天津、辽宁、山西和上海，其他地区尽管在经济发展水平差距较大，但彼此间人均化石能源足迹并没有明显的差异，也就是说，在2000年，中国大部分地区的人均化石能源足迹都处于较低水平，东中西部并没有因为经济发展不平衡而出现能源消耗上的巨大差异。在两个年份的比较中，变动较大的地区包括上海、辽宁、内蒙古、宁夏；而两个年份在聚类结果上最为明显差别体现在2000年的第三类、第四类和2009年的第一、三、四类上。

在2000年时，上海市属于聚类结果中的第三类，即人均化石能源足迹和人均GDP最高的地区；而在2009年，由于上海市的化石能源消耗上升和北京、天津经济的迅速发展，三个地区成为中国人均化石能源足迹较高而人均GDP最高的地区。

其次，在2009年的第二类中，山西、内蒙古和宁夏成为全国人均化石能源足迹最高的地区，而内蒙古和宁夏在2000年仍处于人均化石能源足迹较低的水平，与山西、宁夏不同的是，内蒙古的人均GDP达到了我国的较高水平；此外，尽管辽宁和山西之间的人均化石能源足迹拉开了距离，但由于其在2009年仍属于全国相对较高的一类。

最后，2000年人均化石能源足迹较低的一类省份在2009年大体上被分为了两类，分别是人均化石能源足迹和人均GDP都相对较高的一类和二者都相对较低的一类，即第三类和第四类。在第三类中，除青海和新疆为西部省市，其余地区均属于东部沿海；而第四类则全部为中西部省市。可以看出，在这十年中，全国范围内能源消耗的高低分布发生了变化，即随着经济的发展和能源消耗的增加，我国能源消耗和经济水平由无明显低于分别转变为有东中西的地域分别，具体来说，2009 年的数据揭示了我国东部经济较为发达地区的人均化石能源足迹相较中西部地区偏高。另外，一个变化即是北京、天津、上海这些全国最发达的地区不再是人均化石能源足迹最高的地区，取而代之的是中西部经济欠发达的主要能源资源产地山西、新疆和宁夏。

为了更好地了解和分析我国各地区经济发展和化石能源消耗的地域性变化，我们从每一大类中选择了比较具有代表性的省份或城市，对比分析它们在 2000～2009 年间人均化石能源足迹和人均 GDP 的变化情况。本文选择了北京、上海、山西、广东、湖北进行对比，选择理由是这些城市在其所属类别中具有明显的经济发展与能源消耗特点，且处于我国东中西不同地区，在所处地区也有自身的产业发展特点，因而具有一定代表性。

北京、上海和山西的人均化石能源足迹的总体水平相对广东和湖北较高，从趋势上看，尽管以上 5 个地区 2009 年的人均化石能源足迹相较于 2000 年都有所增长，但近两年北京市的增长趋势缓和下来，山西、上海和广东有少许的下降，只有湖北的人均化石能源足迹仍呈上升趋势。具体分析来说，北京市人均化石能源足迹增长趋于缓和的原因可能是由于近年来北京转变经济增长模式，将高能耗重污染企业迁移出京，大大降低了化石能源消耗量，但由于北京人口众多，交通运输压力大，对资源需求大，导致化石能源消耗仍居高不下。广东由于长久以来重点发展轻工业，对能源需求较小；上海由于有大型钢铁企业等高能耗产业，且人口众多，因而其化石能源足迹水平较高。两地人均化石能源足迹下降的原因可能是由于科学技术的进步，进而促进化石能源使用效率的提高。湖北省是老工业基地，中部工业重镇，近年我国实施振兴老工业基地政策，促进了湖北省工业产业的发展，这可能导致该省人均化石能源足迹上升的原因。

通过上述对五地人均化石能源足迹变化趋势的分析，本文探讨性得出以下结论：我国的部分地区化石能源消耗出现增长缓和甚至是小幅下降趋势，而这个趋势主要是由东部经济发达地区引领，北京、上海和广东正是这些地区的代表。

7.2.2.3 序列的单位根检验

在进行不同序列之间协整检验之前，应判断序列是平稳序列，若每个序列都是同阶平稳序列，则可进行二者关系的验证。对序列平稳性最直接的判断是通过散点图，若图中的曲线是围绕序列的平均值上下波动的话，那么这个序列就是一个平稳的序列。如图 7-2，人均化石能源足迹和人均 GDP 的曲线有明显的增长趋势，是非平稳的，因此，用 EVIEWS6.0 统计分析软件将对此进行严格的单位根检验。

研究采用用的单位根检验的方法是 ADF 检验(Augmengted Dickey-Fuller Test)，它是对 1979 年 Dickey 和 Fuller 的 DF 检验的改进，是在含截距项、含截距项和趋势项、不含截距项和趋势项的检验式的模型基础上，检验不同差分水平下序列是否存在单位根的方法，进而可判断该序列是否是平稳序列。.

为了使计算过程更加明了，排除异方差性，使序列更容易达到平稳，本文对人均化石能源足迹(efe)和人均 GDP 取对数，分别记做 ln*efe* 和 ln*gdp*，并进行单位根检验，结果见表 7-4。

可以看出，由于 ln*efe* 二阶差分 ADF 值的绝对值在三个模型下都分别大于临界值的绝对值，可以判断 ln*efe* 这个时间序列是二阶平稳的，同理，ln*gdp* 通过二阶差分后，也达到了平稳状态。因此，ln*efe* 和 ln*gdp* 这两个时间序列都是二阶平稳序列，即二者同阶平稳，可以继续进行两者之间的协整检验。

7.2.2.4 协整检验——E-G 检验法

协整理论是 20 世纪 80 年代末由恩格尔和格兰杰正式提出的，主要方法有 E-G 检验和 Jonansen 检验，前者适用于检验两变量协整关系，后者是用于检验多变量协整关系，采用 E-G 检验方法。

首先，用最小二乘法估计 ln*efe* 和 ln*gdp* 的线性方程，结果如下：

$$\ln efe = 0.291261 \times \ln gdp - 3.346112 \qquad (7\text{-}7)$$

$$(-25.92663) \qquad (18.61933)$$

调整后的 $R^2 = 0.9226$，$DW = 0.119744$。

其次，由估计的线性方程得出残差方程，并验证残差 e_t 的平稳性。残差方程如下所示：

$$e_t = \ln efe - \ln gdp * 0.291261 + 3.346112$$

对残差序列 e_t 的 ADF 检验结果(表 7-5)，e_t 的原序列在不含截距项和趋势向的模型下，ADF 值的绝对值大于不同置信水平下临界值的绝对值，证明 e_t 是平稳序列，则序列 ln*efe* 和 ln*gdp* 之间存在稳定的长期均衡的关系(表 7-6)。

表 7-5 残差的 ADF 检验结果

		t - Statistic
Augmented Dickey - Fuller test statistic		-3.622268
Test critical values:	1% level	-2.67429
	5% level	-1.957204
	-1.608175	10% level

表 7-6 *efe* 与人均 GDP 的 ADF 检验结果

	模型	ADF 值	临界值	临界值	临界值	结论
			α = 1%	α = 5%	α = 10%	
ln*efe*	模型 1	−2.41141	−2.65015	−1.95338	−1.6098	非平稳
	模型 2	−0.35106	−3.68919	−2.97185	−2.62512	
	模型 3	−2.13588	−4.32398	−3.58062	−3.22533	
ln*efe* 一阶差分	模型 1	−1.36413	−2.65015	−1.95338	−1.6098	非平稳
	模型 2	−2.83525	−3.69987	−2.97626	−2.62742	
	模型 3	−3.03654	−4.33933	−3.58753	−3.22923	
ln*efe* 二阶差分	模型 1	−4.61777	−2.6534	−1.95386	−1.60957	平稳
	模型 2	−4.52409	−3.69987	−2.97626	−2.62742	
	模型 3	−4.36379	−4.33933	−3.58753	−3.22923	
ln*gdp*	模型 1	1.674404	−2.65015	−1.95338	−1.6098	非平稳
	模型 2	−1.13497	−3.68919	−2.97185	−2.62512	
	模型 3	−2.79522	−4.32398	−3.58062	−3.22533	
ln*gdp* 一阶差分	模型 1	−0.87363	−2.65015	−1.95338	−1.6098	非平稳
	模型 2	−3.45298	−3.69987	−2.97626	−2.62742	
	模型 3	−3.46579	−4.33933	−3.58753	−3.22923	
ln*efe* 二阶差分	模型 1	−4.48237	−2.65692	−1.95441	−1.60933	平稳
	模型 2	−4.36361	−3.71146	−2.98104	−2.62991	
	模型 3	−4.35196	−4.35607	−3.59503	−3.23346	

7.2.2.5 格兰杰因果关系检验

通过协整检验分析已知，人均化石能源足迹和人均 GDP 在长期存在均衡关系，为了进一步了解二者之间的相互影响关系，本文分别取 2、3、4 为滞后期，利用格兰杰因果关系检验来验证二者是否存在因果关系，结果见表 7-7。

表 7-7 人均化石能源足迹和人均 GDP 的格兰杰因果检验结果

原假设	滞后期	观察值个数	F 值	P 值	结论
EF does not Granger Cause GDP	2	28	13.4867	0.0001	拒绝
GDP does not Granger Cause EF			6.1469	0.0073	
EF does not Granger Cause GDP	3	27	7.33706	0.0017	拒绝
GDP does not Granger Cause EF			3.91248	0.0238	
EF does not Granger Cause GDP	4	26	10.5654	0.0002	拒绝
GDP does not Granger Cause EF			5.31965	0.0058	

从表 7-7 中可以看出，在滞后期为 2、3、4 时，P 值均小于 95% 置信区间临界值 0.05，因此，1980～2009 年中国人均化石能源足迹和人均 GDP 互为因果的结论，即人均化石能源足迹的增长会促进人均 GDP 的增长，人均 GDP 的增长也会反过来刺激人均化石能源足迹的增加；由于化石能源(煤炭、石油、天然气)的消耗量占我国能源总消耗的 90% 以上，我们可以进一步说，我国的能源消耗随经济发展而增加，经济增长也会进一步刺激能源消费的增加。

7.2.3 研究结论

利用改进后的生态足迹计算公式计算了 1980～2009 年我国的人均化石能源足迹，并在此基础上探讨了我国近三十年间能源消耗和经济增长之间的关系。通过协整检验和格兰杰因果检验，研究发现，1980～2009 年中国的能源消耗和经济增长之间存在稳定的长期均衡关系，并且二者是互为因果。

在过去三十年中，我国以化石能源为主的能源消耗的增加是经济发展的重要动力，促进了经济的增长，而经济发展又反过来刺激了能源的使用。这也一定程度上表明，我国经济发展对能源尤其是化石能源仍旧有依赖性，经济发展仍以消耗大量化石能源为代价，甚至从 2002 年开始出现人均化石能源足迹增长速度提高的现象，这表明我国目前的经济增长方式仍是以消耗大量化石能源资源的粗放式增长模式，显然，这不利于我国经济的长远健康发展，化石能源是非常不可取的。同时，研究也表明：化石能源和 GDP 近 30 年的数据变动虽然呈现一定的曲线，但总体上呈现逐步上升的线性关系。

通过计算和分析可以看住，我国经济增长对化石能源消耗的依赖性也会导致我国在实施节能减排政策的过程中势必会经历经济增长放缓的阵痛期，对我国的经济发展必然是一种考验，而且简单地限制第二产业化石能源消耗也不利于经济的健康发展。

8 森林碳汇效益的补偿问题研究

从传统经理论来看，森林生态效益属于公共物品，应由政府投资组织生产活动，森林生态效益具有“经济的外部性”，生态效益的产出受益者难以界定，不具有受益者的明确指向性，难以通过市场机制组织生产活动和通过经济手段进行监督与管理。基于这样的理论，森林生态效益中的碳汇效益一直没有得到经济上的补偿，除了基于污染排放权理论，从高污染地区、产业、企业组织通过清洁生产机制，获得造林和管护的费用以外，碳汇造林的经济问题和生态效益补偿问题还远没有解决。

从中国各省级区域的化石能源消耗和森林资源现状来看，省域之间森林资源和化石能源消耗的差异性还是较大的，特别是在一些人口密集，GDP 较高的东部和大型城市，林业发展的空间已经十分有限，建立在区域内部的化石能源消耗和森林碳汇效益间的平衡几乎是不可能的。同时，主动降低建立在以化石能源消耗为基础的 GDP，以牺牲经济发展为代价达到经济发展和生态环境间的平衡是难以做到的。在短期内，通过技术手段用清洁能源代替化石能源，彻底改善产业结构和能源结构也无法实现。从表面上看，对于这个问题的讨论似乎进入了一个困境。实际上当我们从更加宽阔空间区域来观察问题的时候，这个困境就能够在一定程度上得到缓解或在部分区域得到解决。

8.1 森林生态效益的理论基础

8.1.1 关于森林生态效益补偿机制问题的研究与探讨

从 20 世纪 90 年代以来，关于森林生态效益补偿问题成为国内学者讨论的热点问题。这样的讨论对于推进建立中国森林生态效益补偿机制的建立和完善起到了积极的作用，并直接促成了《中央森林生态效益补偿基金制度》的出台，在一定程度上支持了中国恢复森林植被、改善生态环境的可持续发展进程和中国林业从木材生产到生态环境建设为中心的转变。

综合近年来关于森林生态效益补偿问题理论问题的讨论，我们可以得到这样的基本信息：由于森林具有巨大生态公共效益，而提供这种效益的林业生产价值难以通过直接市场交易实现，因此，应当建立生态补偿机制，通过经济的手段达到激励人们对生态系统服务功能进行维护和保育，解决由于市场机制失灵造成的生态效益的外部性并保持社会发展的公平性，达到保护生态与环境效益的目标(李文华，2006)。因此对于森林生态效益补偿成问题的相关研究主要解决的是如何通过公共财政对公益林进行补偿的问题，而不是全面探讨通过多种渠道补偿森林具有的多种生态效益问题。

目前，被大多数人接受的是把生态效益补偿定义分为广义和狭义两种。广义的生态效益补偿包括生态破坏的补偿和对生态功能的补偿：狭义的生态效益补偿专指对生态功能或生态价值的补偿。生态效益补偿特指为了控制生态破坏，而应该包括因自然资源的使用所造成的生态功能丧失的恢复和补偿；具体包括对为保护和恢复生态环境及其功能而付出代价、做出牺牲的单位和个人进行经济补偿；对因开发利用土地、矿产、森林、草原、水、野生动植物等自然资源和自然景观而损害生态功能，或导致生态价值丧失的单位和个人收取经济补偿金。

在建立森林生态效益补偿机制的必要性方面，国内的研究基本接受了经济学家庇古(A. C. Pigou)关于解决经济外部性的研究结论(毛显强等，2002)，之所以要补偿森林的生态效益，是因为生态效益是森林的外部经济效益，即不通过市场交换使其他经济主体受益，因此，应有特殊的价值计量方法和补偿措施，对森林生态效益采取价值回报(费世民等，2004)。在补偿机制建立方面，国内学者在理论上也逐步接受了国外市场补偿理论与方法，并承认市场机制的积极作用(黄选瑞，2001；李文华，2006，2007)，同时认为森林生态效益是公共产品，应建立以公共补偿基金为基础的，包括税、费等在内的补偿机制，(费世民等，2004；李文华等，2007；王作全等，2006)。

西方国家对于生态效益补偿研究的重点是市场补偿的理论与方法，包括：商业规划、碳汇及碳交易、生态旅游、生态产品认证体系、基金等(李文华，2007)。从1953年国家建立育林基金制度开始到2004年12月10日《中央森林生态效益补偿基金制度》在全国实施，国内对于森林生态补偿问题的研究和实践经历了很长的时间，在理论和实践上取得了丰硕的成果。对于生态补偿虽然还没有公认的定义，李文华等人将生态补偿定义为以保护和可持续利用生态服务系统为目的，以经济手段为主的相关利益关系的制度安排，生态补偿包括由生态系统的服务者向生态系统服务提供者的补偿，也包括有生态破坏者向生态破坏受害者的补偿(2006)是比较全面的。国内的研究在理论上接受了国外市场补偿理论与方法，并承认市场机制的积极作用(黄选瑞，2001，李文华，2006，2007)，同时认为森林生态效益是公共产品，应建立以公共补偿基金为基础的，包括税、费等在内的补偿机制(中央森林生态效益补偿基金制度，2004；雷玲等，2004；宁哲等，2006；费世民等，2004；李文华等，2007)。相关的理论研究促进了《中央森林生态效益补偿基金制度》在全国实施和中共中央、国务院出台《关于加快林业发展的决定》，并为六大林业重点工程的顺利实施创造了条件，促进了林业的发展。

1998 年 4 月 29 日，九届全国人大常委会第二次会议通过的《中华人民共和国森林法》修正案明确规定：“国家设立森林生态效益补偿基金，用于提供生态效益的防护林和特种用途林的森林资源、林木的营造抚育、保护和管理。森林生态效益补偿基金必须专款专用，不得挪作他用。”2001 年 1 月财政部明确表示“同意设立森林生态效益补偿资金，主要用于提供生态效益的防护和管理”。这标志着经过 10 多年的艰苦努力，中国森林生态效益补偿资金专项已正式纳入财政预算。

从目前的理论研究和实践来看，森林的碳汇效益还没有纳入森林生态效益补偿的范畴，如何从理论上和实践中利用市场机制和政府公共支持的双重作用，将碳排放市场和森林碳汇效益联系在一起也是需要认真探讨的问题。从目前理论界和国际的实践来看，基本的认识是通过碳市场交易的相关机制，将森林碳汇纳入发展机制(CDM)的范畴加以考虑。虽然这样的考虑在实践中具有可行性与合理性，但森林的碳汇效益毕竟属于森林生态效益的范畴，碳计量和化石能源消耗的计量还有很多问题没有解决，尽管碳排放和碳汇是当前可持续发展面临的重要问题，森林碳汇效益补偿问题还需要从技术和经济与管理方面做大量的研究工作，这不仅是自然科学学者们需要通过研究解答的问题，也是一个需要社会科学工作者研究的问题。

8.1.2 碳交易市场的几个基本概念

为了利用市场机制作为解决 CO_2为代表的温室气体减排问题的新路径，即把 CO_2排放权作为一种商品，从而形成了 CO_2排放权的交易，简称碳交易。碳交易基本原理是，合同的一方通过支付另一方获得温室气体减排额，买方可以将购得的减排额用于减缓温室效应从而实现其减排的目标。在 6 种被要求排减的温室气体中，CO_2为最大宗，所以这种交易以每吨的 CO_2 当量(tCO_2e)为计算单位，所以通称为“碳交易”。其交易市场称为碳市场(Carbon Market)。

8.1.2.1 排放权交易

排放权交易指对二氧化硫、化学需氧量等主要污染物和 CO_2等温室气体的排放量所进行的交易。排放权交易(emission trading)是在一定范围内满足环境质量要求的条件下，授予排污单位以一定数量合法的污染物排放权，允许对排放权视同商品进行买卖，调剂余缺，实现污染物排放总量控制。国内比较有名的排放权交易所有天津排放权交易所、北京环境交易所、上海环境能源交易所。

碳交易(Carbon trade)是为促进全球温室气体减排，减少全球 CO_2 排放所采用的市场机制。联合国政府间气候变化专门委员会通过艰难谈判，于 1992 年 5 月 9 日通过《联合国气候变化框架公约》(UNFCCC，简称《公约》)。1997 年 12 月于日本京都通过了《公约》的第一个附加协议，即《京都议定书》(简称《议定书》)。《议定书》要求，2008 ~2012 年，所有发达国家排放的 CO_2 等 6 种温室气体的数量，要在 1990 年水平的基础上减少 5.2%。由于 CO_2 等温室气体是均匀混合吸收性污染物。即这些污染物对环境的影响只与排放量有关，并不存在地区、国界的差异，所以在世界的任何一处产生的温室气体的减排对于减缓全球温室效应的效果是相同的。基于此原因，《议定书》规定了三种灵活履约机制：清洁发展机制(CDM)、联合履行(JI)和排放交易(ET)。这些机制旨在刺激对非工业国家和转型期经济体的投资，并以经济有效的方式实现减排。

8.1.2.2 碳交易市场的规则

在碳市场的构成要素中，规则是最初的、也是最重要的核心要素。有的规则具有强制性，如《议定书》便是碳市场的最重要强制性规则之一，《议定书》规定了；即在 2008 ~2012 年间其温室气体排放量在 1990 年的水平上平均削减 5.2%。其他规则从《议定书》中衍生，如《议定书》规定欧盟的集体减排目标为到 2012 年，比 1990 年排放水平降低 8%，欧盟从中再分配给各成员国，并于 2005 年设立了欧盟排放交易体系(EU ETS)，确立交易规则。当然也有的规则是自愿性的，没有国际、国家政策或法律强制约束，由区域、企业或个人自愿发起，以履行环保责任。碳交易将成为世界最大宗商品市场，而碳交易标的标价货币绑定权以及由此衍生出来的货币职能将对打破单边美元霸权促使国际货币格局多元化产生影响。

根据碳交易的三种机制，碳交易被区分为两种形态：配额型交易(Allowance - based transactions)：指总量管制下所产生的排减单位的交易，如欧盟的欧盟排放权交易制的“欧盟排放配额(European Union Allowances，EUAs)”交易，主要是被《京都议定书》排减的国家之间超额排减量的交易，通常是现货交易。项目型交易(Project - based transactions)：指因进行减排项目所产生的减排单位的交易，如清洁发展机制下的“排放减量权证”、联合履行机制下的“排放减量单位”，主要是通过国与国合作的减排计划产生的减排量交易，通常以期货方式预先买卖。

8.1.2.3 清洁发展发展机制(CDM)①

根据《京都议定书》的规定，清洁发展机制应该有双重目的：既帮助发展中国家实现可持续发展及公约的目标，又帮助发达国家实现其在议定书下的减限排承诺。清洁发展机制是一项“双赢”机制：一方面，发展中国家通过这种项目级的合作，可以获得技术和资金甚至更多的投资，从而促进国家的经济发展和环境保护，实现可持续发展的目标；另一方面，通过这种合作，发达国家将以远低于其国内的减排成本实现其在“京都议定书”规定下的减排指标，节约大量的资金，并通过这种方式将技术、产品甚至观念输入到发展中国家。

国际森林碳补偿贸易市场的本质是，在UNFCCC等协议的框架之内，由公约签署国成员之间进行的CO_2排放权的交易，其基本的交易体系。随着联合国气候变化框架公约谈判的不断深入，森林作为陆地碳吸收的主体受到越来越多的关注。2001年《波恩政治协议》和《马拉喀什协定》已同意将造林、再造林项目作为第一承诺期合格的清洁发展机制项目。这意味着发达国家可以通过在发展中国家实施林业碳汇项目抵消其部分温室气体排放量。

该协定同意将毁林、造林和再造林活动引发的温室气体源的排放和汇的清除方面的净变化纳入附件I国家排放量的计算，即同意将造林和再造林林业碳汇项目作为第一承诺期的合格CDM项目类型。其中“造林”是指在50年以上的无林地进行造林；“再造林”是指在曾经为有林地、而后退化为无林地的地点进行造林，并且这些地点在1989年12月31日之前必须是无林地，也就是说再造林必须是1990年以来进行的造林活动(UNFCCC，2001)。

此外，《波恩政治协定》为附件I国家利用造林碳汇项目设定了上限。协定规定，附件I国家在第一承诺期的每年中从CDM造林碳汇项目中获得的减排抵消额不得超过其基准年排放量的1%。② 这就意味着附件I国家所承诺减排任务的20%可以通过CDM碳汇项目完成(王雪红，2003)。

2001年11月在马拉喀什召开的《联合国气候变化框架公约》第7次缔约方大会上，通过了有关京都议定书履约问题，形成马拉喀什协议文件。根据马拉喀什授权，CDM执行理事会及其附属专家小组相继成立，而气候公约秘书处是CDM执行理事会秘书处所在地，是国际上管理CDM的中心机构。

8.1.2.4 碳基金

欧盟已经通过了内部温室气体排放贸易条令，于2005年1月1日实施，

---

① 该部分的资料来源于：21世纪管理中心，清华大学．清洁发展机制[M]．北京：社会科学文献出版社，2005.

② 《京都议定书》一些条款涉及基年选择的灵活性，允许一些经济转轨国家采用1990年之外的年份作为基年。

对成员国不能完成议定书承诺的，将给予惩罚。欧盟已经同意，满足要求的部分 CDM 项目所产生的 CERS 可以进入欧盟的排放贸易体系；意大利设立了援助发展中国家研究 CDM 的专门计划，建立了 CDM 基金及在世界银行设立了托管基金；加拿大建立了气候变化专门基金，支持发展中国家开展 CDM 实施能力建设活动，引导加拿大企业与发展中国家合作；德国制定了援助发展中国家研究 CDM 的专门计划，并建立 CDM 基金；其他发达国家也都制定了相应政策以完成温室气体减排义务，并建立 CDM 基金和管理机构，以促进 CDM 的合作。

世界银行目前是最大的 CDM 买主，共管理了包括原型碳基金(PCF)，生物碳基金(BCF)，社区开发基金(CDCF)，意大利碳基金和荷兰碳基金等在内的 8 个基金，到 2005 年年底，基金总额将达到 16 亿美元。其中意大利碳基金由意大利政府出资，中国为其优先合作伙伴，中意双方已签署协议，中方为意方开发 100 个项目，每年减排量在 1 000 万 t （CO_2当量）以上。

荷兰碳基金总额为 4 400 万欧元，主要针对发展中国家的包括煤层气回收利用和可再生能源/能源效率在内的项目。欧洲碳基金(ECF) 是欧洲最大的非公共碳基金，资金量达 1 亿欧元，用于购买满足欧盟排放贸易体系要求的 CERS。日本温室气体减排基金(JCF) 资金总额为 1.4 亿美元，特点是承担项目前期开发(项目设计文件，审定)成本。

作为一种特殊的商品，经核证的减排量(CERS)可以在市场上进行交易。目前，英国、荷兰以及美国已经设立了这种特殊交易所，新加坡也将于年内设立亚洲首个以 CO_2为主的温室气体排放量交易所。世界银行所进行的一项研究显示，自 2005 年《京都议定书》生效以来，全球之间达成的 CO_2排放量交易的数量出现大幅上升。

8.1.2.5 森林碳补偿市场

国际森林碳补偿贸易市场的本质是，在 UNFCCC 等协议的框架之内，由公约签署国成员之间进行的 CO_2排放权的交易，其基本的交易体系。随着联合国气候变化框架公约谈判的不断深入，森林作为陆地碳吸收的主体受到越来越多的关注。2001 年《波恩政治协议》和《马拉喀什协定》已同意将造林、再造林项目作为第一承诺期合格的清洁发展机制项目。这意味着发达国家可以通过在发展中国家实施林业碳汇项目抵消其部分温室气体排放量。

该协定同意将毁林、造林和再造林活动引发的温室气体源的排放和汇的清除方面的净变化纳入附件 I 国家排放量的计算，即同意将造林和再造林林业碳汇项目作为第一承诺期的合格 CDM 项目类型。其中“造林”是指在 50 年以上的无林地进行造林；“再造林”是指在曾经为有林地、而后退化为无林地的地点进行造林，并且这些地点在1989年12月31日之前必须是无林地，也就是说再造林必须是1990年以来进行的造林活动(UNFCCC，2001)。

8.1.3 将森林纳入碳交易市场的基本要素和环境条件

将森林碳汇效益纳入市场机制的范畴，通过市场交易实现森林碳汇效益的价值是社会经济发展的必然趋势，在《联合国气候变化框架公约》和《京都议定书》的框架内，森林碳汇效益已经通过清洁发展机制(CDM)成为碳市场的组成部分。国内已经开展了碳市场建设的实践和探索，但将森林碳汇效益作为商品纳入国内碳市场交易的框架还有很多基础性的研究和将研究工作的理论性和和应用性成果拓展到实际碳市场建设和交易的过程中。尽管如此，相应的研究和探讨必须开展，否则森林碳补偿市场建设的目标在未来也难以实现。

8.1.3.1 碳补偿市场市场的基本要素

从商品市场存在和运行的基本条件来看，作为交换物的商品是供给者和购买者双方都需要的物品。在碳交易市场中，碳排放指标是市场中交易商品，那么碳补偿市场的建立必须具备以下几个基本要素：

第一是作为商品的超额碳排放量。据政府间气候变化专门委员会(IPCC)2001年的研究结果，能源生产和运输部门是温室气体的主要人为来源(2001)。根据世界碳交易市场的实践来看，确定这个超额碳排放量需要确定强制性统一标准的碳排放额度，并分解到各个工业部门及其企业组织。在市场中交易的是各个工业部门或企业组织在实际运行中超过强制性统一标准的碳排放额度的排放量。第二是碳市场的交易者，即碳排放者和碳吸收者。从目前的研究和实践来看，社会静静地各个经济部门构成了交易者，作为碳排放者主要是各个工业部门；碳吸收者主要是那些能够减少温室气体排放或吸收温室气体的经济部门。

国际上认定以下部门是CO_2等温室气体的排放部门：第一是工业部门，特别是能源部门以及消耗能源较多的水泥、钢铁、塑料、炼铝以及机械加工部门，占总排放量的30%。第二是商业和民用部门，主要包括居民在日常生活中消耗食品、纸、布、化纤等日用品以及生活垃圾处理释放的CO_2，其排放量占总排放量的40%。第三是交通部门。民航、铁路、轮船以及公路上行驶的车辆是很重要的温室气体排放源，占总排放量的20%。第四是农业、畜牧业。农业生产过程中土壤中的N_2O排放，饲养动物产生的CH_4，以及牲畜粪便产生的CH_4和N_2O，占总排放量的10%(陈根长，2005)。

根据相关研究的结果，在对碳排放和固碳2种效果进行综合考虑时，农业仍表现为碳的净吸收汇，并且考虑到农业本身就是弱势产业，因而农业不应该作为碳汇服务的购买者。商业和民用部门由于其单个主体碳释放量难以确定，考虑到单个主体的承受能力有限，并且个体单位分布极端分散，造成交易成本过高，因而也不宜作为需求者引入市场。这样一来，市场上的需求者主体应该就是工业部门和交通部门，两者碳排放量之和占碳排放量总量的比例为56%左右(丹尼尔·戴比，2003)。

邱威等人认为，市场的供给者即森林碳汇服务提供者。由于森林天然具有固碳制氧的作用，因而森林碳汇服务的提供者就是森林的林权所有者。但其中一些需排除在外，零散的树木不构成供给者，具有明确受益对象的林木，如市政绿化建设或企事业单位厂区内部的林木等，也不应成为供给者进入市场(2008)。第三是交易的基本环境条件。由于中国的社会经济管理是建立在中央、省(市)、地县、向各级政府的行政管理基础上，各级政府对于经济部门和企业具有重要的影响力，因此，各级政府及其行政管理体制和方式是建立碳补偿市场不可忽略的重要影响因素。从国际碳交易市场建立和要实现的节能减排目标来看，有世界各国资源参与，通过协商达成共同协议《联合国气候变化框架公约》和《京都议定书》，并在此共同协议的基础上初步形成一系列碳排放标准和交易机制，形成共同承诺和遵守的联合各国政府间联合履行(JI)环境条件。那么，在中国这样的大国，各省政府同样可以通过协商，形成共同协议。

《京都议定书》及其他缔约方会议的决定是市场发展的主要驱动力，除此之外，非政府组织——主要指环保组织、公众及一些受气温上升影响的私人实体(如保险公司，由于气温上升造成灾害增加导致保险公司的赔偿增加)，对全球气温上升的关注也是市场发展的驱动力(Natasha Landell - Mills Ina T Porras，2002)。这些力量通过关注企业/社会生产过程中所造成的CO_2等温室气体的排放，迫使企业/社会进行温室气体减排的投资，使企业/社会利用更先进的生产技术减少温室气体排放或进行植树造林增加CO_2的沉降。森林碳补偿贸易市场可分为国内市场和国际市场2个部分，从国家“碳基金”来源的角度上讲，国内贸易应以国际贸易为前提，优先、重点发展国际市场。在发展国内市场时，应与国际市场相衔接。国内市场主要是在遵循《京都议定书》的原则下，通过CO_2排放权分配制度的设立，对CO_2超排单位进行赔偿性收费，所得全部纳入国家的“碳基金”。CO_2排放权分配制度应该建立在现有的排污贸易制度的基础之上。国内市场交易的主体为单位和个人。对单位，可以通过CO_2排放权分配制度来直接收费，但是对于个人，则只能进行间接性的收费，如通过最终产品价格来实现。(蔡志坚，2005)。

探索建立与实施碳汇项目的区域布局相配套的管理政策。在市场经济充分发展的今天，只有高效的制度设计与基础的市场配置相结合，才能有望产生现实情况下的社会福利最大化。管理政策正是制度设计的一个重要的组成部分。就林业碳汇项目而言，在区域碳排放和森林的空间分布差异性确定之后，需要建立相应的管理政策，对具体的项目实施进行管理和规范。管理政策的制定需要综合考虑各个层次的利益相关者，体现整个管理政策的层次性。比如，在国家管理层次，应该有关于气候变化和林业碳汇方面的总体指导性意见；在各个省市地区层次，设立相关管理的归口单位并制定确切的项目计划安排；在各个社区，管理政策的设定需要充分考虑到社区居民就业的增加、生活条件的改善以及社区生态环境的保护等，能确实给社区带来多种实在效益。管理政策的内容应该从政治法律、经济发展、社会生活、文化习惯等方面具体展开(李怒云，2008)。

8.1.3.2 碳补偿市场中的市场和政府的作用

尽管目前国内对于森林碳汇履约问题和清洁发展机制问题的研究主要集中在如何利用国际碳市场运行和发展的有利条件，为国内的林业发展争取更多的技术和资金支持。而对于在国内区域间和产业间建立以林业部门提供森林碳汇效益为主要节能减排量提供者，用以补偿森林碳汇效益的碳市场机制还没有进行深入研究。

国际碳市场建设经历了 10 多年的时间，在联合国和各缔约国政府的积极推动下，各参与的国家、政府和经济部门为建立碳交易市场做出了很大的努力。这样的碳市场运行过程的基本框架包含了政治、经济、技术、管理等多方面、多领域努力与合作。

在国际上，森林进入碳交易市场不仅包含了市场机制建设本身的积极作用，还有联合国和各国政府的积极努力。也就是说碳市场的积极作用必须有政府行政管理机制积极推动才能发挥其积极作用。

根据污染权排放(具体到碳市场领域就是 CO_2等温室气体的排放)权的相关理论，社会经济对于碳排放的管理需要确定一个碳排放的合理标准，对于经济部门(或企业)超过合理排放部分就要付费。世界各国已经开始制定这样的合理排放标准，这样的标准是世界节能减排工作的重要内容之一。这是政府运用行政和法律法规的强制性作用实现节能减排的措施之一。从世界各国的实践来看，在节能减排和实行清洁发展发展的进程中努力发挥市场机制的积极作用。建立碳补偿市场，通过对碳排放权的交易，为清洁发展发展和节能减排提供技术和资金支持。目前在国内有利于林业生产的这种碳排放权交易的提供者主要是国外拥有碳排放权的经济部门(或企业)。国内碳补偿交易市场虽然已经开始建立，但与林业有关的碳排放交易还没有实现。其中缺乏来自政府的强制性作用是重要原因，另外，林业部门还没有准备好如何利用碳补偿市场为林业生产提供资金和技术。

森林资源的保护和培育具有缓解气候变暖的积极作用，被世界列入清洁发展发展(CDM)的范畴，国内目前已经在政府的支持下建立了有政府林业部门主导的林业碳基金制度，希望通过森林碳交易机制，将国家和社会的部分公共资金和私人资金，通过基金机制用于森林保护和培育的生产过程。从国外碳市场发展的实践来看，经济部门或企业参与碳市场交易大多采用了自愿的方式。这种有经济部门(或企业)自愿参与的碳交易制度具有广阔的发展空间和潜力。在国内，由于长期计划经济的影响和国家经济和社会发展对于政府的公共投入驱动力存在很强的依赖性，单纯依靠市场的作用难以让更多的经济部门(或企业)积极投入或参与到碳市场的运性过程。

8.1.3.3　森林碳补偿市场的基本框架

围绕《联合国气候变化框架公约》和《京都议定书》，国际社会，特别是欧盟做了很多的工作，国内目前有关碳交易市场的基本理论和方法还处于学习、借鉴和消化吸收国外经验的阶段。从目前国际建立和实行碳市场建设的实践和经验来看，碳市场运行过程的基本框架如图8-1。

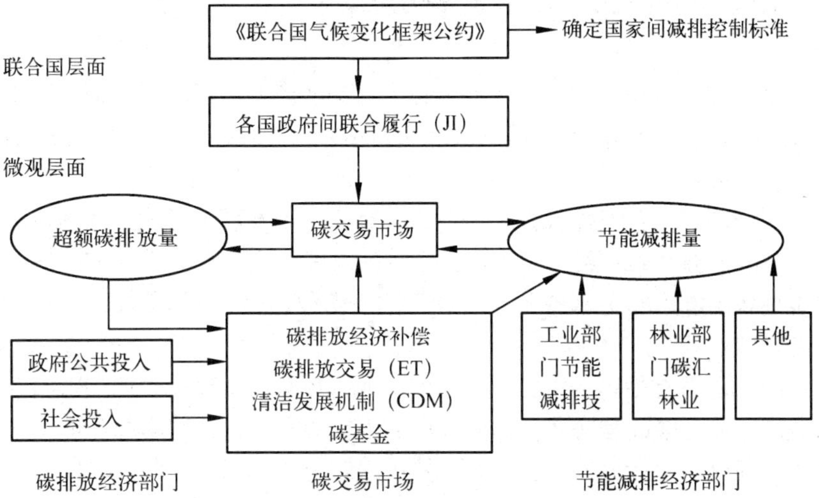

图8-1　碳市场交易的基本框架

森林资源具有的多种生态效益是社会经济的发展而被人们认识的；森林的保护和森林资源的增加是一种自然生产力和社会生产力结合的产物；林业的发展既需要政府的大力支持还需要利用市场机制的积极作用。因此，森林资源与林业生产和社会经济发展的关系是一种非常复杂的关系。尽管评价自然生态系统和社会在生产系统的尺度在实用性和方法论体系上还不尽精确；基于价值尺度森林服务价值核算还存在一定的主观性；基于生态公益林建设的补偿机制的适用范围还没有扩展到碳循环和补偿领域，但这些相关的研究为人们认识森林生态系统和社会生产系统的关系建立坚实的理论基础，也为建立以碳为基本媒介的森林碳补偿交易市场准备了理论基础。国际碳市场的建立和运行实践也为建立国内碳补偿市场积累了运行和管理的机制和标准，提供了宝贵经验。

8.2 森林碳汇效益的直接经济补偿

通过国内区域碳市场建设，形成区域、产业间的合作机制，是森林碳汇效益得到补偿的基本途径，这也是国际碳交易市场建设的基本指导思想。

同时还应看到，在消费领域大量的化石能源消耗是刺激化石能源生产和消耗的主要因素，因此，在经济上采取切实可行的措施，限制化石能源产品的高消费势在必行。

8.3 化石能源经济补偿对象的选择

经济补偿的对象是消费型能源消耗，这类能源的消耗仅仅是提高了生活水平，限制这类能源消耗对于社会会经济的发展不会造成严重影响，还能够有利于社会较少浪费。

通过前面对于化石能源消耗的分析，我们不难发现，煤炭是我国经济发展十分重要的能源和原材料，对于支撑经济的发展起到了至关重要的作用，特别是煤炭是我国电力的主要与来源，用经济的措施限制煤炭的消耗，会直接影响经济的发展。

同时，电力是中国经济发展的重要能源，也是二次能源，使用电力并不实际造成碳排放。柴油是交通运输业发展的重要能源，直接关系经济的发展，燃料油主要提供动力和电力。上述几个领域的能源消耗属于生产性消耗。

从上面的分析来看，限制消费型能源消耗和实行补偿措施的主要对象是汽油和煤油的消耗，汽油是汽车的主要能源，没有航空业的主要能源。其中，航空客运消耗的能源属于消费型能源消耗。

8.3.1 汽油消耗的区域分布

汽油是主要用途是用作点燃式发动机的燃料，是引擎的一种重要燃料，也是用量最大的轻质石油产品之一。根据用途可分为航空汽油、车用汽油、溶剂汽油等三大类。主要用作汽油机的燃料。我国各省区汽油消耗总量见表 8-1。

表 8-1 中国各省区汽油消耗总量数据表 单位：万 t 标准煤

省 份	1990	1995	2000	2005	2006	2007	2008	2009
北 京	40.40081	53.86536	76.14438	168.0248	198.6897	231.9475	243.5195	259.7264
天 津	26.51482	53.46536	80.30875	87.82319	91.49469	99.68057	106.2593	129.3097
河 北	68.96567	94.45903	97.45909	158.5103	188.4181	177.887	150.7956	151.4741
山 西	50.67959	69.65139	63.45841	104.2092	121.2096	139.2314	169.0248	187.4395
内蒙古	23.92905	35.44357	46.29378	137.4385	186.3466	168.661	186.3466	199.654
辽 宁	73.61576	85.53743	106.7664	255.1265	281.0985	313.6634	293.213	331.4709
吉 林	39.70079	59.07975	64.76558	79.00109	79.15873	80.33018	93.07329	98.88769
黑龙江	66.66562	131.7455	174.3178	222.9973	246.6621	268.5839	199.2718	228.1474
上 海	35.68643	56.31541	95.18048	160.0318	186.9555	216.9009	243.2156	277.5184
江 苏	64.95844	117.1952	133.7884	300.0989	321.085	348.7713	401.2937	418.3369
浙 江	41.66512	88.54463	140.1385	263.241	287.3629	317.2156	339.5506	363.3087
安 徽	31.50063	41.70083	48.95812	61.72266	69.85854	82.07683	90.97825	100.2869
福 建	28.21485	49.62242	75.08007	142.7236	148.6101	188.6966	178.9179	188.3181
江 西	30.22203	30.04346	41.75798	46.06521	47.13666	50.43672	54.05822	55.1511
山 东	88.44463	137.7528	134.6598	316.9206	341.2354	378.2117	420.4316	457.7998
河 南	62.0941	101.8235	86.3303	167.5319	178.3536	150.6459	136.967	140.2599
湖 北	78.89444	108.8307	120.8381	245.7263	301.0703	396.3722	445.8875	399.6509
湖 南	39.45793	74.55149	82.43022	146.7029	168.7462	194.0467	165.5747	175.7964
广 东	101.1377	201.2397	215.1186	504.4529	551.0039	598.3904	633.5127	683.728
广 西	23.70762	29.51488	47.05094	99.70914	124.2239	136.217	144.2886	154.4888
海 南	8.557314	14.91458	22.0933	15.19145	19.37218	22.90148	27.75056	34.01497
重 庆	0	0	46.90094	55.37968	61.58695	61.75838	68.99374	64.67272
四 川	55.88683	88.84463	102.6092	160.3175	192.3753	236.0333	268.5197	330.6638
贵 州	32.9078	37.1436	33.18638	51.36531	57.8583	75.58008	88.16208	92.85186
云 南	38.36505	46.37236	64.8513	87.82319	91.51326	112.9404	127.7625	138.0553
陕 西	33.20781	58.85118	73.93719	140.5028	127.2597	204.8398	156.5267	177.4964
甘 肃	26.41481	39.69365	70.29426	62.07267	62.87983	62.61554	35.84357	35.815
青 海	8.921607	12.84311	11.65023	9.228827	10.90372	13.11605	15.26973	16.55312
宁 夏	7.057284	7.650153	7.50015	17.49321	13.6217	13.61456	14.75744	14.96566
新 疆	49.51528	72.78003	72.8086	76.23724	84.15883	88.93749	88.33034	87.05174

汽油是载人机动轿车的主要能源，根据近 10 年来中国汽车产业和家庭拥有量的变化，可以看出，尽管轿车的发展带动了旅游和道路交通以及城乡经济的发展，但城市汽车拥有量测增加是气候消耗量剧增的主要原动力。从 20 年汽油消耗量的增加来看，除了江西和海南、重庆、贵州几个省份以外，甘肃、青海、宁夏等西部省份的汽油消耗量较低，主要是这些省份的经济发展在全国处于较低水平，西部各省的人口数量较少。可以认为，汽油的消耗与经济发展和人口两个因子有密切的关系，在 GDP 较高和人口密集的区域，往往是汽油消耗较大的区域，其中广东、山东、辽宁、北京、天津、上海、江苏、湖南、四川、陕西的汽油消耗量较大(图 8-2)。

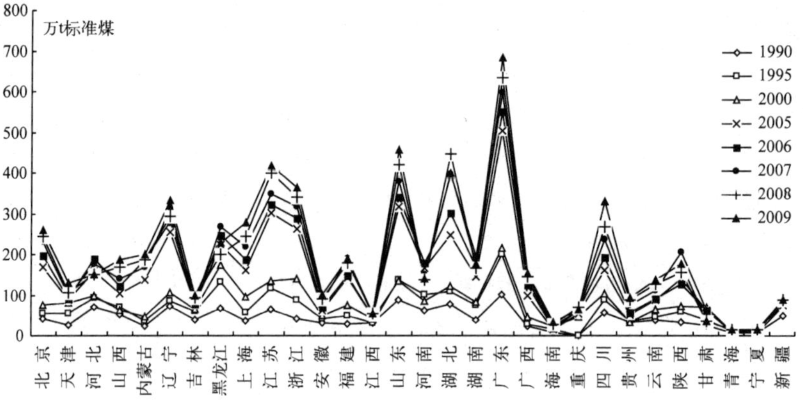

图 8-2　1990 ~ 2009 年各省汽油消费

值得注意的是，在中国的社会经济发展过程中，进入 21 世纪以后，汽车的家庭拥有量逐年增加，尽管轿车在拉动经济发展中具有十分重要的作用，但同时，轿车的使用也是一把"双刃剑"，一方面加大了对于化石能源的消耗，增加了环境污染，同时对于社会的消费观和环境保护意识也是一种挑战。一方面社会要求增加环境保护，需要减少对于化石能源的消耗，另一方面拥有家庭轿车也成为一种生活质量改善的标志，在社会不断增加由于轿车使用形成的 GDP 的同时，刺激了汽油的消耗。

从家用轿车的增加来看，除了提高生活质量，刺激 GDP 的增长以外，更多的是增加社会对于环境保护和可持续发展的压力。改善城市交通结构，提倡使用公共交通工具，降低家用轿车的拥有量和使用量，可以通过减少第三产业对汽油的需求量，优化第二产业的产业结构能源结构的有特别重要的意义。

与此同时，通过科技手段，改善汽车耗油的状况，提倡使用新型动力车也是十分重要的途径。从目前世界科技的发展趋势来看，各种使用太阳能等清洁能源和动力的概念车越来越引起发达国家的重视。在这些方面科技创新可以发挥很大的作用。从社会层面来看，减少使用汽油为基本动力的轿车拥有量和使用量，在很大程度是一个消费观念转变的问题。在中国不仅家庭拥有轿车的数量在增加，而且大排量共用轿车的拥有量和使用量也在引导社会轿车消费观方面具有负面的影响，在国家行政、公共组织中开始建立节能减排意识，减少使用大排量共用车，提成对小排量汽车的使用对于全社会的节能减排具有积极意义。

8.3.2 煤油消耗的区域分布

煤油是轻质石油产品的一类。其中，航空煤油主要用作航空涡轮发动机的燃料，是目前煤油产品消耗量最大的。各省区煤油消耗状况见表8-2。

表8-2 中国各省区煤油消耗数据表 单位：万t标准煤

省 份	1990	1995	2000	2005	2006	2007	2008	2009
北 京	30.83633	47.02951	84.00168	135.2598	167.0462	197.9325	227.426	244.2441
天 津	1.400028	2.707197	13.44313	10.80022	11.68595	13.84313	12.95026	14.80744
河 北	2.635767	2.50005	2.307189	2.292903	4.200084	4.442946	5.266068	4.465551
山 西	1.664319	1.892895	4.542948	6.035835	7.450149	8.50017	10.47878	11.6288
内蒙古	1.057164	0.28572	1.107165	0.28572	5.171532	4.596681	5.171532	5.914404
辽 宁	4.378659	8.257308	13.25027	18.85752	24.92193	27.25055	17.85036	14.72887
吉 林	0.914304	1.821465	2.342904	0.742872	0.778587	0.635727	0.842874	0.821445
黑龙江	1.757178	3.692931	6.242982	5.200247	7.321575	2.750055	0.365897	0.221433
上 海	14.66458	26.82911	39.79365	159.2889	187.1542	211.0585	229.6232	252.226
江 苏	9.035895	6.150123	27.81484	15.39317	13.15026	14.8503	15.32174	15.12887
浙 江	4.707237	5.207247	8.035875	29.27201	33.19352	35.34342	39.22021	44.92611
安 徽	6.107265	3.828648	1.828608	7.514436	7.57158	8.10021	7.870604	9.449161
福 建	2.307189	3.307209	5.42868	23.40761	26.42196	35.06499	37.10789	36.40073
江 西	3.792933	2.278617	2.007183	5.100102	5.678685	5.57154	5.721543	5.464395
山 东	8.128734	16.79319	34.46498	15.70746	17.05748	22.87415	21.94745	25.29234
河 南	5.550111	11.72881	10.24306	9.935913	11.45023	12.16453	11.78595	18.30751
湖 北	8.678745	10.6645	13.06455	11.48594	24.72192	25.70051	35.50071	33.87925
湖 南	5.385822	6.978711	5.771544	14.62886	16.30747	17.50035	18.15036	21.74329

（续）

省　份	1990	1995	2000	2005	2006	2007	2008	2009
广　东	22.58617	40.02937	63.93699	109.8022	112.4308	122.2447	130.7669	137.2313
广　西	4.385802	4.00008	2.707197	4.85724	0	0.192861	11.46452	0.064287
海　南	0.907161	7.864443	20.09326	44.87804	47.33423	53.74665	57.25829	64.30843
重　庆	0	0	5.957262	8.78589	16.43604	19.29324	21.74015	24.32906
四　川	14.67887	17.26463	25.74337	66.82991	75.59437	91.87327	90.43752	110.7665
贵　州	3.50007	5.350107	6.692991	1.885752	6.878709	2.550051	2.107185	2.107185
云　南	4.171512	6.535845	13.74313	20.50755	25.04148	25.84637	27.27639	26.59772
陕　西	5.792973	12.32882	13.92171	24.86478	24.85764	1.271454	11.17572	6.057264
甘　肃	2.21433	2.264331	2.664339	3.292923	3.342924	3.914364	3.935793	3.892935
青　海	0.7143	0.050001	0.042858	0.003643	-7.1E-13	1.470887	0.283577	0.112645
宁　夏	0.235719	0.300006	0.028572	1.435743	1.606604	2.008612	2.657196	3.020703
新　疆	3.300066	11.50023	15.22173	18.65752	22.05758	23.7719	27.25055	22.42902

航空煤油作为我国煤油市场的主要消费品种，其产量占到煤油生产总量的90%以上。随着我国民航业的快速增长，民用航空煤油的消费出现强劲增长。2005~2008年，我国航空煤油消费量年均增长11%以上①。2000~2008年，我国煤油产量由852万t上升到1159万t，年均增长3.9%；航空煤油产量由630万t上升到1103万t，年均增长7.2%，占煤油产量的比例从2000年的73.9%上升到2008年的95.2%，平均每年上升2.7个百分点②。预计2010年、2015年和2020年国内航空煤油需求量约为1600万t、2800万t和4000万t，产能将分别达到2200万t、3200万t和4000万t，基本能够满足国内需求，消费量由2000年的460万t上升到2008年的1276万t，年均增幅13.5%③。

从我国煤油消耗的主要区域来看(图8-3)，北京、上海、广东、四川和海南遥遥领先，其主要原因是由于这些地区有中国航空、东方航空、南方航空、西南航空、海南航空几个大型航空公司的原因。

---

① 陈晓，姜洪根．江浙沪闽航空煤油消费发展趋势分析．市场观察，2010(1)：64.

② 罗艳托，朱海龙，程俐．中国航空煤油市场现状分析与趋势预测．国际石油经济，2009，(7).

③ 从国内航空煤油资源的生产区域分布来看，华东、华南和东北产量分列前三位，这三个地区航空煤油产量占全国航空煤油产量的80%左右；西南地区航空煤油资源为空白。同上。

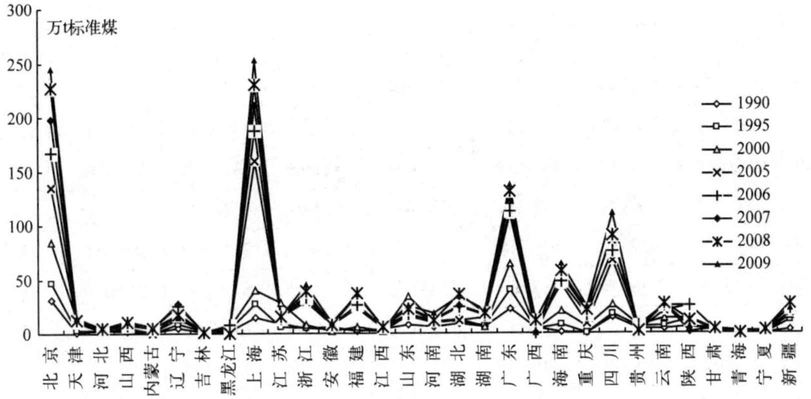

图 8-3 1990～2009 年各省煤油消费

8.3.3 柴油消耗的区域分布

柴油在我国各省区的消耗状况见表 8-3。

柴油的消耗属于生产性消耗，限制柴油消耗直接影响了交通运输的发展。

表 8-3 中国各省区柴油消耗总量数据表　　单位：万 t 标准煤

省 份	1990	1995	2000	2005	2006	2007	2008	2009
北 京	34. 27926	36. 63645	57. 97973	100. 6163	126. 7811	137. 1599	162. 3059	171. 5575
天 津	52. 70105	46. 85094	141. 1457	157. 7032	168. 1319	182. 7394	206. 9756	216. 8401
河 北	97. 62338	135. 6527	129. 4883	317. 4635	345. 9998	380. 5368	379. 8145	372. 631
山 西	35. 93643	45. 15805	57. 62258	190. 3038	226. 2831	268. 0125	337. 6853	361. 9144
内蒙古	24. 67907	31. 46492	49. 09384	271. 4054	490. 1241	413. 9112	490. 1241	527. 832
辽 宁	98. 91626	102. 4949	140. 8742	331. 7209	419. 837	471. 8094	556. 0254	578. 9044
吉 林	36. 70788	47. 9581	52. 67248	178. 1607	192. 318	214. 8829	223. 2688	234. 3761
黑龙江	105. 0021	161. 2818	292. 6559	337. 8996	341. 314	355. 5857	314. 6765	366. 1716
上 海	71. 13714	87. 62318	126. 0311	223. 3802	246. 122	271. 3131	305. 044	345. 1399
江 苏	128. 1883	159. 6461	246. 4478	367. 9502	419. 4155	434. 2873	461. 5878	468. 4844
浙 江	93. 41615	202. 6612	310. 1633	573. 6615	601. 7477	622. 444	641. 8888	640. 8882
安 徽	55. 90826	77. 18726	101. 5163	150. 053	171. 3606	185. 1216	221. 1707	235. 1082
福 建	44. 47946	112. 0808	152. 5031	263. 5481	279. 377	340. 0282	309. 349	295. 0702
江 西	32. 45065	41. 30797	74. 84435	215. 7686	223. 9973	210. 9114	206. 0541	209. 4113
山 东	161. 8961	221. 2759	245. 6263	754. 9151	786. 5014	848. 4368	898. 4025	952. 9527

（续）

省份	1990	1995	2000	2005	2006	2007	2008	2009
河南	98.10196	96.29478	110.7308	235.3404	247.1549	328.9423	388.1863	375.8504
湖北	118.3309	149.3673	186.6466	300.356	367.5931	446.7375	438.2159	564.7757
湖南	63.26555	74.94436	100.1306	239.6834	260.0623	282.1771	268.2268	308.849
广东	197.654	426.9085	547.3181	933.3472	976.8767	1027.313	1084.965	1119.958
广西	39.60794	51.73675	105.3164	211.0471	220.6544	240.8977	253.9622	295.4416
海南	7.085856	27.85056	33.00066	45.08376	53.85965	60.85193	67.00134	75.88723
重庆	0	0	43.88659	128.7026	133.2527	167.2248	184.0385	195.3993
四川	51.80104	72.83717	115.438	205.3112	253.2979	281.5985	338.5353	384.622
贵州	19.61468	21.30043	41.29368	94.40903	122.7739	131.4598	161.7604	167.6391
云南	24.72192	33.49353	39.61508	202.7898	236.9047	272.9676	294.2568	312.6465
陕西	33.06495	51.80104	67.68707	202.5898	222.6402	199.9254	316.8278	352.357
甘肃	27.54341	52.17247	65.58703	82.13021	84.00882	81.38734	120.4381	132.5884
青海	6.71442	9.164469	13.77885	44.44032	44.04231	52.19176	55.98741	62.22032
宁夏	6.450129	6.964425	8.014446	48.58669	58.65117	63.0584	68.93709	70.41134
新疆	63.39413	85.25171	110.9165	216.2615	243.5863	270.284	239.6048	236.9333

民用柴油是货物运输和长途客运的主要能源。从我国民用柴油的消耗来看，各省消耗的分布比较广，而与 GDP 的变化密切相关。在经济比较发达的省份，交通运输比较发达，货运和长途客运得到了较快的发展，对于经济发展的支持力度也较大。从数据分析和图 8-4 来看，2005 年以后中国各省的柴油消耗量有一个较大幅度的增加，这与近年来中国社会经济的发展有密切的关系，改革开放以来，大规模的道路建设为货物运输和长途客运打下了件事的基础，

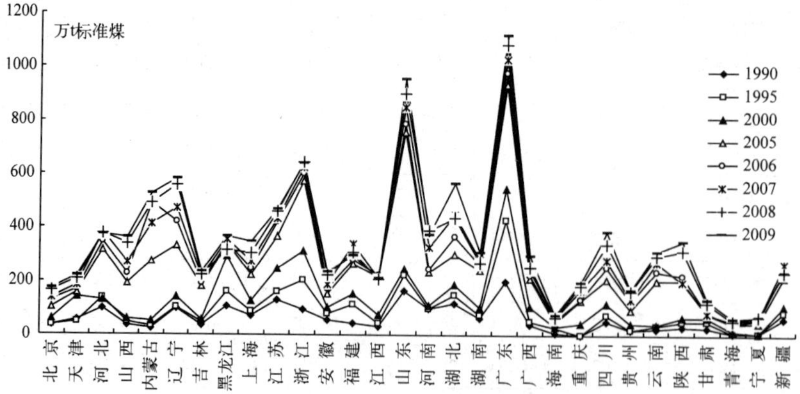

图 8-4　1990～2009 年各省柴油消费

而经济比较大方的省份，公路设施的建设的步伐也比较快，GDP 较高的几个省份，如广东、山东、浙江、江苏、辽宁、内蒙古等省(自治区、直辖市)的道路交通响度比较发达，柴油的消耗量也大幅度增加。由于柴油主要由长途公路运输，对于经济的发展具有关键作用，因此，目前不应考虑实施直接经济补偿的限制措施。

8.3.4 燃料油消耗的区域分布

燃料油广泛用于电厂发电、船舶锅炉燃料、加热炉燃料、冶金炉和其他工业炉燃料。燃料油分为船用内燃机燃料油和炉用燃料油两大类，两类都包括馏分油和残渣油。是重要的生产性物资。

表 8-4 中国各省区燃料油消耗总量数据表 单位：万 t 标准煤

省 份	1990	1995	2000	2005	2006	2007	2008	2009
北 京	163.2104	140.1457	64.01557	47.05808	34.32212	30.60776	18.30037	30.28307
天 津	162.7747	111.2379	56.79399	80.49447	76.51582	64.02271	66.06561	67.6085
河 北	32.98637	39.04364	35.27928	43.41515	42.37942	34.5094	47.01733	42.68932
山 西	9.007323	9.393045	8.871606	6.392985	7.21443	10.27878	8.635887	8.614458
内蒙古	18.24322	11.36451	22.13616	18.10036	9.821625	5.146023	9.821625	14.04314
辽 宁	458.852	356.9	211.9542	135.6313	164.8104	160.1603	271.1911	214.2471
吉 林	72.1943	54.11537	36.40073	30.30775	24.4862	21.87187	28.45771	27.45769
黑龙江	168.2034	133.9384	96.70193	28.49343	31.67206	33.70782	49.89976	62.98697
上 海	310.2062	260.5124	353.0071	548.5467	575.2215	606.1623	563.3886	530.5749
江 苏	135.7027	115.6809	144.6029	184.0894	143.6172	168.9962	155.7174	155.0745
浙 江	73.00146	76.05152	130.374	216.9043	172.1106	162.3517	157.0459	206.8116
安 徽	30.26489	33.58639	33.50781	17.05748	15.44317	9.455931	11.14017	10.18776
福 建	11.09308	22.71474	38.02219	115.4452	123.9168	89.24464	101.6592	118.4524
江 西	16.70033	19.07181	24.42906	22.20044	18.92895	14.96459	19.27181	15.74317
山 东	177.4535	221.3616	245.8978	253.1693	247.3671	275.8928	253.8829	289.1982
河 南	27.82199	37.77933	41.10797	56.04398	50.26529	44.84375	32.91494	18.5218
湖 北	94.50903	89.47322	76.20867	63.47984	89.99466	88.24462	76.40867	77.77653
湖 南	37.91504	40.27938	33.12923	34.35069	30.02917	28.71486	29.57916	48.85098
广 东	261.1052	462.2878	672.8349	1142.916	1124.108	940.3331	769.844	639.2914
广 西	5.771544	9.693051	5.478681	23.54333	17.1932	14.89316	7.089213	5.271534

（续）

省　份	1990	1995	2000	2005	2006	2007	2008	2009
海　南	0.364293	2.992917	6.707277	3.742932	8.057304	14.41457	21.10757	19.15753
重　庆	0	0	1.914324	2.578623	1.900038	5.600112	5.814402	5.420318
四　川	4.942956	8.150163	9.514476	5.771544	6.78585	5.121531	9.00018	9.528762
贵　州	3.407211	3.814362	5.364393	7.421577	8.578743	15.13602	16.54081	9.621621
云　南	1.28574	2.00004	7.978731	2.792913	3.373996	3.600072	3.71436	3.687914
陕　西	16.00032	20.13612	57.17972	3.164349	0.707157	0.807159	4.237228	0.021429
甘　肃	44.70804	54.62966	41.4294	11.45023	10.03592	10.23592	9.093039	9.564477
青　海	7.657296	10.68593	4.950099	0.013572	0.044001	0.154575	0.091216	0.114288
宁　夏	16.92891	19.76468	23.66476	1.28574	0.700014	0.378579	1.414314	0.369222
新　疆	64.25129	83.59453	40.42224	12.37168	13.79313	15.90032	19.52896	15.97889

燃料油消耗（表 8-4 和图 8-5）的主要区是广东、上海和辽宁；另外，山东、浙江、福建、北京、天津也有一定消耗，其他省份消耗较少，燃料油的消耗明显的地域分布特征，并与 GDP 的总量呈现明显的相关性。

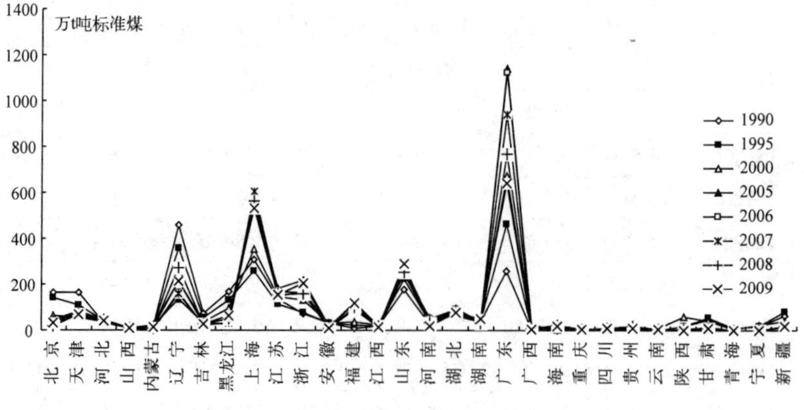

图 8-5　1990～2009 年各省燃料油消费

8.4　各产业部门石油消耗状况

从第一产业的化石能源消耗来看（图 8-6），柴油的消耗增长较快，这与农用机械大量使用柴油有密切的关系。相比较汽油和煤油的消耗变化不大。可以认为柴油及其制品在第一产业中的终端消耗是生产性消费。

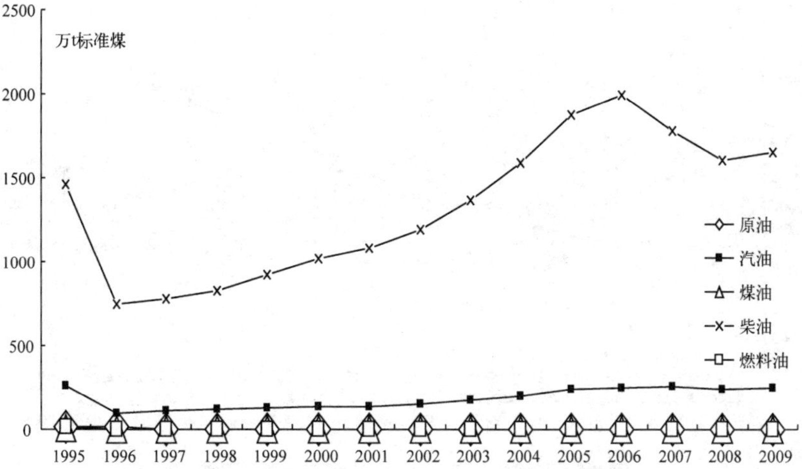

图 8-6 1995～2009 年第一产业石油消费明细

如图 8-7，从 1995 年以来，第三产业的柴油、汽油和煤油消耗均有了较快的增长。特别是 2003 年以来，增长的幅度较大。其中柴油的增长主要是由于交通运输业的发展引起的。

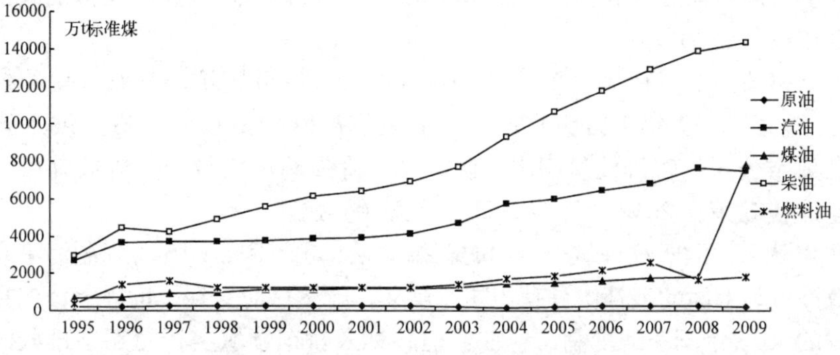

图 8-7 1995～2009 第三产业石油消费明细

如图 8-8，在第二产业中的原油消耗有了很大的增长，这也验证了前面的分析，即化石能源在第二产业的消耗主要是生产性消耗，经济补偿不应考虑第一个第二产业的化石能源消耗，而应集中在第三产业的汽油和煤油消耗方面。

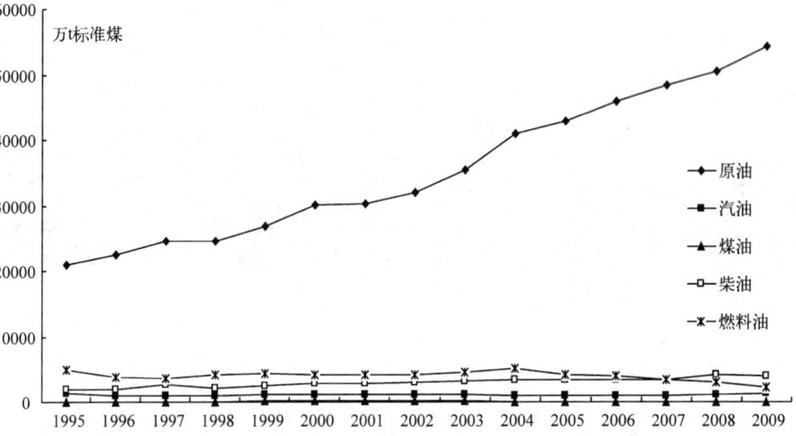

图8-8 1995~2009年第二产业石油消费明细

从上述基本分析，我们可以看出，对于第三产业的汽油和煤油消耗中实行对于森林碳汇的补偿措施，属于限制生活性消耗性化石能源消耗的措施。复合生态经济的节约自然资源的基本原理，对于建设资源节约和环境友好的经济和自然和和谐社会具有积极意义。同时，实行这样的经济补偿措施不涉及煤炭、原油、燃料油和天然气的生产性能源消耗，对于经济发展和企业实体的经济发展不会构成负面影响。

欧盟碳排放交易体系（ETS）于2005年推出，是欧盟抗击气候变化的核心措施之一。从2012年1月1日起，所有到、离欧盟机场的航班均纳入该体系，若航空公司的碳排放量超出上限，ETS将强制污染者购买排放许可。欧盟航空碳税政策在2012年1月1日正式开始实施。

可以认为，欧盟这种航空公司的碳排放量超出上限，ETS将强制污染者购买排放许可与上面的碳补偿具有相同的意义，虽然目前受到了世界上，包括中国在内的40多个国家的抵制，但在航空和私人轿车领域实行超额碳排放的限制措施将是世界性减排的重要内容。

在中国实行这样的措施不涉及国际争端，不针对企业，而是针对消费者高耗能的消费行为，对于减少乘坐飞机或使用家用轿车的行为会有一定的约束，起到节能减排的作用，同时，还能够为增加林业资源获得资金。

由于具体计算对于汽油、煤油收取重要补偿的方法和实施措施涉及大量计算和更加深入的调查研究，也超出了本书规定的范围，并且相关研究还应在国家有关部门的直接指导下才能进行。所以，相应的研究工作将作为今后一步深入研究的问题之一。

9 研究结论与讨论

9.1 研究结论

本书通过大量的数据收集、整理和分析得出以下结论：

第一，国内区域性碳汇交易补偿市场的建设具有碳排放需求和森林碳汇供给的基础。

运用生态足迹方法结合森林碳汇计量方法的辅助性研究结果表明：碳交易市场有大量可交易商品；中国省域间碳排放和森林资源分布存在明显的差异性，在社会比较发达的区域，消耗了大量化石能源；建材、冶炼、重工业行业等成为主要的碳排放源，是碳市场的主要碳排放购买者；而很多森林资源大省提供了森林碳汇效益服务，成为主要的碳市场受益者。

中国的森林资源保护与林业发展取得了很大的成绩，但森林资源的质量还不高，在发挥森林资源的碳汇效益方面还有很大的潜力，需要在森林经营和管理方面继续做大量工作。通过森林碳汇效益补偿市场的建设能够为林业的发展开辟性的资金渠道。

第二，化石能源、森林资源、社会经济发展基本数据增长变化量存在一定的相似性。

在化石能源消耗方面，研究基于20年的化石能源消耗数据，通过统计描述分析对于中国化石能源消耗的基本状况进行了初步分析。分析结果表明：在中国的社会经济发展进程中，化石能源是基本和主要的能源供给，化石能源既是基本的原材料，也是主要能源。在能源消耗量上，20年间化石能源消耗占全国能源总消耗量的92%以上。也就是中国的社会经济发展对于化石能源的消耗具有严重的依赖性。从各区域在各化石能源消耗账户的研究表明：全国和各省的GDP和人均GDP变化均与化石能源的消耗有密切的关系。多年来，化石能源的消耗基本呈现现象增长的趋势。

在森林资源基本数据方面。基于对中国其次森林资源清查数据的分析，中国的森林资源从整体到各省在天然林和人工林在面积和蓄积上的变化基本上呈现线性增长的趋势。中国的森林资源保护与林业发展取得了很大的成绩，但森林资源的质量还不高，在发挥森林资源的碳汇效益方面还有很大的潜力，需要在森林经营和管理方面继续做大量工作。中国的森林碳库天然林占63%，人工林占37%，天然林面积蓄积的时间序列变化基本呈现线性上升趋势，呈现微弱的倒U形曲线，与库茨涅茨曲线吻合。反映社会经济基本数据的GDP和人均GDP方面，中国的GDP和人均GDP在近10年间在全国层面表现出以年均9%左右整体增长，这个增长与化石能源的消耗有一定的相似性。在区域层面虽然在增长率变化上存在一定的差异。

第三，区域间化石能源消耗和森林资源分布在绝对量上存在明显的差异性。

基于生态足迹理论和方法的基本原理，在对近年来方精云等人对于不同地域森林碳库和其他类型碳库研究的基础上对于中国不同省域的森林碳库和化石能源消耗进行了差异性研究。研究表明：中国天然林丰富的黑龙江、云南、吉林等地由于森林资源的大量存在，出现了生态盈余，南方集体林丰富的福建、浙江等地尽管还存在一定的生态赤字，但生态赤字并不大。

在中国，东部和西部在社会经济发展的基础不同，尽管在社会经济的增长和变化方面基本数据描述分析，在绝对量上存在一定的相似性，但在绝对量上，西部明显低于东部，也就是中国东部的社会经济发展基础，东部明显强于西部。在化石能源消耗方面，从辽宁、北京、天津、到山东、江苏、上海、浙江、福建、广东均是各类化石能源高消耗地区。除此之外，还有山西、内蒙古是中国的主要煤炭产区，大量供应国内其他区域，作为基本的一次能源和二次能源的原料，其化石能源消耗量虽然较大，但属于能源输出省份，具有一定的特殊性。

在森林资源方面，天然林在面积和蓄积上还在中国的森林资源占据主要地位，而天然林主要分布在社会经济发展程度相对比较落后(与沿海开放省区相比较)的东北和内蒙古，以及西南(包括西藏)地区。人工林主要集中在东南区域和中部，具体地讲是传统的南方9省集体林区和长江流域地区。

从上述基本数据的统计描述分析，不难得出基本结论：在东部经济比较发达的区域依靠大量消耗化石能源积累了经济发展的基础，与森林资源较丰富的地区则需要大量占用土地保护和培育森林，从国内化石能源产生大量碳排放，与森林资源吸收OC_2方面存在严重的区域失衡。

从全国各地自然地理、气候、降水量和社会经济发展状况来看，东部地区依然是林业发展的重点区域，中国林业实现绿色增长，兑现中国政府在哥本哈根会议上有关节能减排和增加森林资源的承诺，林业发展的潜力在中国的东部地区，南方集体林区和北方国有林区肩负重要的使命。

第四，在各类产业发展内部，存在大量消费型化石能源，调整经济结构和消费结构对于经济发展和节能减排具有重要意义。

由于巨大的人口数量和社会经济的运行对于能源消耗的需求很大。而工业在一个国家的社会经济发展中具有特别重要的地位和作用。尽管在化石能源消耗总量上，第二产业占据很大比例，从直观和一般统计分析的结果来看，降低第二产业的化石能源消耗具有特别重要的意义。但中国还处于从农业经济向工业经济转型时期，在第二产业部门中具有特别重要地位的工业部门在增强国家经济、社会、政治和军事实力方面具有特别重要的意义。直接降低第二产业能源消耗对于国民经济的发展具有负面影响。

在第二产业中，建筑业在不计算原材料使用方面的能源转移问题情况下，直接化石能源消耗的比例较少。因此在分析和研究第二产业化石能源消耗的情况下，建筑业的直接能源消耗基本可以忽略不计，基于这种考虑，本书研究中第二产业的化石能源消耗（除了明确指出以外）主要是指工业部门的化石能源消耗，即加工业的化石能源消耗。从化石能源消耗的结构来看，加工业和第三产业在中国的化石能源消耗中占据重要地位。其中，根据2011年能源统计数据、2010年中国工业部门终端占总化石能源总消耗的48%，而第三产业占全部化石能源消耗的20%，还有22%的化石能源总消耗属于转移消耗。从一般经济发展的基本原理可以得知，第二产业为第一产业和第三产业提供原材料、工具、设施、设备，二次能源等，是第一和第三产业运行和发展的基础。在第一产业直接化石能源消耗不大的情况下，第二产业除了直接终端消耗之外，主要通过提供原材料等转移消耗，二次能源等转移到第一和第三产业。从这个意义上来看，第三产业的化石能源消耗总是超过了全国化石能源消耗的30%，因此，将节能减排的重点从第二产业转移到第三产业，提供节约化石能源和使用可再生资源只有特别重要的意义。

第一产业（主要指农业部门）是一个为社会提供食品的经济部门，中国具有世界第一的人口数量，没有农业的发展，社会经济的发展就缺乏坚实的基础。第一产业对于原材料，二次能源等的需求属于生产性需求，减少其以化石能源为基本要素的生产性资源会造成第一产业的萎缩，在目前的技术经济条件下，直接降低加工业的化石能源消耗就意味着直接降低社会经济发展速度没减少对于第二、第三产业的发展速度，其结果对于整齐的社会经济发展具有连锁式的负面影响，是不可接受的。因此，结能减排并不是轻而易举的事情，需要调整整体经济结构。这样的调整主要是在消费领域减少对于化石能源及其制品的消耗，具体的内容包括：第一，用可再生资源生产的原材料替代不可再生资源的原材料，通过各种行政、法律、经济措施和手段减少以化石能源为基本原材料的制品使用及其消耗；第二，减少化石能源制品的直接消耗，减少化石能源的直接消费，主要包括减少电力、汽油、煤油的消费型消耗。

通过减少化石能源原材料和制品的直接消耗，从第二产业的需求方面促进第二产业转型和技术升级，促进第二产业中的加工业减少对于相应产品的加工和能源消耗，鼓励第二产业通过技术创新和产业结构调整，生产适应社会经济可持续发展的绿色产品，这样的绿色产品基本内涵是以可再生资源为基础的原材料和能源供给，降低对于不可再生资源的依赖，逐步向可再生资源的经营和利用过渡构建生态文明的社会经济发展模式。

社会经济比较发达的区域，消耗了大量化石能源，并产生了大量的碳排放，建材、冶炼、重工业行业等成为主要的碳排放源，这些是碳市场的主要碳排放购买者；而很多森林资源大省提供了森林碳汇效益服务，将成为主要的碳市场受益者。中国省域间碳排放和森林资源分布存在明显的差异性，中国的国内碳交易市场有大量的供需差异，碳排放权和森林资源碳汇效益供给之间有大量可交易商品，国内碳交易市场的建立具有基础。

9.2 建 议

基于上述研究结论，研究提出以下建议：

首先，在国内碳市场建设过程中，应在省域层面加强区域和产业间建立应对气候变暖和节能减排合作机制，通过这种合作机制促成碳交易市场在碳排放和森林资源之间建立有机联系，在森林资源培育和经营上林区实施更加宽松的政策，是发达地区的投资能够快速和方便进入各林区。在国有林区实行国有森林的属地化管理，实行商品林经营权的改革，是部分国有森林资源进入经营领域。从林业产业的发展状况来看，大量人造板和家具企业希望建立木材资源基地，林区具有很大的优势。林区与外部经济发达地区的经济合作有利于提高森林经营水平和将现代科技应用于林业的发展。

其次，结合国内森林碳补偿市场的需要，重视理论和实际工作的相关研究，加快森林碳补偿市场的建设，并在实践中不断完善运行机制、政策和管理措施等各方面的工作；当前有关森林碳补偿市场建设的文献集中在履约方面，二对于国内谈补偿市场的建设文献不多，应尽快展开深入的研究。

第三，从中国森林资源的总体状况来看，面积和蓄积都在持续增长，但单位面积蓄积和森林碳密度存在波动，特别是平均单位面积蓄积与世界平均水平存在 10% 左右的差距。森林碳库的增长需要大量长期生长的森林资源。林业政策，特别是林业管理政策缺乏森林抚育管理的激励，以及林业总体发展中森林培育、林业产业和森林管理关系之间的协调发展和相互促进。

森林只有经营起来，并根据现代林业发展的特点建立认证、保护、产业发展、技术扶持等多项措施才有可能增加森林的生物量和林木质量，创造生态效益和经济效益。近年来在西方国家普遍实行的近自然林业和森林多目标利用在增加森林生物量和经济产出方面具有很多成功的经验。国内也有很多专家和学者在这些方面具有很深的造诣，应充分发挥市场机制的作用，是科技和管理在森林培育和经营等各方面发挥积极作用。

9.3 需要继续研究的问题

森林碳库与 CO_2 排放之间的关系：森林资源和碳库的变化与 CO_2 排放的时间序列和空间分布方面都与社会经济发展的 GDP 和人均 GDP 之间有一定的关系。但这样的关系比较复杂，建立森林资源和碳库的变化与 CO_2 排放的时间序列和空间分布关系的模型和数量关系还比较困难。

由于探究条件的限制，当前的研究工作还比较基础，处于搭建框架和形成基本概念阶段，本研究还需要进一步获取详细的森林资源清查数据和社会经济统计资料，结合深入具体的研究工作，运用空间结构、均衡理论、系统动力学等理论和方法进一步验证初步结论，形成新的更有实践应用价值和可操作性意义的研究成果。

另外，对于汽车和空运运输的航空器使用征收一定的碳排放税，用于补偿林业的碳汇效益，也应开展深入的研究。这样的研究对于可持续发展具有重要意义。

参考文献

[1] Caise P, Trans P P, Trolier M. A large northern hemisphereterristrial CO2sink indicated by the13C/12C ratio of atmospheric CO_2[J]. Science, 1995, 269: 1098 ~1101.

[2]李任伟. 地质历史时期碳循环的研究[J]. 地球科学进展, 1996, 11(1): 36 ~ 39

[3]Post W M, Peng T, Emanuel W R, et al. The Global Carbon Cycle [J]. America Scientist, 1990, 78: 310 ~ 326.

[4]Schimel D S. Terrestrial ecosystems and the carbon – cycle [J]. Global Change Biology, 1995, 1(1): 77 ~ 91.

[5]汪业勖, 赵士洞. 陆地碳循环研究中的模型方法[J]. 应用生态学报, 1998, 9(6): 658 ~ 665.

[6]Field C B, Behrenfeld J T, Randerson P, et al. Primary roduction of the biosphere: integrating Terrestrial and Oceanic component. Science, 1998, 281: 237 ~ 240.

[7]IPCC. Climate Change 2001: the Scientific Basis[R]. Combridge, Newyork: Combridge University Press, 2001.

[8]Micheal Bender. Aquickening on the Uptake? [J]. Nature, 1996, 381: 195 ~ 196.

[9]Harrison K, Broecker W. AStrategy for Estimatingthe Impactingof CO_2 Fertilization on Soil Carbon Storage [J]. Global Biogeochemical Cycle, 1993, 7 (1): 69 ~ 80.

[10]Prentice K C, Fung I Y. The Sensitivity of Terrestrial Carbon Storage to Climate Change [J]. Nature, 1990, 346: 48 ~ 51.

[11]何庆成, 李霞. 气候变化: 过去、现在和未来——第 33 届国际地质大会气候变化专题综述. 水温地质工程地质, 2009, (2): 136 ~ 140.

[12]Detwiler R P, Hall C S. Tropical forests and the global carbon cycle. Science, 1988, 239: 42 ~ 47.

[13]耿元波, 董云社, 孟维奇. 陆地碳循环研究进展[J]. 地理科学进展, 2000, 19(4): 297 ~ 306.

[14]Schimel D S, House J I, et al. Recent patterns and mechanisms of carbon exchange by terrestrial ecosystems. Nature, 2001, 414: 169 ~ 172.

[15]方精云. 北半球中高纬度的森林碳库可能远小于目前的估算[J]. 植物生态学报, 2000, 24 (5): 635 ~ 638.

[16]方精云, 柯金虎, 唐志尧, 等. 生物生产力的"4P"概念、估算及其相互关系[J]. 植物生态学报, 2001, 25: 414 ~ 419.

[17]Rees W E. Ecological footprint and appropriated carrying capacity: what urban economic leaves out. Environment and Urbanization, 1992, 4(2): 34~45.
[18]Wackernagel M, Rees W E. Our Ecological Footprint: reducing human Impact on earth, Gabrido Island, B. C. Canada: New Society Publishers, 1996, 61~83.
[19]Wackernagel M, Rees W E. Perceptual and structure barriers to investing in nature capital: economics from an ecological footprint perspective. Ecological Economics, 1997, 20: 3~24.
[20]Manfred Lenzen, Shauna A. Murray, A modified Ecological Footprint Method and its application to Australia Ecological Economics 37, 2001, 229~255.
[21]徐中民，张志强．可持续发展定量评价的几种新方法评价[J]．中国人口·资源与环境，2000，10(2)：60~64.
[22]张志强，徐中民，程国栋．生态足迹的概念及计算模型[J]．生态经济，2000，10：8~10.
[23]张志强，徐中民，程国栋等．中国西北12省(区、市)的生态足迹[J]．地理学报，2001，56(5)：599~611.
[24]徐中民，程国栋，张志强．生态足迹方法的理论解析[J]．中国人口·资源与环境，2006，16(6)：73~78.
[25]张丽君．可持续发展指标体系建设的国际进展[J]．国土资源情报，2004，(4)：11.
[26]张颖．北京是生态足迹变化和对可持续发展的影响研究[J]．中国地质大学学报(社会科学版)，2006，6(4)：47~55.
[27]章鸣，叶艳妹．杭州生态足迹计算与分析[J]．中国土地科学，2004，18(4)：25~30.
[28]张芳，徐伟锋，李光明，等．上海市2003年阻击与生态承载力分析[J]．同济大学学报(自然科学版)，2006，34(1)：80~84.
[29]符国基．海南生态省生态可持续发展定量研究——生态足迹方法的应用[J]．农业现代化研究，2006，27(1)：13~15.
[30]翁伯琦，王毅祥，黄毅斌，等．福建省生态足迹和生态承载力的动态变化[J]．应用生态学报，2006，17(11)：2153~2157.
[31]林德容．森林碳汇市场的演进及展望[J]．世界林业研究．2005，18(1)：1~5.
[32]孙丽英．在我国开展林业碳汇项目的利弊分析[J]．生态科学．2005，24(1)：42~45.
[33]李怒云．中国造林再造林碳汇项目的优先发展区域与选择与评价[J]．林业科学，2007，43(7)：5~9.
[34]张小全等．森林、林业活动与温室气体的减排增汇[J]．林业科学．2005，41(6)：150~156.
[35]王灿．中国实施清洁发展机制的潜力分析[J]．中国环境科学．2005，25(3)：310~314.
[36]刘璨，吴水荣，赵云朝．森林资源与环境经济学的几个问题[J]．林业经济，2001，(9)：32~35.
[37]邱威，姜志德．我国森林碳汇市场构建初探[J]．世界林业研究，2008，21(3)：54~57.
[38]丹尼尔·戴比．农业领域温室气体减排：考虑碳汇下的减排空间[C]．北京：第三届国际

甲烷 & 氧化亚氮减排技术大会，2003.
[39]蔡志坚. 森林碳补偿贸易市场及其在中国发展的相关问题研究[J]. 世界林业研究，2005，18(4)：7~10.
[40]林德荣，李智勇，支玲. 森林碳汇市场的演进及展望[J]. 世界林业研究，2005，18，(2)：1~5.
[41]陈根长. 林业的历史性转变与碳交换机制的建立[J]. 林业经济问题，2005，25 (1)：1~6.
[42]李怒云，宋维明，章升东. 中国林业碳汇管理现状与展望[J]. 绿色中国，2008，(3)：23~26.
[43]Cacho O, Hean R and Wise R. "Carbon-accounting methods and reforestation incentives", working paper, 46thAnnual Conference of the Australian Agricultural and Resource Economics Society, Canberra, ACT, 2002.
[44]Daily G C, et al. Nature's Services: Societal Dependence on Nature Ecosystems [M]. San Francisco: Island Press, 1997.
[45]Costanza R, d'Arge R, deGroot R. The Value of the World's Ecosystem Services and Nature", Nature, 1997, 387: 253~260, May 15.
[46] 廖福霖. 生态文明建设理论与实践[M]. 北京：中国林业出版社，2001.
[47] 刘文静. 生态文明及其指标体系研究述评[J]. 中国人口·资源与环境，2009，(19)：303~307.
[48] 姬振海. 生态文明论[M]. 北京：人民出版社，2008.
[49] 樊小贤. 用生态文明引导生活方式的变革[J]. 理论导刊，2005，(9)：25~27.
[50] 俞建国，王小广. 构建生态文明、社会和谐、永续发展的消费模式[J]. 宏观经济管理，2008，(2)，15~17.
[51] 陈学群，吴守蓉，严耕. 生态文明建设"四位一体"的理念模式[J]. 林业经济，2008，30(11)：40~43.
[52] 关琰珠，郑建华，庄世坚. 生态文明指标体系研究[J]. 中国发展，2007，7(2)：21~27.
[53] 宋马林，杨杰，赵淼. 社会主义生态文明建设评价指标体系：一个基于 AHP 的构建脚本[J]. 深圳职业技术学院学报，2008，(4)：45~48.
[54] 王贯中，王惠中，吴云波，等. 生态文明城市建设指标体系构建的研究[J]. 污染防治技术，2010，23(1)：55~5.
[55] 廖福霖. 生态生产力导论[M]. 北京：中国林业出版社，2007.
[56] 黄星君，杨杰. 科技创新生态化——可持续发展的必然趋势[J]. 武汉科技大学学报(社会科学版)，2004，(6).
[57] 牛桂敏. 生态文明建设中的企业技术创新生态化[J]. 经济界，2006，(5).
[58] 王健. 论建设生态文明的技术创断路径[J]. 理论前沿，2007，(24).
[59] Hawken P, Lovins A., Lonvins L H. 自然资本论：创造下一次工业革命[M]. 上海：上海科学技术普及出版社，2000.

[60]粟峰. 论新时期林业的地位和作用[J]. 中南林业调查规划. 2002，(3)：17~19.
[61]周洁敏. 对黑龙江三江国家级自然保护区的评价[J]. 林业资源管理. 2001，(5)：58~65.
[62]李文华. 森林生态效益补偿的研究现状与展望[J]. 自然资源学报，2006，21(5)：678.
[63]宁哲. 建立森林生态效益补偿长效机制[J]. 中国林业经济. 2006，(5)：9~13.
[64]雷玲. 我国森林生态效益补偿问题的思考[J]. 西北林学院学报. 2004，19(2)：138~141.
[65]黄选瑞. 关于环境再生产过程中利益分配问题的探讨[J]. 中国人口·资源与环境，2001，11(3)：101~107.
[66]费世民. 关于森林生态效益补偿问题的探讨[J]. 林业科学，2004，40(4)：172.
[67]李文华. 探索建立中国式生态补偿机制[J]. 环境保护. 2006，(10)：1~5.
[68]李文华. 探索建立中国式生态补偿机制[J]. 环境保护. 2006，(10)：1~5.
[69]温作民. 森林生态税的政策设计与政策效应[J]. 世界林业研究，2002，(4)：15.
[70]毛显强. 生态补偿理论探讨[J]. 中国人口·资源与环境，2002，12(4)：38~41.
[71]王作全. 关于生态补偿机制基本法律问题研究[J]. 中国人口·资源与环境，2006，16(1)：101~107.
[72]吴水荣. 森林生态效益补偿政策进展与经济分析[J]. 林业经济，2001，(4)：20~23.
[73]李文华. 森林生态补偿机制若干重点问题研究 [J]. 中国人口·资源与环境，2007，17(2)：13~18.
[74]梁进社，郑蔚，蔡建明. 中国能源消费增长的分解——基于投入产出方法[J]. 自然资源学报，2007，22(6)：853~864.
[75]尚红云，蒋萍. 中国能源消耗变动影响因素的结构分解[J]. 资源科学，2009，31(2)：214~223.
[76]涂正革，肖耿. 环境约束下的中国工业增长模式研究[J]. 世界经济，2009，32(11)：41~53.
[77]汪旭晖，刘勇. 中国能源消费与经济增长：基于协整分析 Granger 因果检验[J]. 资源科学，2007，29(5)：57~62.
[78]周伟，米红. 中国碳排放：国际比较与减排战略[J]. 资源科学，2010，32(8)：1570~1577.
[79]刘凤朝，刘源远，潘雄锋. 中国经济增长和能源消费的动态特征[J]. 资源科学，2007，29(5)：63~68.
[80]朱勤，彭希哲，陆志明，等. 中国能源消费碳排放变化的因素分解及实证分析[J]. 资源科学，2009，31(12)：2072~2079.
[81]张兆响，廖先玲，王晓松. 中国煤炭消费与经济增长的变结构协整分析[J]. 资源科学，2008，30(9)：1282~1289.
[82]罗光华，牛叔文，赵春升，等. 中国居民直接生活能源消费结构的演变规律[J]. 经济问题探索，2010(7)：40~49.

学科全息育人丛书

丛书主编 朱福荣 饶 英

高中思想政治
学科全息育人

本册主编 孙 霞 幸政华

西南大学出版社
SWUP
国家一级出版社 全国百佳图书出版单位

图书在版编目(CIP)数据

高中思想政治学科全息育人 / 孙霞, 幸政华主编
. -- 重庆 : 西南大学出版社, 2024.6
(“学科全息育人”丛书)
ISBN 978-7-5697-1854-6

Ⅰ. ①高… Ⅱ. ①孙… ②幸… Ⅲ. ①政治课 - 教学研究 - 高中 Ⅳ. ①G633.202

中国国家版本馆CIP数据核字(2024)第100350号

高中思想政治学科全息育人

GAOZHONG SIXIANG ZHENGZHI XUEKE QUANXI YUREN

丛书主编　朱福荣　饶　英
本册主编　孙　霞　幸政华

策　　划:王　宁　时曼卿　周万华
责任编辑:时曼卿
责任校对:刘江华
装帧设计:殳十堂_未氓
排　　版:杨建华
出版发行:西南大学出版社(原西南师范大学出版社)
地址:重庆市北碚区天生路2号
邮编:400715
市场营销部电话:023-68868624
印　　刷:重庆美惠彩色印刷有限公司
幅面尺寸:185 mm×260 mm
印　　张:12.75
字　　数:306千字
版　　次:2024年6月　第1版
印　　次:2024年6月　第1次印刷
书　　号:ISBN 978-7-5697-1854-6
定　　价:48.00元